大学による盗骨

研究利用され続ける琉球人・アイヌ遺骨

序言　東アジアにおける琉球人・アイヌ遺骨問題

一般財団法人　東アジア共同体研究所　理事長
鳩《はと》山《やま》友紀夫《ゆきお》

東京生まれで東京育ちの私が、政治を志そうと心に決めたとき、ご縁をいただいたのは北海道の胆振《いぶり》・日高《ひだか》・空知《そらち》という地域でした。私には一歳半歳下の弟邦夫《くにお》がおりました。彼は幼稚園の当時から、オーパパ（祖父一郎《いちろう》）の後を継ぐと言っており、現に祖父の地盤を継いでいたのです。北海道は父に連れられてスキーに行ったり、弟と一緒に蝶を追っかけたりはしていましたが、住んだこともなく、北海道に対する知識も薄かったと思います。ただ、空知の栗山町に曽祖父の時代に明治政府より譲り受けた土地がかつてあり、その縁で鳩山神社が残っており、選挙ではかろうじて地縁がありました。

日高や、胆振、白老《しらおい》には多くのアイヌの方々が住んでおられました。北海道の中でも、アイヌの方々が最も多く住んでいる地域でした。私が政治活動を始めた当時、昭和末期から平成の初期には、アイヌの方々は自らをアイヌ人と呼ぶことさえ控えざるを得ない状況で、ウタリと呼ばれていました。

北海道や北方領土の先住民族であったアイヌの方々は、自然との共生の暮らしをしていましたが、交易権が松前藩の独占となりアイヌ民族にとって不利になってきたことから、一六六九年、シャクシャインの戦いが起きました。有利な戦いをしていた地域の首長英傑シャクシャインが、和睦の席で松前藩の策謀で毒殺されるなどして、アイヌ民族が松前藩に服従を誓わせられ、和人の軍門に下ることになって以来、それまでは松前藩との交易相手だったものが、一転して強制労働者と化してしまいました。これらの事件を通じて、アイヌ民族に対する和人の差別意識は急速に高まり、それが今でも続いているのです。

この状況は沖縄に対する日本政府の差別意識の発端と類似している部分があるかと思います。一七世紀初頭に朱印船貿易が始まりますが、島津家が琉球の貿易利権の独占を狙い、それに反対する琉球との間に敵対関係が生じます。そして一六〇九年の薩摩藩による琉球侵攻が起こるのです。交易の独占化による不満の蓄積、そして戦いの結果としての支配・服従が差別を作り、差別意識は現代にまで続いているのです。琉球を琉球と言わずに沖縄と称していることも、アイヌをアイヌと言わずにウタリと称していたことに類似した差別意識のなせる業でしょう。

人間とは弱い動物です。人間には上下などないにもかかわらず、弱い人間は自分より下の人間を作りたがり、彼らは自分より劣っていると思い込み、時には支配し服従させ、差別の感情を持つのです。弱い日本人は欧米人には不毛な劣等意識を持つ反面、中国人や韓国人に対しては優越感を持とうとするのです。教育や環境など多くの面ですでに中国は日本を凌駕しているところもあるにもかかわらず、彼らはその事実を見ようとはしないのです。同様の優越意識を彼らはアイヌ民族や琉球人に対しても持っているのです。

それが琉球人やアイヌ民族の遺骨返還問題にも表れているのです。私は選挙区の事情もあり、盗掘されて北海道大学などで研究の標本となっていたアイヌ民族の遺骨返還問題に関しては、それなりに認識はしていましたが、琉球人の遺骨も同様の手口で京都大学などで研究対象とされていたことについては、理解が及んでいませんでした。

アイヌの方々の人権問題に関しては、北海道選出の国会議員を中心に超党派で「アイヌ民族の権利確立を考える」議員の会を立ち上げて、アイヌを先住民族と認めるよう政府に求める国会決議の実現にまで至りました。そして有識者懇談会が作られ、その一つの結論として二〇二〇年のオリンピック・パラリンピックまでに、ナショナルセンターである民族共生象徴空間として国立アイヌ民族博物館、国立民族共生公園が作られることとなりました。その中に、尊厳ある慰霊の実現に向けた慰霊施設が建てられることになったのです。あるべき慰霊の姿は、国が責任を持ってアイヌ民族の祖先の遺骨や副葬品を盗掘時の姿に戻すことです。盗掘されたアイヌの遺骨は一二大学に保管され、その総数は一六七六体に上ります。個人が特定された遺骨は三八体で、出来る限り遺族の下にお戻しすることになりますが、特定できない多くの遺骨もDNA鑑定などで極力遺族の下に戻す努力をすべきなのですが、それでも特定できない場合には、アイヌ協会の理解の下で、慰霊施設で慰霊させていただくことが望ましいのではないかと思います。

私は二〇〇九年の所信表明演説において、「すべての人々が偏見から解放され、分け隔てなく参加できる社会、先住民族であるアイヌの方々の歴史や文化を尊重するなど、多文化が共生し、誰もが尊厳を持って、生き生きと暮らせる社会を実現することが、私の進める友愛政治の目標となります」と述べました。私は今、この演説には二点が欠けていたことを実感しています。一つはアイヌ民族だけでなく、琉球人も先住民族として加えていなければならなかったこと、二つめは尊厳を持って生き生きと暮らせる社会に留まらず、死してもなお尊厳を持って遇される社会を実現しなければならないことです。

この二つの欠点を露見させてくれたのが、琉球人の遺骨問題でした。そしてアイヌ民族の遺骨問題以上に琉球人の遺骨問題が深刻であることを伺い、非常に驚いています。

最も驚いたのは、琉球人の遺骨を盗掘し、調査をし、保管したと見られる京都大学の冷淡極まりない対応のしかたです。まず京都大学総合博物館は編者やさまざまなメディアからの「百按司墓《むむじゃなばか》遺骨」に関する問い合わせに対して、全く応じていません。資料の収蔵状況への問い合わせには応じないというのです。それだけでも極めて不親切ですが、それに留まらず、その後、松島氏が代表を務めています琉球民族遺骨返還研究会が山極寿一《やまぎわじゅいち》京大総長に対して、琉球人遺骨返還に関する要望や質問書を提出し、情報開示を求めましたが、個別の問い合わせには応じられないというゼロ回答でした。更に、この件で京大を訪れないでほしいとの付録まで付いていたというのです。事実を知りたいという要求を門前払いをしていては、学問の府と言えるでしょうか。

あまつさえ、国会議員の要求にさえ、京大は質問や要望に答えようとしませんし、その京大の対応を政府は正当化しています。二〇一八年の二月に沖縄県選出の照屋寛徳《てるやかんとく》衆議院議員が「琉球人遺骨の返還等に関する質問主意書」を政府に提出しましたが、政府は琉球において行われている遺骨返還運動を認めようとしなかったのです。その点がアイヌ民族遺骨返還問題と大きく異なるところです。

アイヌ民族の盗掘された遺骨の返還に関しては、北海道大学側から返還に際して、正式な謝罪がなかったとは言え、政府はアイヌ民族の遺骨返還問題を認識して遺骨はようやく返還されることになったのです。その際、個人が特定され得ない遺骨は、民族共生象徴空間に作られる慰霊施設に納められることになります。私も関わっていましたからよく覚えていますが、白老の共生象徴空間を国立の施設にしたのは、アイヌ協会からの強い要望からであり、そこに慰霊施設を作ることもアイヌ協会のたっての願いでありました。したがって、慰霊施設をアイヌ協会の方々の意向に沿って作れば、必ずしも同化政策とはならないのではないかと思います。

しかし、アイヌの方々の中には、ご先祖が眠るコタンに遺骨が返還されることを希望して、裁判を起こしている方々がいることも存じています。

なぜ二つの類似した遺骨返還問題が結果においてここまで異なってしまっているのでしょうか。それはやはりアイヌの人々は先住民族として認められて来た歴史があるのに対して、琉球人は政府から未だに先住民族として認められていないことにあるように思います。そしてそれは今日までの運動量の差と、影響力の大きさの差に起因しているのでしょう。

私はアイヌ民族遺骨返還問題の研究を通じて、粘り強く琉球人遺骨返還問題の解決に対して、研究のみでなく、実際に解決に向けて身体を張って努力を傾注されている共編者の松島泰勝先生、木村朗先生に敬意を表する次第です。この本が研究の書としての価値を超えて、とくに琉球人遺骨返還問題の運動を刺激して、大学をそして政府を動かす原動力とならんことを切に希望いたします。

はじめに

日本の大学の中には、琉球民族とアイヌ民族の墓から遺骨を盗み出すという非人間的な所行をしても、社会的な責任を感じない大学が存在する。京都帝国大学医学部の研究者が一九二〇年代から三〇年代にかけて、琉球諸島から遺骨を盗み出した。その多くは親族、地域住民の同意を得ない犯罪行為であった。戦前、戦後を問わず日本において、遺骨の盗み出しは本来なら刑法で処罰の対象になる。しかし、琉球では一八七九年の琉球併合後、行政、教育の上層部を日本人が占有するという植民地支配が行われた。日本人研究者はそれらの人々や、同化された琉球民族を共犯者として遺骨を盗んだのである。そのような野蛮な行為を「窃骨」と呼びたい。

同じくアイヌ民族も研究の対象として遺骨が盗まれてきた。遺骨を保管している北海道大学を相手にアイヌ民族は裁判を行い、和解の結果、二〇一七年より遺骨を取り戻し、再埋葬をすることができるようになった。しかし未だに北海道大学も、窃骨に対して現在も公式に謝罪、賠償を行っていない。これは研究倫理上問題ではないか。研究者による「学問の暴力」は今も続いている。

琉球民族とアイヌ民族の遺骨問題は、日本の帝国主義、植民地主義を象徴する事件、犯罪である。主犯は直接遺骨を盗み出した大学の研究者であるが、窃骨を認めた当時の行政、教育関係者、同化された琉球民族も共犯者であった。また、遺骨に関する問合せに一切答えず、遺骨返還要求を無視する現在の京都大学、研究のために琉球・アイヌ民族の遺骨の大学保管を正当化する人々も、「窃骨」の共犯者となる。

私は本書を編集中に、ピリカ全国実・関西から一枚の写真（本書二四三頁）を入手した。二〇〇〇年から二〇〇五年までの間に京大の学生が、大学のゴミ捨て場から遺骨箱の一部を発見し、保管した。二〇一四年に、アイヌ遺骨返還運動を京大に対して行っている、川村シンリツ・エオリパック・アイヌさんに渡し、現在、川村さんと交流のある「アイヌ民族と連帯するウルマの会」が保管している。その事実を、奄美諸島で京大所蔵の遺骨返還を求めている原井一郎さんに伝えた。「京都大学収蔵の遺骨返還を求める奄美三島連絡協議会」の大津幸夫代表は「ごみ箱に捨てるなど、人権じゅうりんも甚だしい。中にあったはずの遺骨はどうなったのか。京都大はきちんと回答してもらいたい」と述べた。（『琉球新報』二〇一八年一一月一七日）

京大の植民地主義に改めて大きな怒りを感じた。照屋寛徳さんの国会活動によって百按司墓遺骨の保管を京大は認めた。しかし二〇一八年四月に奄美諸島の人々からの遺骨に関する問い合わせや返還要求に対して京大は答えないばかりか、過去において、このような「証拠隠滅」をしていたのである。

奪われた遺骨は元にあった場所に戻し、それぞれの民族の方法で弔うべきである。しかし、日本政府は全国の大学に保管されているアイヌ民族の遺骨を二〇二〇年に北海道白老町に設立される

「民族共生象徴空間」に集約する予定である。身元が確定できる遺骨はわずかであり、ほとんどが国立施設に収められ、研究者による再調査が予定されている。その再調査の中には遺骨の破壊を伴うＤＮＡ調査も含まれている。ご先祖の遺骨がこのような憂き目に遭うことに反対するアイヌ民族が北海道大学、札幌医科大学等に対して訴訟を起こして、自らの村であるコタンに遺骨を戻そうとしている。先住民族として当然のことであり、遺骨返還運動をしている琉球民族も同じく、「生まれ島への遺骨の帰還と再風葬」を強く望んでいる。

本書では、先住民族としての琉球民族とアイヌ民族の遺骨問題をそれぞれ関連させながら、学知の植民地主義の問題を論じる。二〇一八年一二月四日に、百按司墓琉球民族遺骨返還を求めて、京大を京都地方裁判所に提訴したが、提訴という実践を前提として出版が敢行されたことも本書の特徴である。私は琉球民族の遺骨返還運動の先を行く、アイヌ民族の歩みから多くことを学び、勇気づけられてきた。その意味でもアイヌ民族と琉球民族の当事者、研究者、ジャーナリスト、市民運動家等が共に遺骨問題を論じ、主張することは、今後の民族の自己決定権に基づく脱植民地化運動においても非常に重要になるだろう。

世界の多くの先住民族が受け入れている先住民族の定義が、ＩＬＯ一六九号条約によるものである。それによれば、植民地で生きる人々が自らを先住民族として意識して、「先住民族になる」のである。一九九六年以降、琉球民族は先住民族として国連の諸会議に参加し、日米の植民地主義を国際法に基づいて批判してきた。その結果、国連は琉球民族を先住民族と認め、米軍基地の集中を

「人種差別」であると日本政府に勧告するようになった。

本書は、研究の名を借りた琉球・アイヌ遺骨の窃骨の歴史と現在の返還請求、また、返還のあり方について、第一線で活動する人々によって執筆された。問題の根源には、琉球・アイヌ民族に対する差別・抑圧・暴力があり、それは戦前から現在まで脈々と大学と研究に横たわっている。本書によって研究者の倫理性を問い、知の劣化と退廃を批判したい。読者も「大学による窃骨」問題に、自らも「共犯者」として拘わっていないかどうかを自問しながら読んでもらえたら有り難い。

松島　泰勝

目次

II　アイヌの遺骨返還問題

III　植民地主義と学問の暴力

Ⅳ　京都大学を訴える

I

琉球の遺骨返還問題

金関丈夫が多数の遺骨を持ち出した百按司墓。一部の遺骨は京都大学と台湾大学に保管されている＝今帰仁村運天

第1章　琉球人遺骨問題と自己決定権

琉球新報　宮《みや》城《ぎ》隆《たか》尋《ひろ》

1　無関心と差別

「沖縄やアイヌだったらしょうがない、いいのではないかという、本土国民の無関心の表れではないか」。二〇一五年二月七日、沖縄戦遺骨収集ボランティア「ガマフヤー」の具志堅隆松《ぐしけんたかまつ》代表が、ある集会で語った言葉だ。沖縄戦で犠牲となった戦没者の遺骨を各地で収集し、遺族を探して返還してきた具志堅代表。これまで米軍基地問題の解決を阻む障壁として、各方面でたびたび語られてきた「本土国民の無関心」という言葉を使った。しかしこの時の言葉は、基地問題について語られたものではない。戦前、旧帝国大学の人類学者が沖縄の墓から持ち出した遺骨が返還されていない問題に対する言葉だった。

具志堅代表が発言したのは、沖縄の市民団体「アイヌ民族と連帯するウルマの会」が主催する「北方領土の日」に反対する集会だった。アイヌ民族と連帯して、日本政府が近代から北海道と沖縄に

アイヌ民族と連帯する沖縄の会（まよなかしんや代表）が主催し、毎年行われているイチャルパ（供養祭）＝二〇一七年五月一四日、糸満市の南北之塔前

強いてきた植民地政策を批判し、アイヌ民族と琉球民族の人権を侵害し続ける現状を改めるよう求める集会だ。アイヌ民族は一九八〇年代から、旧帝国大学の人類学者によって盗掘された遺骨が北海道大学に保管されていることを問題視し、返還を求めて闘った。「アイヌ民族と連帯するウルマの会」や彼らと連携する市民らは、アイヌ遺骨返還訴訟を支援する中で、琉球人遺骨も同様に持ち出されていることを示す資料を集めていた。それらの資料を基に、沖縄で毎年二月に開いてきた「北方領土の日」反対集会の場で声を上げた。京都大学に遺骨返還を文書で要求した。しかし京都大学は返還要求に応じることはなく、情報も開示しなかった。

　具志堅代表は遺骨が持ち出されて八〇年以上にわたって返還されていないこと、それがこれまで問題視されることもなかったことを指摘した。この問題のありかの一つが「本土国民の無関心」という、米軍基地問題でたびたび使われてきた言葉で表現されたのは、偶然ではない。現在の米軍基地問題の背後には、日本政府の二重基準（沖縄の辺野古《へのこ》新基地建設反対の民意は聞き入れないが、

アイヌ民族と連帯するウルマの会が主催する「琉球・アイヌ民族の遺骨返還を求める沖縄集会」。沖縄戦遺骨収集ボランティア「ガマフヤー」の具志堅隆松代表（左）と「コタンの会」副代表の葛野次雄さん＝二〇一八年二月一〇日、那覇市の沖縄船員会館

過去に本土の米軍基地反対運動の高まりを受けて米海兵隊を沖縄に移転させた）と、国民の無関心がある。ウチナーンチュは基地を返還させることもできなければ、遺骨を返還させることもできない。自分たちのことを自分たちで決めることができない。今も続く植民地主義によって、自己決定権を剝奪されている。ウチナーンチュは現在も日本人から差別されている。米軍基地問題と同様に、差別と植民地主義に光を当てているのが、琉球人遺骨問題だ。

2　遺骨を「発掘調査」

一九二九年、京都帝国大学の助教授だった金関丈夫《かなせきたけお》（一八九七～一九八三年）は沖縄の各地から琉球人の遺骨を持ち出し、京都へ持ち帰った。さまざまな地域の人々の骨の形状などを比較、分析する、形質人類学の研究の一環として行われた「発掘調査」という位置づけだった。その過程で持ち出された遺骨が、現在も沖縄側に返還されていない。そのことは二〇〇四年の今帰仁村《なきじんそん》教育委員会の調査で明らかにされていた。京都大学総合博物館で保管されている琉球人の遺骨は、少なくとも二六体あるとみられている。金関は持ち出した遺骨を旧台北帝国大学（現在の台湾大学）にも持ち込んでおり、台湾大学は六三体を保管していることを明らかにしている。

金関が遺骨を持ち出した経緯は『琉球民俗誌』（一九七八年）に詳しく書き残されている。同書収載の文章「琉球の旅」には、伊波普猷ら沖縄の研究者の紹介を受け、県や那覇市の許可を得て収集したことが書かれているが、遺族の意向に関する記述は見当たらない。

同書によると金関は一九二九年一月九日に県庁警察部の許可を得て同一一日、今帰仁村運天《うんてん》の百按司《むむじゃな》墓を訪ねた。名護小学校長の島袋源一郎《しまぶくろげんいちろう》、仲宗根村駐在所の巡査を同行して「頭蓋十五個、頭蓋破片十数個、躯幹四肢骨多数を得た」。翌一二日は「在郷軍人」を作業員として雇い、巡査と共に同墓を再訪。ビール箱で「十二箱」分の骨を運び出し「採集し尽くした」と書いている。

同墓の人骨の埋葬時期は「弘治以前より万暦の頃、並びに明治以後最近に至るまでの人骨が、共存するものと見なければならない」とある。弘治は中国明代の一四八八～一五〇五年にあたる。

金関は他の場所でも沖縄師範学校から人骨（頭蓋骨六個など）の提供を受けた。県立一中で数個の人骨（頭蓋骨一個を含む）を他県の人骨と交換する条件で譲渡された。垣花小学校で「頭蓋一個」などを借用。首里第一中学校でも頭骨二個を得たとしている。

中城城跡《なかぐすく》近くでは、岩陰で見つけた「道光三、十一月、父比嘉」と墨書きされたかめから「女性骨と小児骨」を収集した。中城城跡の洞窟に散乱していた人骨も「悉《ことごと》く収集して、大風呂敷包数個を得る」とある。

那覇市の許可を得て同市若狭の赤面原《あかちらばる》の浜で行路病死人を発掘。「軟部」が残る遺体を含め、計九体と頭蓋一個を持ち出した。瀬長島でも「三、四の頭蓋」などを収集している。

京都帝大助教授だった金関は、この琉球調査の後に発表した「琉球人の人類学的研究」で医学博士号を取得した。同論文は「手掌紋」などの調査だが、琉球人を「原始的なるアイノに近い」とアイヌ民族との類似性を指摘している。

人骨はのちに金関の師である清野謙次《きよのけんじ》の『古代人骨の研究に基づく日本人種論』（一九四九年）でも触れられている。同書では沖縄本島から収集された人骨七一例、奄美諸島の二四一例の計三一二例が挙げられている。それらは全て京都大学に寄贈されたとされている。

3　百按司墓とは

金関がまとまった量の遺骨を持ち出した場所に、百按司墓がある。今帰仁村運天集落の北側、がけの中腹にある風葬のお墓だ。百按司は多くの按司《あじ》という意味で、按司は琉球王国時代、地域の有力者だった人々のことだ。『中山世譜』（一六九七年）には、百按司墓が貴族の墓だったことが記されている。今帰仁村教育委員会によると、近くにある大北《うーにし》墓を含めて「山北《さんほく》地域の歴代王墓か監守一族の墓所」と考えられている。現在も「今帰仁上《なきじんぬぶぃ》り、今帰仁廻《なきじんうまーい》り」の拝所の一つとして、多くの人が信仰の対象としている。

近代以降、さまざまな研究者らが百按司墓に注目し、調査してきた。一八九三年に沖縄を訪れた探検家の笹森《ささもり》儀助《ぎすけ》は百按司墓の木棺の図面を著書『南嶋探検』に書き残した。一九〇四年に沖縄を調査した人類学者の鳥《とり》居《い》龍蔵《りゅうぞう》が撮った写真にも、百按司墓の木棺を記録したものがある。今帰仁村出身の教育者、島袋源一郎は一九〇五年に木棺を調査、後に金関丈夫と共に墓を訪れた。一九〇六年に訪れた茨城県出身の小説家・菊池《きくち》幽芳《ゆうほう》は「運天のどくろ塚」として家型墓を図に残した。

研究者が注目したのは弘治一三年（一五〇〇年）の銘が残る木龕《もくがん》だった。金関は一九二八～二九年に調査し『琉球民俗誌』に詳細な記録を残した。この時の調査で人骨を収集した。第二代沖縄県令の上杉《うえすぎ》茂憲《もちのり》は一八八一年に百按司墓を訪れ、荒れ果てていた墓の修復を指示した。沖縄歴史研究の第一人者とされる東恩納《ひがしおんな》寛惇《かんじゅん》も戦前、首里城の博物館に展示された木棺の拓本などを残している。

今帰仁村教育委員会は二〇〇二～

百按司墓の内部。現在は板で覆われていることが多く、内側には遺骨がある

百按司墓の内部。現在も遺骨が風葬されている。遺骨の身元は不明

百按司墓の木棺＝今帰仁村歴史文化センター

〇三年に住友財団一〇周年記念の助成を受け、三基の木棺を復元した。金具の文様から木棺は一四～一五世紀半ばに作られたことが分かった。県内で現存する最古の琉球工芸技術とされている。

百按司墓は現在、今帰仁村指定有形文化財だが、それは木棺をはじめとする貴重な文化財が確認されているためだ。遺骨は文化財ではない。しかし人類学者の金関は、木棺などではなく遺骨を研究の対象とし、持ち出した。

また百按司墓は北山王《ほくざんおう》や第一尚氏《しょうし》など王家ゆかりの墓とも言われ、現在も信仰の対象とされており、沖縄の人々にとって象徴性をもった墓所だ。金関の「発掘調査」は、木棺などではなく、文化財ではない遺骨を持ち出した点で、他の研究者と決定的な違いがある。その上、沖縄の人々にとって象徴性を持ち現在も信仰の対象とされている墓所から遺骨を持ち出し返還していないことは、ウチナーンチュにとって大きな意味を持っている。

4　違法性

遺跡発掘時に人骨が出土した際、現在は文化財保護法によって県などの自治体が対応することが定められている。しかし以前は人骨の埋蔵文化財としての法的な位置付けはなかった。人骨の発掘に関わる法律には戦前、戦後ともに墳墓発掘などを禁じた刑法がある。

アイヌ遺骨を巡っては、北海道庁令で古墳や墳墓以外の場所での発掘を許可する特例が作られたが、結局は墓地の骨まで根こそぎ収奪された。沖縄県や県教育委員会によると、沖縄では同様の特例はなかったとみられる。刑法は「墳墓」の発掘や遺体の損壊を禁じているが、判例では祭祀礼拝の対象となっていない古墳などは「墳墓」から除かれている。

百按司墓は北山王系の墓とも言われ、近代に至るまで風葬墓として一般の人にも利用されていたようだ。研究者らによって外部に持ち出された骨を含めて誰の骨か分かっているものはないが、現在も「今帰仁上り」の目的地の一つで、多くの門中が拝んでいる。

沖縄では近代以降に火葬が定着するまで、古くから風葬が行われていた。崖に約六〇基の古墓が点在する今帰仁村運天をはじめ、自然壕などを利用した風葬墓は現在も県内各地に残る。金関の遺骨収集を記した『琉球民俗誌』には遺族の意向に関する記述はなく「無縁の骨」として扱っていた意識がうかがえる。しかし風葬墓であっても、すぐに「無縁」と言うことはできない。

沖縄の墓の所有形態は門中墓や兄弟墓、家族墓などの血縁関係だけでなく、村落共同体で共有する村墓、知り合いで営む模合《もあい》墓などがある。誰かの祖先である可能性は広く残されている。金関が遺骨を持ち出した百按司墓は、一六世紀以前の沖縄本島北部地域の有力按司《あじ》やその一族の墓と考えられているが、墓を持たない地域の人々も骨を持ち込み、近世まで利用していたことも考えられる。

先史時代の骨であることが確認されない限り、遺族をたどれる可能性はゼロではない。二〇一六年三月のアイヌ遺骨返還訴訟の和解は、民法に規定される血縁関係にかかわらず、コタン（集落）で墓地を営んだアイヌ民族の慣習を尊重し、地域に遺骨を返すことで合意した。百按司墓も地域で利用されていたのであれば、アイヌ墓地と共通の性質を備えていたことになる。

研究者間では「いつまでが人骨標本で、いつからが遺骨なのか」という定説はない。北海道アイヌ協会や日本人類学会などが参加した「これからのアイヌ人骨・副葬品に係る調査研究の在り方に関するラウンドテーブル」は「おおむね一〇〇年以内に埋葬された遺骨や副葬品」は研究対象とすることに「問題がある」との見解をまとめている。

金関は当時の沖縄県庁、地域の有力者らに話を通した上で遺骨を持ち出したようだが、遺族の了解を得たという記録は見当たらず、遺骨持ち出しを刑法に反しないと考えるには無理がある。「違法な盗掘だった」という評価が定着しているアイヌ遺骨の収奪に関して取りまとめられた「ラウンドテーブル」の基準と比較しても、問題があると言わざるを得ない。

二〇〇七年、国連は「先住民族の権利に関する国際連合宣言」を採択した。宣言の中には遺骨の返還を求める権利が明記されている。国連は琉球の人々について、先住民族であることを明確に認め、日本政府に権利保護を勧告している。旧帝国大学の人類学者によって沖縄から遺骨が持ち出され、現在も京都大学などから返還されていない状況は、国内法である刑法だけでなく、国際法の水準でも違反していると言うことができる。

5　相次ぐ返還要求

研究者や市民から京都大学などに対して返還、再風葬の要求が相次いでいる。二〇一七年三月には琉球民族独立総合研究学会が、国連人権高等弁務官事務所に提出した声明で「先住民族の権利に関する国連宣言」第一二条（伝統儀礼を行う権利）に違反していると指摘。日本政府による徹底的な調査と遺骨の返還を求めた。同年六月には琉球民族遺骨返還研究会（代表・松島泰勝龍谷大教授）が設立され、京都大学などに情報公開と遺骨返還、琉球民族への謝罪を求めた。

沖縄県選出の照屋《てるや》寛徳《かんとく》衆院議員は二〇一七年八月、国政調査権に基づき、京都大学への照会を文科省に請求。京都大学は同年九月一五日、同大学総合博物館の収蔵室で遺骨を保管していることを認めた。ただ人骨標本としての目録を作成しておらず、遺骨を使った論文などの研究成果も把握していないことも明らかにした。アイヌ民族遺骨問題の際に同大がワーキングチームを設立して調査したことに関しては「（琉球人遺骨の調査は）現時点では予定していない」とした。文科省は、京大に保管されていること自体を「把握していなかった」と答えた。

京都大は遺骨の保管状況を「プラスチック製の直方体の箱に収納している」「温湿度を一定に保ち、学術研究に支障のないよう、適切に保管している」と説明。研究成果（論文などのリスト）の有無は「本学の研究者および学生の学術論文等を網羅的に把握することはしておらず、リストなどはない」とした。目録などについては「総合博物館は本学の研究者が個別に収集し、研究室単位で保管してきた各種の学術資料を移管した施設であるという事情から現在、所蔵品の調査を進めている」とした。

琉球民族独立総合研究学会の公開シンポジウムで遺骨問題について提起する松島泰勝氏（中央）＝2017年10月22日、宜野湾市の沖縄国際大学

沖縄県教育委員会の平敷昭人教育長（左）に、遺骨返還後の再風葬を求める照屋寛徳衆院議員＝2017年11月7日、沖縄県教育庁

琉球新報などの報道機関に対し、遺骨の有無を明らかにしなかったことについては「所蔵品の把握はなお途上にあり、人員も限られた状況にあることなどから、収蔵状況などの問い合わせに応じることが難しい」と説明した。

これらの状況を受け、今帰仁村教育委員会は二〇一八年、京都大学に対し、遺骨の取り扱いについて協議するよう要請した。京都大学は要請に対して「真摯に応じる」としているが、協議で何を話し合うのか、いつまでに結論を出すのかなどについて、情報を一切公表していない。一方、台湾大学は二〇一七年、遺骨六三体を保管していることを認め、返還に応じることを明らかにしている。

今帰仁村教育委員会は返還された場合の対応について、沖縄県埋蔵文化財センターへの保管を要望しているとされる。村指定文化財としての百按司墓を管理する立場で遺骨の取り扱いについても検討されており、先住民族の権利に基づいた遺骨返還の必要性については検討されている節はない。県教育庁文化財課は、今帰仁村から協力を求められた場合は「県教委としてできることがあるか検討したい」としているが、あくまでも当事者は今帰仁村側だという姿勢だ。

京都大学は返還の意思があるかどうかを表明していない。台湾大学は返還することを表明しているが、今帰仁村側は再風葬については検討していないとみられている。琉球民族遺骨返還研究会の松島泰勝代表らはこれらの状況を受けて、遺骨返還・再風葬と謝罪を求め、京都大学を二〇一八年の末にも民事提訴することを決めている。アイヌ遺骨返還訴訟と同様に、地域への遺骨返還を求める考えだ。

6　学問と植民地主義

一九〇三年、大阪の第五回内国勧業博覧会の会場外で開かれた「学術人類館」には、アイヌ民族や朝鮮人らとともに琉球人も展示された。生身の人間を展示する民間の見せ物小屋だったが、東京帝大（現在の東京大学）人類学教室の人類学者、坪井正五郎《つぼいしょうごろう》が協力していたことが分かっている。人類館には、坪井らが制作した「世界人種地図」などが貸し出されており、開催中に坪井は教え子の松村瞭《りょう》を会場に派遣している。

坪井は東京人類学会（後の日本人類学会）の設立メンバーで、明治期に北海道でアイヌ墓地から多数の遺骨を持ち出して研究していた。弟子である鳥居龍蔵は一九〇四年、沖縄県師範学校などで沖縄の人々を〝生体計測〟していた。同学会では後に、京都帝大（現在の京都大学）の清野謙次らも活動した。清野は、今帰仁村の百按司墓から遺骨を持ち出した金関丈夫の師である。

第二次世界大戦前まで、欧米諸国の博覧会で植民地の人々を展示する〝人間動物園〟は、帝国主義や植民地経営を正当化する装置として機能していた。それを受けて国内でも、明治期に内国化された北海道、沖縄を含め、さまざまな地域の先住民を「土人」として展示したのが人類館だ。人類学者によるアイヌ、琉球人の人骨発掘、研究は「人類館事件」と地続きだったということができる。

清野は国策調査・研究機関「太平洋協会」の嘱託として大東亜共栄圏の建設に人類学から参加した。戦犯として追及されることなく戦後も医学や考古学の分野で影響力を持ち続けた。一九四九年には自身や弟子たちが収集した琉球人、アイヌ、朝鮮人、台湾先住民らの人骨を基に、著書『古代人骨の研究に基づく日本人種論』を発表した。

金関も戦後、沖縄や奄美で発掘調査を続けた。一九五五年に人類学や考古学など九学会が奄美総合調査を行った際には、新聞の取材に「風葬地帯からは無縁の人骨約九〇体を取ってきました」と答えている。

一方で沖縄の側にも旧帝国大学の研究に協力した人々がいた。「沖縄学の父」と呼ばれる伊波普猷《いはふゆう》は、金関に紹介状を書いている。金関を案内した地域の有力者には、研究者・教育者として知られる島袋源一郎もいる。

金関の調査に伊波普猷も関わりがあった背景について、沖縄近現代史家の伊佐眞一《いさしんいち》は「沖縄での調査は地元知識人の助けがないと難しい。沖縄について広く研究した伊波にとっても、学際的なつながりは重要だった。今でこそ人類館事件などは大変な問題と言えるが、当時は沖縄の学者もそういった手引きをしながら関わっていた。伊波も大きな学術的磁場の中におり、近代以降の沖縄の置かれた位置と、日本人との関係にどう渡りをつけるかということに腐心していた」と述べている。

さらに日本の植民地主義に関する学問の責任について「戦後、軍人や政治家は戦犯として裁かれたが、学者の世界では自己批判や反省が弱い。戦前に主張したことのどこが誤りだったか、責任を表明した人は少ない。人骨の研究をはじめ、明治以降の人種的な問題を扱った研究をどう評価するか、われわれ現代人にとって重要だ。研究が国家の政策を露払いした歴史があるだけに、自己の研究の果たした役割をどう認識しているかが問われる。現在の研究者にとって、他人事でない根っこの問題と捉えるべきだ」と語っている。

7　新聞と植民地主義

金関が百按司墓から遺骨を持ち出したことは、当時の『琉球新報』でも報じられている。昭和初期の新聞は沖縄戦などで多くが散逸しているが、一九二九年一月二六日に掲載された記事を仲村顕県立芸術大学附属研究所共同研究員が県公文書館で確認している。記事は「京大人類学科の一角に／骸骨の琉球人部落出現」の見出しで報じられている。京都帝大が「琉球人研究」を「数年前」に始め、沖縄に「新進の人類学者金関教授を特派」したことを伝えている。

遺骨について「琉球人の全身骨五十人分が厳重に、荷造りされて京大の人類学教室に送られた」としている。収集に関しては「各地から極めて合法的に集められた」と書かれている。合法的とする根拠は「市町村長の了解」を挙げている。返還については「無縁塚から救い上げられた無縁仏も居り、引取人があれば、何時でも京都から『御返り遊ばす』様な仕掛になってゐる」とある。「引取人」がどんな人を指すのか、返還を明言した人物が誰なのかについては記述がない。

沖縄から持ち出された遺骨について『琉球新報』は「骸骨の琉球人部落出現」「一行五十名ぞろぞろ連れ立って／學界への奉仕」などと見出しを付けるなど、旧帝国大学の研究におもねる論調で記事にしている。遺骨は日本の植民地主義を学問の分野から支える形質人類学の標本として使われたが、記事は喜ばしい話題として位置づけている。

琉球新報　昭和四年一月廿六日　土曜日

京大人類學科の一角に
骸骨の琉球人部落出現
一行五十名ぞろぞろ連れ立つて
學界への奉仕

ブラジル行
本縣移民の渡航
條件近く緩和
◇外務省内諾を與ふ

本縣移民のため
特別の盡力を
外務當局快諾す

金関が遺骨を持ち出したことを報じる一九二九年一月二六日付『琉球新報』。仲村顕県立芸術大学附属研究所共同研究員が沖縄県公文書館で確認した。

研究の意義を「東大を向《むこう》に廻《まわ》しての太刀打ちだけに、金関氏は、参考品の蒐集《しゅうしゅう》に、狂奔し中央學界を震駭《しんがい》せしむる様な珍奇な物を相當に持ち返つた」と研究者の視点から書いている。研究成果を地元に還元するという視点は見られない。

ほかにも「引取人があれば何時でも京都から『御返り遊ばす』」といった軽薄な書きぶりがある一方、遺骨の持ち出しに対する遺族の意向についての記述はない。「京大教室の一角に築かれる骸骨の琉球人部落は、當分大賑ひを呈することであらう。殊とに、無縁塚のべんべん草の下に淡い夢を見てゐた骸骨にとつては、學界の為に奉仕しつつ、鄭重に取扱はれ（る）だけでも、冥加《みょうが》であらう」とも書かれている。

当時は「富国強兵」を国家目標に掲げた近代日本が軍国主義化していく時代だった。学問だけでなく、新聞も日本の帝国主義、植民地主義にからめとられていく過程にあった。この記事が出てから一一年後の一九四〇年には、沖縄の新聞三紙（琉球新報、沖縄朝日新聞、沖縄日報）は国家の統制によって統合され、軍部による言論統制に追い込まれた。統合によって誕生した『沖縄新報』は国家の戦争遂行に協力し、県民の戦意を高揚させる役割を果たした。この事実に、沖縄の新聞、ジャーナリストは目を背けることはできない。

8　人権侵害

遺骨返還を求める権利は、先住民族の権利に関する国際連合宣言（二〇〇七年）で認められている。琉球の人々が先住民族であることは国連自由権規約委員会が二〇〇八年に認め、国連人種差別撤廃委員会も明確に先住民族であると認定した上で、日本政府に対して権利保護を勧告している。しかし日本政府は、国内の先住民族はアイヌ民族以外に存在しないという立場で、国連の勧告を無視し続けている。遺骨の収奪は琉球の人々の人権を侵害する行為であり、遺骨を返還していない現在の京都大学などの対応は琉球の人々の先住民族としての権利を侵害する行為だ。琉球併合（「琉球処分」）や沖縄戦、戦後の米国統治、現在の在沖米軍基地問題などにより、国家によって琉球人の自己決定権が侵害されてきたことと地続きの問題だ。

琉球併合は一八七九年、琉球王国に日本政府が軍隊を派遣し、武力を背景にして首里城を明け渡させた。琉球は三山時代の一三七〇年代から明、清と朝貢関係にある独立国だった。一八五四年には米国と琉米友好通商条約を結んでおり、後にフランス、オランダとも同様の条約を結んでいる。

国際社会から主権国家として認められていた琉球王国を、日本政府は武力を背景に併合した。北海道のアイヌ民族と同様に多くの土地が国有化され、琉球の人々の意向を無視した同化政策が強いられた。

一九四五年には沖縄戦があった。多くの住民が居住していた土地が日米両軍の戦場となり、二〇万人が殺害された。避難壕からの追い出しやしまくとぅば（琉球諸語）を使った者へのスパイ視などにより、日本軍によって虐殺された住民も多数に上った。

沖縄の米軍基地は多くが終戦直後、住民が収容地区に強制移住させられているさなかに造られた。戦時でも個人の財産を収奪することを禁じたハーグ陸戦条約に違反している。一九七二年の施政権返還で日本政府は国際法違反の米軍基地を半永久的に存続させ、自由使用させることを認めた。一九六〇年代、米軍基地への反対運動が全国で盛り上がると在日米海兵隊は縮小され、施政権返還を前にした沖縄に移転された。それが米軍専用施設の七割超が集中する過重負担を招いたが、沖縄側が求める基地の整理縮小は、返還の条件とされる「県内移設」がネックとなって遅々として進まない。そればかりか辺野古新基地建設については県知事選や衆院選などで反対の民意を何度示しても、政府は聞き入れることがない。

その二重基準を放置、容認することを可能にした背景の一つに、国民の無関心がある。無関心は、国内の一部の人々に対して憲法で保障された基本的人権をも侵害し続ける構造を持続させることを可能にしている。憲法、国際法違反を放置することを許すほどの無関心が日本を覆っている状況は、植民地主義が現在の日本に脈々と生きていることを表している。

琉球併合から沖縄戦、現在の米軍基地にいたるこれらの問題の延長線上に、琉球人遺骨問題も位置づけられる。沖縄の人々の自己決定権が、日本の植民地主義によって侵害されている点で共通しているからだ。全国各地の旧帝国大学に保管されているとみられる琉球人遺骨の全容が明らかにされ、その全てが返還されるまで、琉球の人々の人権が侵害された状態は続く。日本政府や旧帝国大学の関係者はこの問題に正面から向き合い、応える必要がある。

【参考文献】

金関丈夫『琉球民俗誌』法政大学出版局、一九七八年。
清野謙次『古代人骨の研究に基づく日本人種論』一九四九年。
今帰仁村教育委員会「百按司墓木棺修理報告書」二〇〇四年。
北大開示文書研究会『アイヌの遺骨はコタンの土へ』緑風出版、二〇一六年。
木村朗、前田朗編『ヘイト・クライムと植民地主義』三一書房、二〇一八年。
『琉球新報』一九二九年一月二六日付。

コラム

琉球人の骨神と霊魂観、生死観

詩人・沖縄大学客員教授　高良《たから》　勉《べん》

はじめに

琉球人・アイヌ遺骨返還問題を考えるとき、琉球人とアイヌにとって、遺骨はどのような宗教的、精神的、文化的伝統と意義を持っているかを分析し認知するのは、極めて重要なことである。と同時に、遺骨はどのような霊魂観、生死観の中で取り扱われてきたのかも、同様である。

私は、この問題を主に琉球人・琉球民族の立場から、自らの体験と民俗学、宗教学、考古学、文化人類学等の研究成果を学びつつ、明らかにしていきたい。

死を恐れない

琉球（琉球弧）では、伝統的に死や死者は恐れなかった。これは、アイヌ民族や古代のヤマト民族もそうであっただろう。とりわけ、火葬が一般的ではなく、長い間土葬や風葬が行われてきた時代や地域では、死者を恐れなかった。なお、奄美諸島の与論《よろん》島《とう》や沖縄諸島の久高島《くだかじま》では、戦後の近年まで土葬や風葬が行われていた。

仲松弥秀《なかまつやしゅう》の名著『神と村』での研究報告によると、死んだ人は皆神に成った。何時頃から神に成るのか。死ぬと同時にか、それとも死後何日、何年経過して後かは、時代によって、地域によって変化している。仲松は、それらを四段階に分けて報告している。古代人は、短時日のうちに神となれたが、仏教が伝入されると変化した。現在では、三十三年忌が済んでから神に成ると信じている例が多くなっている。私（たち）も、三十三年忌後と信じている。

いずれにしても、死者は身近に存在しているので、地域によっては死後一週間は毎日お墓に通って儀式や宴会をやった所もある。現在では「ナーチャミー（翌日見る）」と言って最低三日間か一週間の墓参りをやっている。また、私が小学生の頃（一九五

○年代）までは、死産や幼年で死んだ子どもの遺体は屋敷内へ埋葬することもあった。

このようにして、死者は皆神になるので、琉球の伝統的な信仰は、祖先崇拝と自然崇拝の二本が中心と言われている。そして、祖先神が鎮座している場所が「シンジュ（お墓）」や「グソー（後生・墓地）」「ウタキ（御獄）」「テラ」「グスク」「ニライ・カナイ」等の聖地、聖域、他界である。

祖霊は再生し循環する

琉球では、人間は死んでも霊魂は不滅であると信じられてきた。アイヌ民族や日本列島の基層文化の信仰もそうだろう。瀬川拓郎《せがわたくろう》の名著『縄文の思想』では、縄文人、アイヌ民族、南島（琉球人）、海（洋）民の霊魂観や生死観を始めとする伝統的な基層文化を比較している。

死んだ人の霊魂は「シンジュ」や「ウタキ」から最低一年に二回以上は、この世に還って来ると信じられている。その祭祀が、「グソー（後生）ヌ正月」とも呼ばれる「十六日正月」（旧暦の一月十六日）や「清明祭《シーミー》」（旧暦三月）、「お盆」（旧暦七月一三日から一五日、一六日）の行事である。これらの年中行事の体験と意義を、私は『沖縄生活誌』で報告しておいた。

すなわち、琉球では生死の世界は「この世」と「あの世」だけではない。私たちは十六日正月や清明祭のように、お墓へ行って、掃除をやり祖霊を祀り、ご馳走や飲み物をお供えして、墓庭で祖霊たちと共食し宴を設けるのである。これら、祖霊たちと共に過ごす時空間を、私は「その世」と呼んでいる。

したがって、祖霊たちは再生し、あの世とこの世とその世を循環するのである。二分法ではなく三分法と螺旋の宇宙観である。この伝統信仰は、太古から現代まで持続している。また、鶴岡真弓《つるおかまゆみ》の名著『ケルト　再生の思想――ハロウィンからの生命循環』を読むと、アイルランドやフランス（ブルターニュ地方）を始めとするヨーロッパの基層文化であるケルト文化とも共通している。

玉陵《たまうどぅん》（琉球王国第二尚氏王統の陵墓）

死後の世界の方が長い

琉球でのお墓は、「門中」と呼ばれる一族で祀る共同墓が多い。私の一門墓は、約一六世帯・七〇余人で使用する共用墓である。大きさは、約百坪以上で墓室と「ハカナー（墓庭）」と呼ばれる五〇人余が座れる庭が付いている。石でできたこのお墓は、約二百年以上の歴史を持っている。

琉球でのお墓の新築祝いを観れば、琉球人の生死観や霊魂観がよく解る。琉球では、お墓の新築祝いを盛大にやる。一門の人々や、親戚の人々が参加する。ご馳走やお酒等のお供えはもちろん、歌や踊りの奉納まで行う。

なぜそのような盛大な儀式や祝宴をやるのか、私（たち）の祖母に聞いてみた。祖母が言うには、「人間はどんなに長生きしても、せいぜい百歳ぐらいまでである。したがって、現在住んでいる家には、せいぜい百年ぐらいしか居れない。現世の家は、言わば『仮の宿』だ。しかし、死んでから後はお墓で百年も二百年も、いや何百年と住まなければならない。現世より死後の世界の方が長いのだ。だから、死後の住まいであるお墓は立派に造り、大切に守らないといけないのだ」と。このような生死観や霊魂観は、赤嶺政信《あかみねまさのぶ》の大著『歴史のなかの久高島』にも詳細に報告されている。死後の世界が、現世の世界とパラレルに想定されていることは、アイヌ民族文化等とも共通するだろう。

骨神とは何か?

　このように、琉球人の霊魂観や生死観を理解すると、もはや琉球人にとって遺骨とは「単なるモノ」ではないことは明かであろう。我々にとって、遺骨もまた「カミ」である。

　仲松弥秀は、『神と村』で「骨に魂が憑っているとの思想からであろう。沖縄では祖先神の骨を『骨《ふた》神《しん》』といい、または『精神《しーじん》』とも称されている」（四九頁）と述べている。このような「骨神」が大切に祀られている聖地がシンジュ（お墓）であり、ウタキである。ウタキの多くには、建造年代も定かではない古墓に太古の「骨神」が祀られ、さらにそれらのウタキを内包してグスクが築造されている。そして、代表的なグスクやウタキ、王墓が「琉球王国のグスク及び関連遺産群」として世界文化遺産に登録されたのである（私も、沖縄県教育庁文化課で世界文化遺産登録の事務担当の一員であった）。

　したがって、琉球ではお墓の新築、改築、移転、保存には、多くの伝統文化や信仰行事が伴うのである。そのような文化遺産としてのお墓を、勝手に荒らしたり、暴いたりすることは、法律以上に重要な犯罪である。

　ましてや、勝手に遺骨を荒らしたり、盗むということは、琉球人の（いや世界中の人々の）、伝統文化や精神世界、宗教観の内面を土足でもって踏みにじるような、最も野蛮な犯罪である。それは、どんなに学問研究の為と言っても許されるものではない。

返還と謝罪と供養を

　以上考察してきたように、現在問われている「琉球人・アイヌ遺骨返還問題」は伝統文化や精神、宗教文化の継承と享受という人権問題であると同時に、政治問題、文化問題、学術・教育の問題でもある。

私たちは、同様の問題が世界中の先住民族と支配民族の間で発生していることを知っている。したがって、これらの「遺骨返還問題」は多くの人々が論じているように、日本国憲法の人権や信仰の自由を守る問題であると同時に、世界の先住民族の自己決定権を行使していく課題でもある。言うまでもなく、国連の世界の先住民の権利には、自らの伝統文化を守り享受する権利、教育する権利等が唱われている。そして、瀬川『縄文の思想』を読むまでもなく、アイヌ民族と琉球人が日本列島の先住民であることは、学問的にも明らかである。

願わくば、全世界の先住民の遺骨が、一日も早く返還され、供養され、安置されることを祈っている。その為に、私も出来るところから行動していきたい。

【参考文献】

高良　勉『沖縄生活誌』岩波新書、二〇〇五年。
仲松弥秀『神と村』伝統と現代社、一九七五年。
赤嶺政信『歴史のなかの久高島』慶友社、二〇一四年。
鶴岡真弓『ケルト 再生の思想――ハロウィンからの生命循環』ちくま新書、二〇一七年。
瀬川拓郎『縄文の思想』講談社現代新書、二〇一七年。

第2章　形質人類学と植民地主義との歴史的関係と今日的課題

——金関丈夫「人種学」を中心にして

龍谷大学　松《まつ》島《しま》泰《やす》勝《かつ》

はじめに——人種差別を正当化する形質人類学

ヨハン・F・ブルーメンバッハ（一七五二―一八四〇）は、ドイツのゲッティンゲン大学の解剖学の教授であった。骨を愛好し、世界各地から頭蓋骨を集め、それらの変異比較の研究を行った。それまで皮膚の色で分けられていた「人種」を、頭骨をもとにしてコーカサス、モンゴル、エチオピア、アメリカおよびマライの五つの「人種」に分類した。彼が調べた頭骨のうち、もっとも美しい形をしていたのがグルジア人（現在のジョージア人）の女性の頭骨であった。これを人類の原形と考え、他のものはそれから由来したものだとした。グルジア人はコーカサス山脈に居住していたことから、ここを人類の本源地と想定し、このような「白色人種」を「コーカサス人種」と呼んだ。[1]

形質人類学は主観に基づいた「白人中心主義」から出発したと言える。
一八三〇年代の終り頃までに、サムエル・モートン（ペンシルバニア医科大学解剖学教授）によって形質人類学が形成された。彼はフィラデルフィアにある自然科学アカデミーにおいて、収集した頭蓋骨の容量を計測した。モートンは頭蓋骨の比較研究により民族的な類似性や相違性を明らかにするために、頭蓋骨をできるだけ多く集めた。二〇年間でモートンは千体の人骨を収集したが、それは当時の世界において人類学者による最大の人骨収集数となった。[2]
モートンは頭蓋骨の大きさに関するデータに基づき、白人を頂点に置き、モンゴリアン、マレー人、そしてアメリカ人、エチオピア人の順に順位付けした。それは脳の大きさが知能を決定するという仮説に基づいたものであった。[3] 表象的な特徴によって人間の能力を差異化し、「白人」に特権的地位を与え、他者への支配を正当化しようとした。
モートンによる脳の容量、頭蓋骨形態の計測は、民族集団を「人種化」する方法であり、「白人優秀説」を実証する方法とされた。モートンは研究に必要な頭蓋骨を集めるために、経済的インセンティブを兵士、移住者、政府職員等に与えて、ネイティブ・アメリカンの墓地に入り、人骨を収

1　香原志勢『人類生物学入門』中央公論社、一九七五年、四六〜四七頁。
2　Cressida Fforde, *Collecting the Dead-Archaeology and the Reburial Issue*, Duckworth, 2004, p.21.
3　Ibid., p.21.

集するよう促した。病気、植民地化の過程で生じた様々な要因によりネイティブ・アメリカンの死亡率が高くなり、彼らの多くの遺骨が研究者の掌中に集まるようになった。一八六八年に米陸軍のジョセフ・バーンズ軍医総監は、軍医官や野戦外科医に対して科学的研究のための人骨収集を命じた。その結果、約四五〇〇のネイティブ・アメリカンの頭蓋骨が陸軍医療博物館に保管された。その多くは一八九〇年代にスミソニアン博物館に移管された。他の多くのネイティブ・アメリカンの遺骨は欧州諸国に持ち去られた。人類学者はネイティブ・アメリカンの遺骨の収集過程で大きな役割を果たした。[4]

「科学的人種主義」は次のように台頭するようになった。欧州人によるアメリカの植民地化が、「帝国主義的考古学」を生み出した。ネイティブ・アメリカンに対する暴力的な領域の拡大、猛烈な人種主義、文化的抑圧の下で彼らの墓地が破壊された。一九世紀、多くの学者は、自らの国による侵略を合理化するために研究を行った。このような学者による頭蓋骨測定法を利用した人種学的研究を名目にして、民間人や軍人が彼らの墓地を盗掘するようになった。頭蓋骨計測研究は科学的に正しいと主張して、「インディアンの野蛮性、好戦的な性格」等を実証しようとした。「インディアンの後進的で野蛮な行動」の原因は、その脳の小ささによって説明可能であると考えた。人類学者は「インディアンが滅びゆく人々」であるとみなし、その工芸品、聖なる物を「保護」しなければならないとするキャンペーンを始めた。研究者の学位取得、教授への昇進などが、インディアン墓地を掘り、その身体を研究することを通じて実現するようになった。[5]

１　金関丈夫の「人種学」と日本植民地主義

百按司墓琉球人を盗掘した金関丈夫は、自らの研究を「人種学」と称しており、「人種学」の知識によって人類集団の生物学的繁栄に貢献できるとともに、優生学の根拠を提供することが可能であると考えていた。金関が考える「人種学」とは、人類の地方的集団を自然科学的、生物学的に考察し、その集団の特質を明らかにする研究であった。このような人種学的な研究によって生物学的特質が明示され、他の集団と区別される人類集団が「人種」であるとした。その上で「ナチスが北欧種の純血を護ろうと云うのは當然のことと云わなければならない。且つ、之れは種族の優秀性を確保する上に必要な手段であるのみならず国家の統一の上に最も有効な方法でもある」と述べてナチスの優生学を評価した[6]。

優生学の観点から台湾の原住民族に対して次のような政策を提示した。彼等に対してどのように

4　Amy Lonetree, *Decolonizing Museums-Representing Native America in National and Tribal Museums*,The University of North Carolina Press, 2012, p.13.

5　James Riding, "Repatriation-A Pawnee's Perspective" in Devon A.Mihesuah (ed.) *Repatriation Reader-Who Owns American Indian Remains?*, University of Nebraska Press, 2000, p.113.

6　金関丈夫「皇民化と人種の問題」『台湾時報』一九四一年一月号、二四〜二五頁。

結婚を奨励し、または結婚を避けさせるか。その指導をどのように実行すべきか。これに対して政府のとるべき道は唯一つである。台湾における厚生科学の確立と、その研究の成果に基づく「優生政策」の実施である。「人種学、人種遺伝学、優生学」のような厚生科学に関する独立研究所と厚生局の設置がその具体案となる。「優生上望ましくない者との結婚禁止法案」のような措置も必要となってくるだろう。混血政策による「人種の融合」と、優生政策による「人種の改造」は「本島人皇民化」に関して最も重大な問題であるにもかかわらず、これまで最も軽視されてきた[7]。金関の「人種学」は研究だけに完結するのではなく、台湾総督府に対して自らの政策を提案するなど、社会に対する能動的な働きかけを含むものであった。その政策はナチスがユダヤ人絶滅のために援用した優生学に基づいていた。

金関は、台湾に住む漢族を知ることは「支那民族」を知ることにつながり、日本の南方進出のために必要であると考えていた。金関は戦時中に海南島の調査を行ったが、漢族の形質研究に関心をもっていた。金関は日本の支配権拡張について肯定的であった[8]。日本帝国の植民地において研究を行い、自らの研究業績を積み上げてきた金関の足跡を見ても、日本の帝国主義を肯定するだけでなく、そのさらなる拡大を学知の面で補強しようとしていたと考えられる。

金関や中村哲を中心として雑誌『民俗台湾』が一九四一年七月に発刊された。様々な人によって雑誌の巻頭言が書かれたが、次のような「巻頭言の方向性」は共有されていた。またそれは中村と金関が有する雑誌発刊の趣旨とも合致していた。民族の歴史、伝統、生活などを調査して、それぞれの民族にあった政策を立案する必要がある。そのためには民族学が最も基本になる。その意味で本誌は閑人の道楽や骨董いじり、異国趣味の満足ではなく、今後の南方統治の手段として大いに役立つものである。とくに南方には、人種、民族的にも台湾の漢民族、高砂族と類似した人間が住んでおり、似たような言語、文化、伝統、宗教を維持しており、台湾の民俗調査は必要不可欠となる。[9]

一九四一年七月から四五年一月まで発行された『民俗台湾』には、直接的、間接的に戦争協力の言説が表明されていた。[10] 大東亜共栄圏の統治に貢献する学問としての民族学、人類学の重要性を明らかにすることが同誌の目的であった。自らの学問を植民地主義、帝国主義という国策を補強するために利用するという、恩師の清野謙次と同じ道を金関が台湾という日本の植民地において歩んでいた。

金関は京都帝大におけるもう一人の恩師である足立文太郎《あだちぶんたろう》の影響もあり、体臭に関する研究も行った。臭覚器官である鼻に関して金関は次のように述べている。「原始人」は比較的よく鼻を使い、「鼻キッス」を行う。日本人がお辞儀をする代わりに彼等は鼻と鼻を摺り合わせて挨拶する。

7　同上論文、二九頁。
8　小熊英二「金関丈夫と『民俗台湾』――民俗調査と優生政策」篠原徹編『近代日本の他者像と自画像』柏書房、二〇〇一年、三四頁。
9　ねずまさし「皇民化政策と『民俗台湾』」国分直一博士古稀記念論集編纂委員会『日本民族文化とその周辺――歴史・民族篇』新日本教育図書、一九八〇年、五一一頁。
10　全京秀「植民地台湾における金関丈夫の再評価――帝国の検閲とゆえなき誹謗を越えて」ヨーゼフ・クライナー編『日本とはなにか――日本民族学の二〇世紀』東京堂出版、二〇一四年、三一三頁。

この風習はアフリカの黒人、「ラプランド人」(サーミ人)、「エスキモー」、樺太アイヌ、インド人、ペルシャ人、ニュージーランド「原住民」、ミクロネシア人、マレー人等にみられる。[11]「鼻キッス」を行うとされた諸民族を「原始人」として差別的に表記している。

その上で、金関は欧米人の接吻を「原始人」の一般的風習である「鼻キッス」の遺風であると指摘する。そして日本人はこの風習を脱しており、接吻、手を触れ合うこともせず、身体は匂わない、嗅ぎ廻さないと述べた。そして日本人は「毛も少ない。之れだけから考えると、欧米人に比して吾々は遥かに高等であると云わなければなりません」(旧漢字、歴史的仮名遣いを新漢字、現代仮名遣いに改めた。以下同じ)と主張して、「日本人優秀説」を強調した。[12]

金関は次のように体臭の強さによって、「人種」を差別する言辞を連ねている。「黒人は一般に不潔臭が甚だ強く、女は山羊や牛の尿で顔を洗う所があります。それから水で洗い、其のあと獣脂を塗る。(中略)不潔臭を除いても黒人は臭い。強く匂う」「欧米人と同じアーリヤ系種族でもジプシーには特別の匂いがあり、警察ではジプシー関係の犯罪は、現場に残る匂いで発見する。(中略)アーリヤ系ではこの他に印度人、波斯人などもよく匂うらしい」「猶太人(松島注：ユダヤ人)は生まれつきの匂いを持っているという人があります。猶太人に対する欧米人の反感の原因には、此の匂いが與って力あることは容易に想像出来ましょう」「黒人に近いと云う豪州土人、之れも可成りよく匂うらしい」[13] 欧米において差別の対象になった人々の体臭の強さを、科学的根拠のない伝聞と主観によって金関は強調している。

金関は「胡人の匂い」という論考を書いているが、「胡人」とは漢代後、アジアの東方に流入した「白人系人種」であるとされ、「胡臭とは白人臭と解して恐らく差支なかろう」と指摘し、「白人に近い人種としてはアイヌがおります」と断じている。[14]

アイヌが白人に近い人種である根拠として、「皮膚の黄色くないこと、多毛、美髯、波状毛であること、眉間は突出し、鼻根や眼は凹み、瞼は二重で、眼尻は下り、顔には雀斑が多い」ことを挙げ、血清学や手掌紋の研究者によって同様な説が提起されていると述べている。金関が行った調査の結果に基づいて、アイヌには「腋臭者が非常に多い。而も甚だ強烈なのであります」と論じた。[15]科学的な実証に基づいたものではない印象論で「アイヌ＝白人」という結論を下し、世間のアイヌに対する偏見や差別を助長している。

金関は「アイヌの腋臭」と題する論考でも、学知によってアイヌ差別を正当化しようとした。一九二八年一二月、足立文太郎の指導に従って金関は北海道アイヌの男女一九名を対象にしてその腋臭の有無を調査した。[16]金関は琉球に行き、遺骨を盗掘する前にアイヌの体臭に関する調査を行った

11　金関丈夫『胡人の匂い』東都書籍、一九四三年、一七頁。
12　同上書、一八頁。
13　同上書、一九〜二二頁。
14　同上書、二三頁。
15　同上書、二三〜二四頁。

ことになる。琉球でも金関は琉球人の体臭調査を実施した。

調査の前に足立は金関に対して「アイノ（アイヌ）もまた白人同様腋臭がひどくはないか」などと述べたという。金関は被験者の肌に鼻を押し付けて尺度の目盛を読んだが、「筆者の鼻が無事であったのは奇蹟だ」、「人種学をやるのもまたつらいかな」[17]とアイヌ民族の人格を傷つけるような調査方法を行い、偏見に満ちた言辞を自らの論考の中に残した。

全一九人の男女の被験者のうち、一二人の女子は全て腋臭があり、「内地人（日本人）」との「混血」の子供である二七歳の若者だけが微弱な腋臭しかなかったと述べている。[18]被験者数が一九人でしかなく、データの母数が非常に少なく、信憑性を欠く「科学的調査」である。

また「アイヌの中に若し匂わないのがいたら、近い先祖に必ず内地人がいる」という金田一京助の仮説を紹介した上で、金関は「アイヌの人種学的研究の上に、殊に其の材料選択の上に参考にされていい事だ」と述べ、「アイヌは匂う人種である。此の事は疑いない所であります」と断言した。[19]アイヌ差別を助長するとともに、日本人との「混血」つまり同化を促すような結論を導いている。またアイヌを研究の「材料」としか考えていないことも分かる。

金関は「内地人と終始接触するものは、内地人が夫れを嫌うと云う其の理由で自分を卑下すると云うような事はあるかも知れません」と述べている。[20]つまり、金関は自らの研究によってアイヌが差別され、苦しむことを予想できたのではないか。当事者の人権や気持ちよりも、自らの「研究成果」を優先している。ここから学知による植民地主義が発生するのであり、琉球人遺骨盗掘とも共通する問題である。

さらに金関は「アイヌは匂う人種である。同時に一例には過ぎませんが体臭賛美の文学さえある」と述べた[21]。ユーカラのある一部分に対する自らの独断的な解釈だけで、「体臭賛美の文学」とまでアイヌ文化を貶めている。

最後に金関は「思えば千数百年の昔から、今日に至るまでわれわれ東洋人が受けつづけた白人禍の、これなど（松島注：「白人臭」）は最も瑣細な一例に過ぎないものであるかも知れぬ」と述べた[22]。先に考察した足立文太郎は「白人」の体臭の強さについて研究したが、金関も恩師の説を継承している。「白人」が多く住む欧米諸国と闘い、対抗しながら大東亜共栄圏を拡大していた帝国・日本のイデオロギーを人類学の分野で体臭に焦点を当てて「鬼畜米英」の国策に学術上の根拠を与えようとした。その際、「アイヌ＝白人」という誤った説に基づき、国内の少数者に対する差別、排除を学知を用いて促した。

16　同上書、三〇頁。
17　同上書、三一〜三二頁。
18　同上書、三三頁。
19　同上書、三五頁。
20　同上書、三四頁。
21　同上書、三九頁。
22　同上書、四六頁。

2　金関丈夫と琉球人差別

金関の博士論文のテーマは「琉球人」の体質人類学的研究であった。この研究は琉球人の「人種学的所属」を知るために必要不可欠であり、「その周辺民族、事に我が日本人」の由来や成立を知る上にも重要な手がかりになると、金関は研究の目的を示した[23]。「琉球人」と「我が日本人」は異なる「人種」であると金関は考えていたようである。琉球人の研究によって「日本人の成立」を探究するという研究の方向性は、二一世紀の現在も日本人研究者によって共有されている。アイヌ研究と同様に琉球人研究によって、日本人アイデンティティを明らかにしようとしている。そのために琉球人遺骨の盗掘も行われた。

百按司墓から琉球人遺骨を盗掘して二五年後の一九五四年に、金関は琉球を再訪した。文部省から派遣された南島文化総合調査団には金関丈夫・九大教授、国分直一《こくぶなおいち》・農林省水産講習所助教授、酒井卯作《さかいうさく》・民族学研究所員、永井昌文《ながいまさふみ》・九大医学部解剖学教室助手等がいた。それぞれ人類学、民俗学、考古学の立場から、浦添ようどれ、羽地村呉我《はねじそんごが》の高倉、今帰仁村運天の百按司墓、首里博物館の土器石器等の調査を行った。琉球での調査の目的は、「今日本で問題になっている日本の民族文化の起源と経路」を解明することであった。

新聞での対談で金関は次のような発言をした。「たやすく変わるとフィリッピン化しますよ。（中略）フィリッピンは固有文化のない所に西洋の支配を受けたので、西洋の文化が無条件にはいってしまった。（中略）西洋文化に対抗し得る自国の文化を持っていないことはフィリッピンの不幸で今ではほとんど完全に植民地化しています。沖縄もそのようにならぬように自分の文化を持っているということをしっかり自覚すべきです」「私は今まで沖縄本島の人骨、与那国での生きた人間について調査しました」「民族の精神とか生活の基底となる心理的なものを調査するのが狙いです。これは今の日本の民俗学の新しい行き方で、沖縄でのこの仕事は日本の民俗学に対しても最も重要な仕事になる」。金関等の発言を受けて、仲宗根《なかそね》政善《せいぜん》・琉球大学教授は「沖縄の研究は本土の各大学の先生達と連携を保ち、こんどの総合調査を機会に広く各大学に呼びかけて手をつなぐことが必要でしょう」と述べた[24]。

米軍統治下におかれた琉球が、日本人の「自分探し」（アイデンティティ）のための研究における参照項目として注目されていた。「フィリピンには固有文化がない」と断定しているが、タガログ語等の独自の言語が多数存在し、国内にも多くの先住民族が生活しており、誤った考え方である。琉球人に対して自分の文化を持つことの自覚を促しているが、琉球独自の歴史や文化の象徴ともいえる遺骨を持ち出し、その「固有の文化」に毀損を与えたのは金関その人であった。琉球の言語学

23　金関丈夫「琉球人の人類学的研究」『人類学雑誌』第四五巻第五付録、一九三〇年、五一四頁。
24　『琉球新報』一九五四年三月一六日。

者であった仲宗根も、「本土の各大学の先生達」との連携によって琉球の研究を進めるべきことを説いているが、その姿は百按司墓に金関を案内した島袋源一郎の姿と重なる。琉球在住のエリートが日本人研究者の案内役となり、その研究の助手としての役回りを押し付けられ、島の文物の持ち出しの手助けをした。島袋だけでなく、「沖縄学の父」・伊波普猷も、鳥居龍蔵の琉球調査において案内役となった。それは結果的に、島の歴史、文化に係る文物を失わせ、日本人や日本政府による琉球の研究、理解、支配を容易にしてきた。

一九五四年の「南島文化の総合的調査研究」において、波照間島《はてるまじま》の島民二五九人（男性一〇七人、女性一五二人）に対する生体調査も行われた。生体調査の調査項目は、頭髪形、体毛、上眼瞼、腋臭等であった[25]。同調査団の一員として参加した永井昌文の論文「琉球波照間島々民の生体学的研究」には同島住民男女の写真（真正面と横顔、中には胸部が裸体の人もいる）が多数掲載されている。住民の肖像権、プライバシーに対する配慮が払われておらず、標本として住民を認識していることが分かる。

一九五七年一二月一八日付の『沖縄タイムス』において「骨集めが沖縄との縁、月の夜に墓地あさり」の見出しで金関が百按司墓琉球人遺骨盗掘について語っている。同紙記者が次のような導入文を書いている。「沖縄との関係はふるい。昭和四年の春から五年にかけて『骨を集めにいった』のが琉球とのゆかりをつくった初めという。平和な時代だから、戦後の遺骨収集とはイミがちがう。運天のホラ穴や、無縁仏を七、八〇体あつめ、帰って〝琉球人の人類学的研究〟という論文を書き、博士になった。」金関は次のように語った。「私の先生、足立文太郎教授が琉球人の研究をしていた。

東大の人類学教室に与那国から集めた骨があったが数が少なく、鳥居龍蔵さんの本に運天には骨がたくさんあると書かれていたので、もっと集めてこいと沖縄行きを命じられた」「いまでこそ泊港はにぎやかだが、当時の泊はさびしい河岸だった。このアカテバルというところに行路病人を埋葬した墓地があった。ちょうどいい、この骨を下さい、と那覇署に願い出た。警察はびっくりして、あるだけの書類や法規をひっくりかえしたが、先例がないと断られた。それでもぜひとたのんだ。署長が割にものの分かった人で許してくれたが、こんどは掘りだすのに困った。人夫はこわがって手伝ってくれない。日が暮れた。幸い月の夜だったが、人気のない墓地にひとりだ」「（琉球に行く前に）伊波普猷さんから名護の島袋源一郎さんあて紹介状をもらっていた。島袋さんは学校の先生をしていたが運天へいっしょにいってもらった。途中の道ばたに石棺がありフタをあけようとすると〝中にハブがはいっているかも知れない。あぶないから〟ととどめられた。誰かがいっしょにいくと、あすこはなんだ、ここはなにかある、ととどめられ、ぜんぜん骨が集まらない。しかたがないのであとはひとりで集めることにした」[26]

同紙記者は、琉球人の骨が島から持ち出されたことに疑問を持たなかったのだろうか。現在であれば許されないことが当時は問題として意識されなかった背景には、日本を祖国と考えてそこへの

25　永井昌文「琉球波照間島々民の生体学的研究」『人類学研究』第一巻三・四号、一九五四年、三三三〜三三七頁。
26　『沖縄タイムス』一九五七年一二月一八日。

「復帰」を求め、日本人知識人に率直に自らの考えや気持ちを言えないという、精神的な従属性があったのだろうか。金関の「骨集め」の手引きになったのは指導教授の足立と、「運天には骨がたくさんある」と記された鳥居の本であったことが分かる。新しい行路病人の埋葬地での「骨集め」も無理強いをして得ることができた警察からの許可だけであった。人夫でさえ「骨集め」を嫌がり、金関一人で収集しなければならなかった。コミュニティの同意も得ていない。地元民が「骨集め」に合意し、喜んで手伝っていたのではないことが分かる。盗掘から三〇年近くたっても、金関には遺骨盗掘に対する罪の意識がなく、自慢話のように琉球の新聞記者に語っていた。

　次のように、金関が宮良當壮《みやながまさもり》と論争を行った論考の中に、琉球人差別と受けとめられるような文言がある。「『宮古史伝』等に、宮古島の与那覇勢豊見親なる酋長が元中四年（一三八七）、中山に到って察度王に方物を献じたが、言語が通じない。那覇の泊御殿に留まって、沖縄語を習得すること二―三年にして、よく通じたという話しがある。（中略）いかに頭の悪い男でも、これを習得するに二―三年もかかるわけはない」[27]「酋長」という侮蔑的な言葉を使用している。また「いかに頭の悪い男」でも沖縄語を習得するのに二、三年もかかるわけもないとして、「与那覇勢豊見親」（実際は与那覇勢頭豊見親）を「頭の悪い男」と暗に馬鹿にしている。

　八重山文化または琉球文化、あるいはその「地方の民族の局部に係る問題」ではなく、広く「日本民族」ないしその「人種の由来につながる、一般的な問題である」と金関は認識していた。古代日本に体質上、文化上において濃厚なインドネシア要素があったという想定の一事例を、「たまたま八重山のはし」で捉えて問題にしたのであると述べた。[28] つまり、「日本人の文化や体質に対する南方の文化や体質の影響」という自説を論証するために、八重山諸島の歴史や文化が利用されたのである。しかも、琉球、八重山諸島が「地方の民族の局部」として位置付けられ、「日本民族」の由来という大きな問題を「八重山のはし」で実証したと述べている。「辺境」として八重山諸島が軽視される形で認識されている。しかもその論証方法は、表層的で主観的な観察と非合理的な断定、曖昧な概念規定に基づくものであった。

また金関はアイヌと琉球人について次のように述べている。宮良博士が主張するような琉球人の体質がアイヌのそれに近いという、「俗説」は何ら科学的に根拠のないものである。最近の人類学的研究の成果はそのことを明らかに否定している。他方で八重山諸島の一部には、過去において入れ代わった旧言語のイントネーションが今日まで残っている。そのイントネーションはインドネシア語のそれに似ている。琉球各地の地名のいくつかは、共通の語形によってインドネシアの地名に関連させることが可能であり、それはアイヌ語で地名を解釈しようという考えに比べて「突飛なもの」ではない。[29]

アイヌと琉球人との類似性については、戦前の研究者だけでなく、埴原和郎《はにわらかずろう》によって提示された

27　金関丈夫「八重山郡島の古代文化――宮良当壮博士の批判に答う」『民族学研究』第一九巻二号、一九五五年、三七六頁。
28　同上論文、三七七頁。
29　同上論文、三八〇～三八一頁。

二重構造モデルもあり、必ずしも「俗論」として片付けられないだろう。金関には、琉球人とアイヌとの歴史的、文化的、生物的関係を切断し、南方文化の日本への経路として琉球を措定したいとする強い意思が感じられる。

八重山諸島の人々の体質について金関は次のように論じている。それは琉球人一般と同じく、今日の南九州地方人と一つの「体質圏」を形成している。よって八重山諸島の人々の体質は日本人であることは疑いない。この「体質圏」の人々は、「台湾、フィリピンの如き南方の種族」のある者や北九州人と似ていない。他方で腋臭者が多い点で南方につながる傾向が強く、多毛の点でルソン島の山池に住む古層のインドネシア人に似ている。[30] 八重山諸島の人々は体質上、「日本人」であると主張しつつも、「腋臭」「多毛」の点で南方との繋がりを指摘し、一般の「日本人」との違いを確認している。同化によって日本に取り組み、異化によって差別、排除するという琉球人に対する日本人の「統治と支配の方法」を、金関の琉球人認識にも見出すことができる。

金関は琉球人が日本人でありつつも、「腋臭」「多毛」等によって南方的要素を強く有していると主張している。「腋臭」「多毛」は差別、蔑視につながる人間の特性である。学知によって琉球人の人間的特徴が他律的に規定され、それに批判すると「俗説」として貶められる。

金関の最大の関心は日本人の由来である。琉球人はその論証のための手段であり、根拠でしかない。日本人の古代における祖先が、琉球を通過し北上して日本に移動したのかどうかは琉球人にとって大きな問題ではない。琉球人が植民地支配下におかれ、差別、搾取されてきたことが問題である。金関の研究は、戦前、戦後を通じて琉球に対する差別と搾取を特徴とする植民地主義の特徴を色濃く有していたと言えよう。

小熊英二は金関の研究と、反復帰論や独立論との関係について次のように論じている。金関の「沖縄人＝非日系南方人説」は、沖縄の南方的要素を重視する「ヤポネシア」論や「異族」論と間接的に結びつき、沖縄側が「ヤマト」とは別個のナショナル・アイデンティティを築く際の土台とされた[31]。反復帰論や独立論に影響を与えた吉本隆明《よしもとたかあき》の沖縄論である「異族の論理」は、金関の説を引用した石《いし》田英一郎《だえいいちろう》の議論から構想を得ている。伊波普猷から発した「沖縄人＝北方渡来日本人説」が主流だったなかで、金関の主張によって「沖縄人＝非日系南方人説」が戦後に流布する発端となった[32]。

上で検討したように、金関の説は小熊が称するような「沖縄人＝非日系南方人説」とは断定できない。琉球人を日本人としながら、「南方的特徴」を恣意的に見出して、日本人の南方的要素を論証したものでしかない。よって「『ヤマト』とは別個のナショナル・アイデンティティを築く際の土台とされた」のではなかった。吉本の「異族の論理」への金関の議論からの影響も不明確であるとともに、「異族の論理」が琉球の反復帰論、独立論に大きな影響を与えたとも言えない。

30　同上論文、三八三頁。
31　小熊（二〇〇一）前掲論文、四八頁。
32　同上論文、五二一〜五三頁。

3　「人種」と民族との違い

　形質人類学は他律的に「人種」を分類し、その移動や定住を確定してきた。特定の人間の集団を特定するために、「人種」とともに利用される概念は「民族」である。現在でも両者はしばしば混同されることが多いが、「民族」と「人種」とは何が違うのであろうか。「民族」は自分が決めるものであり、変更可能なものである。他方、「人種」は他人が決めるものであり、レッテルであるから常に危うさが伴う。[33]「民族」は自己決定、「人種」は他者決定であり、性質を全く異にする集団概念である。「人種」は、「背格好、顔立ち、皮膚の色（メラニン色素の多寡）、毛髪の性状」等の身体的特徴を共有する人々の集合である。身体的特徴にくわえて、血液型の割合、寒さ暑さに対する耐性の強さ等が含まれる場合もある。「人種」とは、言語、生活風習、宗教などの文化的特徴で区分する「民族」とは対照的な集団概念であり、一人ひとりの個人に対して使う言葉ではない。[34]これまで身体的特徴に基づいて人間集団としての「人種」を分類し、分析してきたのが形質人類学者である。他者がある人々の属性を他律的に決定する過程で、植民地主義が生まれてきた。それに対して「民族」は、個人の自覚によって自律的に決定される人々の属性である。植民地主義下で生きることを余儀なくされた、独自な歴史や文化を有する人々が民族意識を自覚し、脱植民地運動に参加する場合、それらの人々は先住民族になる。

ホモ・サピエンスつまり人間は、通常、形質において一人ひとりの差異の方が集団の平均値の違いよりも大きい。隣り合う「人種」同士の間を線引きすること自体、難しいと言われている。[35] 人種概念が科学的、合理的ではなく、曖昧であり、恣意的であり、しかも他者が決定するという意味でも、植民地支配に利用可能な概念である。

現在、「人種」観念について、多方面から疑問の声が上がっている。「人種」の違いによる特徴の多くは、個人的差異の範囲を超えないことが明らかになっている。研究者も、「人種」に対応する生物学的な実質が存在しないと考える傾向にある。「人種」の観念が、形質的特徴や文化的活動の単位ではないことも明らかである。[36] グスク時代の琉球人の顔が平面化し、出っ歯の人骨が存在するという、形質人類学者の土肥直美《どいなおみ》の仮説は、個人的差異でしかなく、琉球人という「人種」全体の特徴ではないと理解されよう。

類似の鼻形、頭形、皮膚色、体毛であり、同じ血液型や遺伝子型を持っていても、仲間意識が生まれるとは限らない。[37] 琉球人の顔が日本人と似ていたとしても、自分を「琉球人、沖縄人、ウチナー

33　片山一道『身体が語る人間の歴史――人類学の冒険』筑摩書房、二〇一六年、六九頁。
34　同上書、七一頁。
35　同上書、一一二～一一三頁。
36　植木哲也『学問の暴力――アイヌ墓地はなぜあばかれたか』春風社、二〇一七年、二一八～二一九頁。
37　片山（二〇一六）前掲書、一二七頁。

ンチュ」と意識する人々が現在でも多く存在する。「内なる仲間意識」が集団特定の上で重要であると考える。

世界の多くの先住民族から受け入れられている「先住民族の定義」は、ILO一六九号条約による定義である。それは、植民地体制におかれた人々が自らを先住民族として認識することで先住民族になるというものである。他者が決めるのではなく、自らの意識と決意によって先住民族が誕生するのである。

4　先住民族の権利を否定する形質人類学

形質人類学者の篠田謙一《しのだけんいち》は、先住民族の遺骨返還に対して次のように反論している。現在、アメリカ合衆国において過去に先住民族の意思を無視して墳墓から発掘され、大学や博物館に収蔵されたことに対する反省から、政府が介入するかたちで人骨を先住民族コミュニティに返還し、埋め戻す作業が進められている。これは人道上の配慮から行われている政策であるが、文字をもたない社会の起源や生活の状況を知るための重要な情報源である人骨を埋め戻してしまうことは、「歴史の抹殺」にもつながる行為である。南北アメリカ大陸のなかで合衆国を除く地域では、古代から現代にいたる様々な集団のＤＮＡが調査され、先住民族コミュニティのアイデンティティの確立につながるデータが発表されつつある。[38]

遺骨の再埋葬を「歴史の抹殺」であると批判しているが、篠田が想定する歴史において、誰が主体となるのであろうか。先住民族は、遺骨の返還によって自らの記憶や過去を取り戻すのであり、「歴史の抹殺」ではなく、「歴史の回復」となる。むしろ、遺骨の略奪者が「歴史の抹殺者」と呼ばれるべきである。人骨のＤＮＡ解析によって、先住民族コミュニティのアイデンティティ確立に役立った具体的な事例は存在するのだろうか。かえってＤＮＡ解析に伴う遺骨の破壊行為により、先住民族コミュニティのアイデンティティの確立の根拠の一つが失われるのである。

また篠田は、「ケネヴィックマン（一九九九年アメリカのワシントン州ケネヴィックで発見された人骨）問題」について、次のように考察している。二〇一五年に、その帰属を巡って先住民族と研究者が裁判で争った人骨、ケネヴィックマンのゲノム解析の結果が公表された。それによると、ケネヴィックマンは南北アメリカ大陸に広く分布する先住民族と類縁性をもっており、同人骨が発見された地元に住む先住民族集団だけがケネヴィックマンの帰属に関して決定権があるとは言えない。人類集団の成り立ちを考えれば、数千年以上前の集団の子孫を現在の限定された地域集団に特定するのは、無理なことである。[39]

篠田は人間の移動と拡散を実証することで、国際法でも保障された先住民族の遺骨返還権にも異

38　篠田謙一『ＤＮＡで語る日本人起源論』岩波書店、二〇一五年、一一二頁。
39　同上書、一一三頁。

議を示している。遺骨の返還を求めているアイヌ、琉球人も他の地域からアイヌモシリや琉球諸島に移動してきた人々であり、遺骨返還を求める権利はないという結論に導かれよう。先住民族が遺骨の帰属を主張できないということになれば、結果的に研究者が遺骨を独占的に管理し、研究に使用することになるだろう。

人骨に関するDNA分析と日本人形成過程との関係について、篠田は次のように説明している。日本において古代人骨のDNA分析が進めば、詳細な日本人形成のプロセスが明らかになるだろう。日本列島は世界でも例を見ないほど、各時代の人骨試料がそろっている地域である。今後は先人たちが収集した人骨のDNA分析を通して、過去にこの列島に暮らした人たちの成り立ちを調べる作業が続けることができる。「私たちが何者で、どこから来たのか」を明らかにすることで、「日本人とは何か」という私たちにとって重要な問題を考える情報を提供することができる。[40]

「私たちが何者で、どこから来たのか」という場合に、「私たち」という主体が琉球人やアイヌ民族であるとき、「日本人とは何か」というテーマは重要ではない。琉球人やアイヌ民族は、「日本人」の由来を明らかにするための参照上の材料としか扱われないからである。

人骨が再埋葬されないようにするための方法について、篠田は次のような提案をしている。現在、日本の文化財保護法は、出土した人骨を明確に文化財として規定していない。墓地を発掘して出土した副葬品などの遺物は、保存、調査、公開までを視野に入れて、公共のために役立たせることが義務付けられている。しかし人骨の場合、再埋葬されてしまい、研究されないまま失われてしまうこともある。人骨に残るDNAはその人物のもつ究極の個人情報であり、現在それを詳細に解析することが可能になり、人骨のもつ資料的な価値はさらに大きくなった。歴史資料や考古資料と同じか、それ以上の情報を引き出すことができる。人骨にも資料的な価値を認めて、文化財として位置づけるべきである。[41]

遺骨を研究者が永久に研究できるように、文化財に指定して返還要求の声を排除しようとしている。研究者が研究上必要であると認識した遺骨は、文化財に指定され、遺族、関係者、先住民族から合法的に奪うことを可能にしようとしている。

しかし琉球人は先住民族の権利として遺骨を返還させることができる。国民の構成員である特定の民の人権を侵害するような支配と抑圧が行われている国において、支配と抑圧を受ける民は、自らを「先住民」と認定して、その権利を行使することができる。[42]

アイヌも先住民族が有する先住権を用いて遺骨を返還させた。一九八七年八月、国連における先住民族問題に関する初めての専門機関である国連先住民作業部会に、野村義一理事長を代表とするアイヌ代表団が派遣され始めた。それから一〇年後の一九九七年三月、「二風谷《にぶたに》ダム訴訟」におい

40　同上書、二三六～二三七頁。
41　同上書、二三八～二三九頁。
42　清水昭俊『先住民、植民地支配、脱植民地化——国際連合先住民権利宣言と国際法（国立民族学博物館研究報告）』第三二巻、二〇〇八年、四六四頁。

て札幌地方裁判所は、アイヌを先住民族と認め、ダムの建設をその権利に照らして違法とする画期的な判決を下した。この裁判において、裁判官は、国際法で認められた先住民族の権利を積極的に評価して判決を下した[43]。

私は一九九六年、アイヌ民族とともに国連先住民作業部会に琉球の先住民族として参加し、国際法に基づいて琉球における植民地主義や米軍基地の問題を訴えた。その後、琉球において「琉球弧の先住民族会」が設立され、毎年、国連の各機関に代表団が派遣され、先住民族としての問題を国際社会に訴えてきた。また私は二〇一一年にグアム政府の代表団の一員として、グアムと琉球における脱植民地化と脱軍事基地化を主張した。このような一連の琉球人による国連での活動の結果、国連は琉球人を先住民族であると認め、固有の歴史と文化を有し、先住権を行使できる法的主体であることを認めたのである。

先住民族として琉球人が骨に対面する時、それは「人骨」ではなく「遺骨」となり、供養という信仰の対象となる。またそれは琉球人のアイデンティティ形成にも大きな影響を与え、脱植民地化過程において政治的象徴としての意味と役割を有するようになった。琉球人も百按司墓の遺骨を京都大学から返還させ、再風葬する道を歩み始めた。

43　上村英明「声を上げた日本の先住民族——国際連合での運動がもたらした成果と課題」深山直子、丸山淳子、木村真希子編『先住民からみる現代世界——わたしたちの〈あたりまえ〉に挑む』昭和堂、二〇一八年、五〇頁。

コラム

百按司墓と植民地主義

沖縄・西原町議、「命どぅ宝！琉球の自己決定権の会」共同代表

与那嶺《よなみね》　義雄《よしお》

昨年（二〇一七年）の二月頃だろうか。今帰仁村運天にある百按司墓の大きなカラー写真が、地元の新聞に掲載された。早朝、手にしたその写真の迫力に、少しビビってしまった。その時の第一印象は正直、怖さや恐れだ。多くのウチナーンチュ（琉球・沖縄人）にとって、墳墓やウタキなどの拝所は近寄りがたく神聖な領域だ。よくも、そのような場所から人骨を持ち出し、私たち琉球人の先祖の安らかな眠りを奪う蛮行ができるものだと、怒りを覚えた。

記事は、その墳墓から一九二八～二九年にかけて京都帝国大学の金関丈夫助教授が、「人骨標本」として五九体を持ち出し、現在京都大学に保管されていて、松島泰勝龍谷大教授が事実確認を大学側に求めるも、門前払いにあっているとの内容だ。

許せぬ植民地主義的対応

百按司墓は、第一尚氏の最後の国王尚徳の遺臣一族の墓と伝えられ、一九〇五年の調査によると木棺には弘治一三年（西暦一五〇〇年）の中国明代の年号が記されているという。人骨の持ち出しは、さらに京都帝大の別の研究者達によって琉球弧の奄美大島や徳之島、喜界島から二六三体に上ることも判明している。台湾大学に渡った遺骨六三体に関しては、松島さん等の働きかけで、大学側は二〇一七年八月に返還に応じる姿勢を示した。琉球併合後の、圧倒的な力関係＝植民地政策の下で墓を暴き、遺骨を持ち出しておきながら事実関係の照会をも拒む京都大学の対応は許せるものではない。琉球同様に、日本の植民地支配を受けた台湾側の対応とはなんとも対照的だ。

百按司墓と琉球・沖縄人のアイデンティティー

琉球・沖縄の社会的基層・精神的紐帯は、シマと呼ばれる共同体集落から形成されている。そのシマの中に複数の門中《ムンチュー》という宗家を中心とする同族集団

がある。シマにはまた、集落全体の拝所である御嶽《ウタキ》や火ヌ神や井戸などがあり、門中の人々はその集落の祭祀を司る野呂殿内《ノロドンチ》家とともに一年を通して拝所へのお参り行事を行う。さらに、その門中は何年かの間隔で〝はるか昔のルーツ〟の拝所巡りを行う。その巡礼先は二方面、沖縄島の南部を中心とする〝東御廻い《アガリウマーイ》〟と北部の〝今帰仁上り《ナキジンヌブイ》〟だ。その中心となる拝所が、共に世界文化遺産である南部の「セイファ御嶽」と北部の「今帰仁城」だ。私の属する門中は、九年の間隔で三〜四日をかけて二か所を巡礼する。

　この二か所の巡礼地に関しては、私は琉球の成立と深く関係していると考える。周知のように、琉球の歴史で社会が急速に発展・変貌するグスク時代がある。年代的には、一般的に一一世紀半ばから第一尚氏の成立する一五世紀前半だが、沖縄島の南部と北部が社会変動の震源地となって、その後時代とともに浦添や首里といった中部に政治や社会・経済の中心核が形成されていく。その意味でも、今帰仁村にある百按司墓は、琉球・沖縄の歴史遺産であるとともに、私たち琉球・沖縄人の精神世界と深く結びついた大事な巡礼地の一つだ。

植民地主義への気づき

　沖縄の「日本復帰」から四六年。沖縄は二〇年におよぶ米軍普天間基地の移設問題で、辺野古新基地建設や東村高江《ひがしそんたかえ》の米軍ヘリパッド建設に翻弄されてきた。今まさに、琉球・沖縄人の民意を踏みにじり、辺野古海域への日本政府の土砂投入や自衛隊の琉球諸島へのミサイル配備計画など、私たちの生存権を脅かす事態が進行する。このような状況に直面し、私たちは必然的に現在の状況を打破する術を、自らの歴史を振り返り、そこから解答を見つけ出さなければならない衝動に駆られてくる。

　日本復帰前の沖縄では、沖縄戦の体験から自衛隊の沖縄配備に対して強い抵抗があり、政府も住民感情に配慮せざるを得なかった。日本復帰の大きな眼目は、平和憲法のもとで米軍基地の大幅な削減であったが、しかし今では、米軍基地の強化・固定化に加えて、堂々と南西諸島の防衛と称し（実はヤマト本土を防衛するための軍事拠点化）、ミサイル部隊や自衛隊版海兵隊、巡航ミサイルの配備計画が矢継ぎ早に打ち出される。何とも皮肉な事態だが、この状況を何のためらいもなく受け入れる琉球・沖縄人も少なからず存在する。

戦前期から戦後の日本復帰運動、そして現在において日本の琉球・沖縄への植民地主義の痕跡、特に精神の植民地化の傷は深い。分断統治（現在ならば保革対決の政治構図）の枠組みによって力を削がれ、日米の植民地主義に気付かず、琉球・沖縄内部からの同化主義によって、国連や国際人権法でいう自己決定権の行使の主体であることを自覚できずにいる。

遺骨返還――誇りと尊厳の回復

琉球・沖縄の現在の危機的状況、そこを乗り切るためには、私たちは自らの歴史に照らして、私達のウヤファーフジ（親・祖父母）の歩んだ歴史―日本の植民地主義の歴史に置き換えて、〝なぜこのような状況になったのか？〟、〝なぜ我々はこの状況に正面から向き合えないのか？〟を厳しく検証する必要があるのではないか。この百按司墓の琉球人遺骨問題は、現在進行する日米両国の軍事拠点化政策と根が一つ、過去から現在に通底する植民地主義の問題である。

＊

私たちは、琉球併合時の米・仏・蘭との条約文書の琉球への返還とともに、歴史に埋もれた植民地主義の痕跡を一つ一つ明らかにし、琉球・沖縄人の誇りと尊厳を取り戻し、自己決定権の回復へとつなげる事が大切だ。

この琉球人遺骨の問題に対して、私の属する「命《ぬち》どぅ宝《たから》！琉球の自己決定権の会」では、会の理念や基本政策に照らして主体的に取り組む事を確認してきた。京大側には、照屋寛徳衆院議員が国政調査権を使い照会を求めるが、十分な回答がなく、今後は裁判所への訴訟によって遺骨の返還を求める段取りとなっている。これまで、訴訟によって一部返還を勝ち取ったアイヌの人骨返還運動や奄美三地域の返還運動とも連携しながら、長期的な取り組みになることが予想される。

情報交換を密にして、「命どぅ宝！」の会としても全力で取り組んでいきたいと思う。

第3章　研究のおぞましさについて

同志社大学〈奄美・沖縄・琉球研究センター〉
冨《とみ》山《やま》一《いち》郎《ろう》

1　人類学のおぞましさ

第二次大戦中、ナチス・ドイツが行ったおぞましい人体実験の中に、ユダヤ人を人体計測後殺害し、人骨標本にしたことがある。その始まりは、ストラスブール大学の元解剖学教授アウグスト・ヒルトが、一九四二年二月九日付で、ヒトラーの側近であるハインリヒ・ヒムラーに提出した、「ストラスブール国立大学における科学研究のためのユダヤ人／ボルシェビストの政治委員の頭蓋骨を確保する件について」と題された文書である。以下に引用する。

ほとんどすべての人種と民族において、大がかりな頭蓋骨の収集が行われている。ただユダヤ人については学問上あまりにもわずかの頭蓋骨しか入手できないので、これにまつわる研究はそれほど確実な成果を生んでいない。…（中略）…彼らの写真をとり、かつ人類学的測定を行い、できる限り彼らの出生地、生年月日、それに他の個人的情報を確定しなければならない。決して頭部を損傷することのないように行われた彼らの処刑ののち、委任者は処刑者の頭部を胴体から切離し、頭部を、とくにこの目的のためにつくられた完全に密閉できる容器中の保存液にひたし、目的地に向け発送する。写真、頭部、それに頭蓋骨の大きさ、その他の地区別の数値を基に、その目的地において比較解剖学的研究、人種の所属に関する研究、頭蓋の病理学的現象、脳の形、大きさ、その他多くのことについての研究が始められることになる。[1]

この頭蓋骨が収集されたのはストラスブール大学であり、ストラスブールがナチス支配から解放された直後に遺体と骨は埋葬されたが、二〇一五年になっても一部が発見され、その骨はストラスブールのユダヤ人コミュニティーに返還されている。またこの文章を書いたヒルトは、裁判の前に自殺している。

ニュルンベルクでの裁判では、[2]こうしたナチスの人体実験ということが厳しく糾弾された。だが、殺された後の人骨標本を科学の名のもとに研究することも、問われなければならないだろう。いや

1　アレキサンダー・ミッチャーリッヒ／フレート・ミールケ編・解説『人間性なき医学――ナチスと人体実験』金森誠也／安藤勉訳、ビイング・ネット・プレス、二〇〇一年、二一四―二一五頁。
2　同裁判はニュルンベルク医師裁判とよばれるものであり、ニュルンベルク国際軍事法廷とは別である。

むしろ、ただ学知の名のもとに遂行されていく研究の歴史的前提を問わない限り、おぞましい事態が継続することは間違いないだろう。ヒルトの目的は虐殺にあるわけではなく、あくまでも「比較解剖学的研究」、「人種の所属に関する研究」だったのである。

ところでこうしたナチスの人体実験は、日本陸軍とともに行われたいわゆる七三一部隊の人体実験をすぐさま想起させるだろう。しかし同時に、ここで問題にしたいのは、人体実験ということにとどまらず、上述した歴史的前提を問うことである。殺害を指弾しながら、残された人骨は学知の名のもとに資料化する。この区分法こそ、問われなければならないのだ。そしてとりあえずいえることは、こうした研究のおぞましい歴史的前提は、帝国日本にかかわっていえば、問われることなく、そのまま戦後に流れ込んでいるということだ。おぞましさは継続しているのだ。

たとえば解剖学者であり自然人類学者である金関丈夫は、台北帝国大学解剖学教室時代において、多くの先住民の人骨標本を計測した。後述するように、収集された人骨の多くは埋葬された墓から盗掘されたものであったが、そこには霧社の「タイヤル族」が含まれている。科学史家の坂野《さかの》徹《とおる》が的確に指摘するように、[3] この金関が計測した人骨標本は、一九三〇年のいわゆる「霧社事件」における日本軍による大量虐殺の犠牲者である可能性が、極めて高い。また盗掘も、まちがいなく軍事的な鎮圧の中でこそ可能である。いや正確にいえば、盗掘と意識されることもなく、ただ帝国の領土で発見された資源として人骨は集められたのである。

こうした虐殺や植民地主義の暴力を背景にした人骨標本の収集と分析は、帝国日本の版図全域に広がっていった。またそれは、一九三〇年代以降、大きな資金を背景にしたプロジェクトとして展開したのである。金関の研究は、こうした学の展開の中の一つの軸としてある。軍事的な鎮圧の後に当地に出かけ、人体計測と骨の収集を行う研究者たちが、そこかしこに登場したのである。[4]

そして何よりも重要なことは、こうした人骨標本は、学術資料として日本帝国崩壊後も用いられ、多くの論文と研究資金の源となったということである。あえていえば、帝国の拡大とともに行われた各地での計測と収集は、何の反省のないまま戦後に受け継がれていったのだ。[5] またその無自覚さは、科学という言葉において支えられていたのである。こうした展開は、とりわけ日本における自然人類学そのものであった。旧帝国大学などに今も存在する膨大な数の人骨標本が示しているのは、自らの学知の歴史的前提を問うことなく展開した、戦後日本の自然人類学のおぞましい姿に他ならない。それは、自分の研究では骨は使っていないとか、霊長類研究をやっているからというような小細工で逃れられる問題ではない。自然人類学総体の問題であり、またあえていえば、戦後日本の学知全体の問題だ。

金関は、一九七八年に『形質人類誌』なる学術書を刊行しているが、同書について「私は昭和十

3　坂野徹『帝国日本と人類学者　一八八四―一九五二年』勁草書房、二〇〇五年、二六二―二六四頁。
4　同、四四〇―四五四頁。
5　同、四八二―四八六頁。

一年（一九三六）以来、台湾での十四年間は、主として人類学方面の研究に従事した。その業績をまとめたもの」とあり、その「業績」の代表作として、一九五二年に刊行された「台湾居住民族を中心とした東亜諸民族の人類学」がある。[6]同論文の冒頭には次のように記されている。

著者は昭和十一年四月より同二十年十一月までは台北帝国大学解剖学教室において、同二十年十二月より二十四年八月までは、中華民国国立台湾大学解剖学研究室において、台湾及びその周辺に存在する東南アジア諸民族の人類学的研究に従事した。／本研究の費用は両大学の公費及びその一部を文部省学術研究費に仰いだ。[7]

この金関の文章に、自らの研究が問答無用の暴力を前提にして成り立っていたことに対する内省的な問いを見出すことは難しい。研究という名目で継続するおぞましさ。いや、実のところそれは、たたき売りのように論文本数を数え上げ、ただ研究資金の獲得が社会的評価だと勘違いしていくごくありふれた今日の研究風景としっかりと繋がっているのだろう。

本章で行いたいのは、このおぞましさの現場に立ち返ることである。先取りしていえば、おぞましい学知の現場では、暴力がせり上がると同時に、それが当たり前の風景のように自然化されている。またそうであるがゆえに、おぞましさは歴史から消されている。しかしその自然には、暴力に晒されながらも身構えている者たちがいるのだ。

2　鳥居龍蔵と伊波普猷

先にも述べたように、日本における人類学の展開は、文字通り帝国の版図の拡大とともに展開した。たとえば鳥居龍蔵は、台湾の調査を始めるにあたって次のように述べている。

今や、高砂の島、Ilha formosaとよばれし、いとも愛すべき、美はしき台湾は我が領土となりぬ。この台湾に於いて今後吾人人類学研究者にとりて、最も其の面白味を深く感ずるものは、かのシナ人以外、古来同島に生息する所の、所謂生蕃なるものに非ずや。[8]

日清戦争直後の一八九六年に鳥居は最初の台湾調査を行い、一九〇〇年までの間に計四回ほど台湾に訪れている。鳥居の調査は、文字通り日本の領土拡大とともに展開していったのである。またこうした中で鳥居は、「東洋人種学」を提唱することになる。[9]そこには、帝国内に「生息する」者

6　金関丈夫『形質人類誌』法政大学出版局、一九七八年、三八三頁。
7　同、六五頁。
8　鳥居龍蔵「台湾生蕃地探検者の最も要す可き智識」『太陽』三巻一五号、一八九七年、『鳥居龍蔵全集　第一巻』四〇八頁。

たちを標本として収集し、分類しようとする人類学者の欲望があるだろう。

だが当該期の人類学者にとっては、こうした帝国内の「人種学」ということだけではなく、いま一つ大きなテーマがあった。「日本人種」である。すなわちそれは、自分たちは何者なのかという問いであり、そこで展開された議論は、後に「日本人種論」として整理されることになる。そして鳥居もまさしく、この「日本人種」とは何かという問いを抱えていた。

「東洋人種学」と「日本人種論」。この並列から表面的に浮かび上がるのは、どこまでが日本人でありどこからがそうでないのかという研究課題だろう。だがそれは、誰を自分たちの仲間とみなし、だれを帝国が新たに支配する他者とするのかという問題に他ならない。黎明期の日本の人類学、そして鳥居龍蔵が抱えていた課題とはこのような分類であり、それはいかに鳥居たちが学知を主張しようと、明らかに植民者と被植民者の区分に関わることなのである。

ここで重視したいのは、鳥居が台湾調査の際、同時に沖縄調査を並行して行っていたという点である。鳥居は「生息する」「生蕃」の調査と琉球人の調査を同時に行っていたのである。鳥居龍蔵は一八九六年と一九〇四年に沖縄に訪れ、調査を行っているが、いずれも台湾調査と同時並行であり、あえて言えば鳥居にとってこの二つの調査は、「我が領土」となった両地に「生息する」人々に対する調査として、一体のものだったのだ。そしてそこには、どこまでが日本人なのかという問いが、一貫して想定されている。これが鳥居の沖縄調査なのである。また鳥居が見出そうとしたその境界は、くりかえすが、たんなる学知における分類や属性の問題ではない。それは植民者と被植民者を分ける区分であり、したがって植民地主義の暴力に晒されるという問題だったのである。ところで鳥居の沖縄調査には案内人がいた。それはいわばネイティブ・インフォーマントとでもいうべき存在だ。その案内人について鳥居は次のように記している。

沖縄人にして、沖縄のことに就いて一大オーソリチィーとも称すべき、余の益友。[10]

この「余の益友」こそ、沖縄学の父とよばれた伊波普猷である。また伊波普猷の代表作である『古琉球』（一九一一年）に所収されている「琉球人の祖先に就いて」は、『琉球新報』（一九〇六年一二月五─九日）に掲載され、一端『琉球人種論』（小沢書店、一九一一年）という書名で出版されているが、この『琉球人種論』の中扉裏には「この書を坪井正五郎先生並びに鳥居龍蔵氏にさゝぐ」とある。坪井もまた鳥居とともに黎明期の日本の人類学を牽引した人物であり、日本人種論の中心人物であった。

ここで問題は、鳥居が抱いていた、どこまでが日本人なのかという問いを、伊波がどのように受

9　鳥居は次のように述べている。「日本は今や昔日の日本ではなくして、既に学術上最も面白味のある植民地の諸民族を有する……」（『東亜之光』八巻一一号、一九一三年、『鳥居龍蔵全集　第一巻』四八二頁。
10　鳥居龍蔵「八重山の石器時代の住民に就いて」『太陽』一一巻五号、一九〇五年、一七〇頁。

け止めていたのかということだ。くりかえすがそれは分類の問題でもなければ、琉球人と日本人の属性に関わることでもない。たとえそのような分類学的な問いとして登場しようと、要点は間違いなく植民地主義の暴力にある。

結論的に言えば鳥居は調査した琉球人を日本人であると定義し、沖縄も日本であるとみなすことになる。またそれは、伊波が『古琉球』で展開した「日琉同祖論」とも関連するだろう。だが問題はこの属性分類にあるのではない。鳥居の調査において注視すべきは、鳥居が自らの研究の前提であるにもかかわらずまったく感知せず、伊波が自らの身体に予感したであろう植民地主義の暴力である。鳥居は、台湾での調査について次のように記している。

余等は彼等に体格調査の際ピストルを向くる位に御座候[11]。

まだ軍事的鎮圧が継続している中、鳥居は警官隊とともに台湾に入り込み、ピストルを突き付けながら「体格調査」を行った。そして文面からもわかるように、調査のエピソードとして自慢気にそのことを記しているのだ。だが武装警官にかこまれ、ピストルを突き付けながら測定された「彼等」はどうだったのか。もちろん記述はない。だが、まちがいなくそれは生死の問題であり、むき出しの植民地主義の暴力の問題である。

ではたして伊波は、鳥居の「益友」として沖縄調査に同行しながら、この生死の問題を感知していたのか。このようなことが直接示される文書はない。だがしかし、「我が領土」となった台湾と沖縄の両地に「生息する」人々を調査しながら、どこまでが日本人なのかという問いを立て続ける鳥居に対して、伊波が鳥居の台湾調査でのふるまいや、前提になっている植民地主義の暴力を感知していたと、私は考える。

鳥居の研究、いや正確に言えば自らがネイティブ・インフォーマントとして同行した研究を、伊波はほぼ肯定的に受け止めている。だが鳥居の八重山の調査に対しては、伊波は異なる意見を主張する。鳥居は次のように記している。

この石器時代の住民は現今の八重山島民ならんと思はるるなり。…（中略）…この石器時代遺跡は本邦のものと更に関係なけれども、今後研究すべきは、台湾の石器時代の遺跡なりと云ふべし。[12]

すなわち琉球人は日本人なのだが、八重山まで行けば怪しいというわけである。これに対し伊波

11　鳥居龍蔵「紅頭地嶼通信」『地学雑誌』一〇輯一〇九号、一八九八年、『鳥居龍蔵全集　第一一巻』五九四頁。
12　鳥居「八重山の石器時代の住民に就いて」（前掲）一七三頁。鳥居はその後この八重山と台湾の関係を否定し、書き直している。冨山一郎『暴力の予感』岩波書店、二〇〇二年、一四一―一四二頁。

は次のように記している。

（鳥居氏は）かの石器時代の遺物遺跡によって一五、六世紀の頃まで石垣島の獅子森の山腹に馬来人が生存していたのであろうと想像された。そんなに近い頃まで八重山に馬来人がいたとの説は直ちに賛成しかねるが、上古に於いては多分いたのであろう。それは與那国島に食人風俗の伝説があるのを見てもわかる。……（中略）……八重山の英雄が與那国へ渡って食肉人種を征伐したという口碑などは能く南島に於ける琉球人の祖先と馬来族との接触を想像せしめる。[13]

ここにはあくまでも琉球人を日本人の中に留め置こうとする伊波の必死の弁明があるのではないか。またその弁明の中で、琉球人と台湾の関係を「食肉人種」の「征伐」として語っているのである。くりかえすがこれは分類や属性の問題ではない。伊波にとって植民地主義の暴力は、琉球人にもそして自分に対して待機している暴力としてあったのだ。そして鳥居はそのことには気が付いていない。なぜならその植民地主義の暴力は、鳥居の調査の前提だったからである。

何人も大勢に抗することは出来ぬ。自滅を欲しない人は之に従はねばならぬ。一人日本化、二人日本化し、遂に日清戦争がかたづく頃にはかつて明治政府を罵《ののし》った人々の国から帝国万歳の声を聞くようになりました。[14]

日清戦争直後の状況を伊波がこのように表現するとき、そこには台湾領有とともに、植民地主義の暴力に晒されている沖縄の状況が浮かび上がるのではないだろうか。植民地主義の暴力は、「帝国万歳の声」として表現されているのではないだろうか。

3　金関丈夫の「琉球の旅」

次に伊波と鳥居の関係を念頭におきながら、最初にふれた金関丈夫の人骨測定について考えてみたい。金関丈夫は台湾での人骨調査について、後に次のように記している。金関も鳥居同様に武装警官を引き連れて台湾内に分け入ったと考えられるが、人骨がどのような状況で集められたかについて直接示すものはない。ただ一九四七年五月におこなった台湾の離島である紅頭嶼での人骨収集について、「槍ぶすまに囲まれた話」という文章をのこしている。勝手に人骨集め、それ「三つの大きい毛布包み」にして担いで帰る途中に、次のような抵抗にあう。

全部落の男という男がみな武装して、我々の前面に立っている。折からの夕日に、槍の矛がき

13　伊波普猷『古琉球』沖縄公論社、一九一一年、五〇頁。
14　同、九六頁。

らきらとかがやき、殺気をたたえた無数の凶暴な目が、その下に光っている。[15]

そして金関はこの出来事を、「ついうっかりしていた」と述べるのである。金関が出会ったのは、まちがいなく問答無用で遺骨を持ち去ろうとする盗掘者への反抗である。そしてその盗掘者は、一九四七年の時点においても間違いなく植民者でもあったのだ。そして何よりも重要なことは、金関がこの盗掘者＝植民者への反抗を理解していないという点である。ただ「うっかり」していたのだ。そこからは、膨大な人骨を収集しつづけた金関の、調査の状況が浮かび上がるだろう。

ところで金関は、本格的に台湾における人骨測定を行う前から、沖縄における人骨収集を行っている。最初に述べた「台湾居住民族を中心とした東亜諸民族の人類学」においては、「台湾以外の諸種族」として「琉球人」があげられており、その人骨については、「主として沖縄本島より採取」とある。[16]また「すべて、墳墓骨である」[17]としている。ではこうした人骨がどのようにして集められたのだろうか。

残されている資料は少ないが、金関が一九二八年一二月から翌年の一月にかけて行った沖縄調査に関わる「琉球の旅」と題された文章がある。[18]この文章は一九二九年から一九三二年にかけて雑誌に掲載されたものであり、この沖縄調査の同時期における記録と考えてよい。同調査は「帝国学士院よりこの研究に要する費用の一部を補助された」という。[19]またこの沖縄調査とは、ようするに人骨収集であり、金関は調査の出発前に、「琉球人骨」収集の見込みとして、「現に東京帝国大学人類学教室には、鳥居竜蔵《ママ》博士が中城城下で採取した頭骨が十数個も所蔵されている」ことをあげている。[20]

この「琉球の旅」には、運天港百按司墓における人骨取集の様子が描かれている。それによると金関は同地に三度訪れている。最初に訪れた一九二九年一月八日に、大量の人骨を発見し、「後日これらの人骨を徹底的に採取」することを決めたという。[21] すぐさま「採取」の作業に入ろうとする金関に対し、沖縄県学務課長が「一応県警察部の諒解を得、その応援を待つのがよい」というので、[22] 翌日県庁にいくことになったという。一月一一日に再び同地に向かうが、その際、当時名護小学校の校長である島袋源一郎を訪れ、「教示」を受けたのち案内をしてもらっている。また仲宗根村駐在所より、「応援かつ監視役として」、巡査が同行し、島袋、巡査、車の運転手を「助手」として、金関は「人骨採集に着手」する。[23] また翌日には巡査に加え同地の在郷軍人とともに作業を行う

15　金関丈夫「槍ぶすまに囲まれた話」『西日本新聞』一九五九年八月二三日、金関丈夫『南方文化誌』法政大学出版局、一九七七年、所収。
16　金関『形質人類学』（前掲）六六頁。
17　同、六五頁。
18　金関丈夫『琉球民俗誌』（法政大学出版局、一九七八年）に所収。
19　同、一八四頁。
20　同、一八四頁。
21　同、二三六頁
22　同、二三六頁。

が、地元の在郷軍人は人骨に対し「本地方人特有の嫌悪を示し、直接これに触れることを肯わない」とある。[24] そして最終的に金関は、「百按司墓を採取し尽くした」のだ。[25]

この金関の沖縄調査の光景をどう考えるべきなのだろうか。とりあえず金関の文章からは、ひたすら人骨を集めようとする金関自身の姿が浮かび上がるだろう。また金関は、県庁や警察部を訪れているが、当時の沖縄の県庁ならびに警察の上層部の多くは、鹿児島をはじめとする県外からやってきた人々である。ただ作業の「応援と監視」をになった巡査は、同地の関係者だったかもしれない。巡査はこの金関のふるまいをどのように見ていたのだろうか。また島袋源一郎はどうなのか。運転手はどうなのか。いまのところ直接示す文書は見当たらない。

しかし、その現場は「監視」が必要とされる状況であり、また地元の在郷軍人は、やはり金関の作業に対して「嫌悪」を示していたのである。そこには、鳥居龍蔵と同様に、自らの調査、すなわち盗掘が、いかなる歴史的前提において可能になるのかということに全く気が付かない研究者のあり様が、浮かび上がるのではないだろうか。そして私は、こうした警察の監視の中で遂行された金関のふるまいに対して、警戒心を持ちながらじっと見つめていた人々の視線が、そこにはあるに違いないと考える。

4　最後に

金関が持ち去った人骨、並びに京都大学時代の彼の指導教員であった清野謙次の一五〇〇体もの人骨は、京都大学に現在も資料として所蔵されている。また二〇年程前から人骨からＤＮＡ採取ができるようになり、ヒトゲノム解析も行われ始め、植民地主義の暴力を背景に帝国の版図から集められた人骨は、今もなお重要な研究材料であり続けている。[26]

自らの研究行為の歴史的な前提を問うことのないおぞましい姿は、いまも継続しているのである。研究機関の所蔵庫に収納され続けている人骨たちが示しているのは、問答無用の暴力が状況を支配した鳥居や金関の研究行為の現場が、今もなお、それが当たり前の風景のように自然化され続けているということである。だがしかし、そこには怯えや戸惑いがあり、敵意が充満し、「槍ぶすま」が準備されている。歴史は人骨の計測結果にあるのではなく、かかる「敵意を含んだ自然」[27]とともにあるのではないだろうか。

23　同、二四一頁。
24　同、二四二頁。
25　同、二四五頁。
26　そのことを、自然人類学教室出身の京都大学総長山極寿一は、よくわかっているはずである。
27　フランツ・ファノン『地に呪われたる者』鈴木道彦／浦野衣子訳、みすず書房、一九六九年、一四三頁。

コラム

源氏系統と百按司系統
――日琉同祖論と英雄シャクシャイン

新聞記者（沖縄タイムス）　与那嶺《よなみね》　功《いさお》

沖縄島の那覇から北へ約八五キロ行くと、左手に本部《もとぶ》半島がせり出している。その本部半島の付け根に位置するのが今帰仁村だ。隣接する名護市との間に内海が広がり、有人島が二つあるおかげで荒波が静まる。その内海にある運天港は、古くから天然の良港として知られてきた。

良港ゆえに、外部から人や情報がやってくる。古の時代、外来の文物を手にした今帰仁の有力者（按《あ》司《じ》）は、次第に力を蓄えて今帰仁城《ぐすく》を構え、周辺一帯を治めた。中国の史書『明実録』には、一三八三年に最初に朝貢し、計一三回入貢したとある。朝鮮王朝が編纂した海東諸国紀「琉球国之図」（一四七一年）にも今帰仁や運天を示す文字が記されており、かなり広範に交易していたようだ。海岸沿いには「大和人墓」や「オランダ墓」と記された遺物があり、近海を行き来した船の船員の骨を納めたとみられる。

羽地内海周辺には、御嶽や墳墓・泉水といった拝所や旧跡が数多くあり、歴史のロマンがあふれる場所だ。内海に浮かぶ古宇利島《こうりじま》は、琉球開闢の伝説が伝わる島として名高い。いまでも沖縄には、血の繋がる同族（「門中」と称する）が大型バスを借り切って、数年に一度、今帰仁周辺の聖地を巡拝する祭祀がある。これが「今帰仁上り《なきじんぬぶい》」と呼ばれるものだ。

琉球の人々の信仰を集める今帰仁城址とその巡礼地は、琉球王国の歴史を伝える貴重な歴史遺跡として二〇〇〇年に、ユネスコの世界遺産に登録された。

運を天にまかせた為朝

海の向こうからやってくるのは、善人ばかりではない。一六〇九年に島津侵攻の兵が運天に上陸し、江戸時代末期には東シナ海を往来した西洋船が姿を現す。日露戦争の際には海上補給施設、第二次世界大戦では軍事基地が置かれた。

ちなみに、二〇一一年の東日本大震災の大津波で流された岩手県の小型漁船が、七年後のことし（二〇一八年）五月、古宇利島沖で発見され、持ち主が引き取りに訪れたことがニュースとなった。潮の流れは不思議なもので、どこからどんな物が流れ着くかわからない。

さて、源為朝《みなもとのためとも》が、ここ今帰仁村運天に流れ着いたという逸話がある。

平安末期、一本の矢で二人を射貫く強弓の名手として知られ、鎮西《ちんぜい》八郎と号した為朝。保元の乱で敗れて伊豆大島に流刑になったが、国司に反抗したため、追討を受け自害する。だが実は、密かに伊豆大島を抜け出していた——。逃げる途中、運悪く嵐に遭い、運を天にまかせて漂着したところが今帰仁で、「運天」という地名はその由来だという。

『保元物語』のヒーロー・為朝と地元の名家の娘の間に生まれた子が、のちに琉球の最初の国王（舜天）となった。日本から来た高貴な人物（為朝）の血を引くのが、琉球の民——というわけだ。

この為朝伝来物語は、琉球王府の正史『中山世鑑』（一六五〇年）に記された。その少し前（一六〇九年）に島津侵攻があり、幕藩体制に組み込まれた琉球人と、日本人が同一の祖先を持つという筋書きは、薩摩の円滑な統治に都合がよかった。為朝も島津家も、同じく清和天皇の血を引く。天皇—島津家—琉球王という系譜は、「日琉同祖論」の源でもある。為朝伝来伝説は全国各地にあるが、沖縄では「日琉同祖論」を根拠付けようとする企図が透けてみる。

北の義経　南の為朝

源為朝の甥にあたる源義経《みなもとのよしつね》は、宿敵・平家一門との死闘の中で、神業ともいえる武勲をあげたことで知られる。兄の頼朝《よりとも》からその武略を恐れられ、死に追いやられた波瀾万丈の人生は、日本史の中でも悲劇的ヒーローとして人気を集めてきた。幼名の牛若丸にまつわる美貌、「鵯越《ひよどりごえ》の逆落とし」の武勇伝などに脚色がなされ、浄瑠璃や物語、漫画などで伝説的なエピソードがいくつも創られてきた。

彼ら二人の英雄は、日本人のメンタリティーにマッチしていたのか、原田《はらだ》信男《のぶお》『義経伝説と為朝伝説　日本史の北と南』（岩波新書）によれば、義経の伝説が存在する地域は四二都道府県総計五〇八件、為朝は三六都道府県一九六件にも達するという。興味深いのは、義経は北陸・北海道に、為朝は九州・沖縄にその伝説が集中している点だ。

　義経は、東北から蝦夷（北海道）に生き延びてアイヌの人々の崇敬を集め、アイヌの英雄シャクシャインは義経の子孫という説まで出回った。そして中国大陸に渡って清王朝の祖になり、最終的にはモンゴル帝国の始祖・ジンギスカン＝義経説までに飛躍する。為朝が琉球王国の始祖となったストーリーと、日本列島の南北で好対照をなしている。

　中世の日本では、北海道（蝦夷地）と琉球は、ともに中央政権の外界であり、時代が下って権限が及ぶにつれ、義経と為朝の逸話が広がっていった。近代に入り、帝国日本は版図の拡大を図る。アカデミズムから疑義が出されながらも、義経伝説は教科書掲載に至り、日清戦争とシベリア出兵時には現地の事象や伝承を織り交ぜるかたちで、義経伝来の大衆小説が流布していく。

　日本各地から東アジアに広がる伝承を分析した原田氏はいう。

「明治国家が成立をみると、北海道と沖縄は全面的に日本に組み入れられ、ともに内国植民地的な様相を呈するにいたった。そして両極の地では、近代においても二人の英雄伝説が機能していた。義経＝ジンギスカン説は、日本の北方進出を心情的に支え、為朝伝説は琉球処分以降の日本同化に大きな役割を果たした。いずれにしても義経・為朝伝説の成立と展開は、日本の中央政権が列島の北と南を自らの領域として覆い尽くしていく歴史過程と、みごとにシンクロしている」

為朝伝説と百按司墓

　為朝伝説は、「琉球処分」後に新たな装いを凝らされた。一九二二年（大正一一年）に「源為朝公上陸之趾」が建立される。碑の揮毫は、日露戦争で連合艦隊を率い、バルチック艦隊を破った東郷平八郎（連合艦隊司令官）によるもの。当代きっての英雄と崇められた「元帥伯爵」に揮毫を依頼したのは、たんに為朝伝説を権威付けるためだけでなく、沖縄県民に乏しいとされた「忠君愛国」の浸透も狙ったはずだ。[1]

当時、沖縄県教育会という全県的な教育団体（総裁は県知事）があり、地域別に支部があった。今帰仁村が属した沖縄北部支部が、この碑を建てた。建立に奔走した中心人物が、今帰仁出身の島袋源一郎（一八八五―一九四二年）。島袋は、小学校教諭や校長を経て、教育関係団体の要職を務めた一方で、民俗学者としても知られ、県立博物館初代館長などを歴任したほか、『沖縄善行美談』[2]や『沖縄歴史』『琉球百話』といった著作も手掛けた。

なぜこれほどまでに、島袋源一郎は為朝伝説を権威づけようとしたのか。

実は、石碑「源為朝公上陸之趾」の建立に尽力した島袋は、百按司墓に人類学者・金関丈夫を案内した人物でもある。

百按司墓は、琉球王統に繋がる人物や地元の按司らを葬ったといわれる古墓群だ。琉球の正史『中山世譜』（一六九七年）や『球陽』（一七四五年）にその存在が記されているが、詳細はいまも不明で、百人の按司という名称から「数多くの按司の墓」と解釈されている。村指定文化財であり、「今帰仁上り」の巡礼地の一つだ。

石碑建立は一九二二年。金関が初めて百按司墓を調査に訪れたのは一九一六年で、骨を持ち出したのが一九二九年。百按司墓調査と石碑建立はほぼ同時進行であり、島袋の意識の中では整合性のある行為だったはずだ。

石碑「源為朝公上陸之趾」

留意すべきは、百按司墓の入り口そばに、為朝伝来の碑が建てられていることだ。百按司墓は、海岸から徒歩で二〇分程度の崖の中腹に位置する。為朝の漂着を示すなら、浜辺に碑を建てたほうが真実味は増す。やや離れたところには、為朝が隠れ住んだという洞穴があるから、洞穴そばに建ててもよかったはずだ。島袋なりの狙いがあって、百按司墓に近い場所を選んだとしか思えない。為朝の子孫の遺骨も百按司墓に収骨させていることを暗示したかったのか。「日琉同祖論」を強固づける理屈でもある。

為朝伝説と百按司墓調査は、密接な関わりがあり、その両者を一つにとらえて考える必要がある。義経伝説と北海道大学のアイヌ人骨の盗掘も、同一線上で理解する必要があるかもしれない。

帝国日本の版図拡大に従って、「義経と為朝の伝説」が南北に広まり、その延長線上で帝国大学による「アイヌ人骨の盗掘―琉球人骨の盗骨」が起こった。金関ら京都帝大グループは、中国大陸や台湾の人々の人骨も収集した。それらはお互いにパラレルな関係にある。

1　連合艦隊を率いる東郷平八郎は、日露戦争の際、日本海沖でロシアのバルチック艦隊に完勝し、「アドミラル・トーゴー」と英雄視された。海戦に先立ち、沖縄・宮古島近海を通過するバルチック艦隊を沖縄の漁師が発見、海や山を越えて命がけで通信施設に駆け込み、東京の大本営本部に打電した。昭和に入り、英雄的行為として教科書に掲載され、沖縄県知事から顕彰された。沖縄県民の忠臣愛国の精神を鼓舞する美談として飾り立てられた面は否めない。

2　『沖縄善行美談』は一九三一年刊行（百按司墓骨持ち出しから三年後）。古文書や口碑伝説、新聞記事などから採録した三〇〇近い美談を収めている。まず皇室の御恩寵を挙げ、忠君愛国や孝子節婦、修学徳行、勤勉など二〇章余り。第一章は、以下の一文から始まる。「県民の祖先が大和民族の一支隊であることは、すでに多くの学者が、言語、風俗、習慣、人種などの各方面から調査発表され、疑をはさまないのである」。書き出しに島袋の基本的な姿勢が凝縮されている。各調査の中に「人種」も含んでいる点が興味深い。

II アイヌの遺骨返還問題

北海道大学医学部裏の職員駐車場の一角に建つ「アイヌ納骨堂」の内部。2016年10月現在、大小合わせて1370箱を収蔵し、それぞれ１体ずつ、または何人かの分が混ざって区別できなくなった遺骨をまとめて納めている。ラベルに見えるのは発掘地名を利用した分類記号。だれの遺骨なのか、被害者にとって最も重要な個人情報はほとんど消失している。大学が裁判所の和解勧告に応じるなどの形で、ようやく一部の地元アイヌ団体への返還作業が始まったところだ。(2015年８月７日、平田剛士撮影)

第4章　アイヌ遺骨返還運動とＤＮＡ研究

苫小牧駒澤大学　植《うえ》木《き》哲《てつ》也《や》

1　はじめに

二〇一八年一月二六日、アイヌ遺骨の返還を求める新たな裁判が札幌地方裁判所ではじまった。アイヌ民族団体の「コタンの会」と浦幌アイヌ協会が、北海道浦河町東栄《とうえい》から持ち去られた遺骨三五体と、浦幌町十勝太《とかちぶと》から持ち去られた一体の返還を求めたものだ。被告は札幌医科大学である。アイヌ遺骨の返還を求める裁判としては、浦河町杵臼《きねうす》、紋別市、浦幌町、旭川市、新ひだか町静内《しずない》への返還を求める裁判についで、六つ目になる。

この裁判に先立つ二〇一七年一〇月、「Wiley online Library」というインターネット上のデータベース・サイトに、一本の論文が公開された。タイトルは「Ethnic derivation of the Ainu inferred from ancient mitochondrial DNA data」。日本語に訳せば、「古いミトコンドリアＤＮＡデータから推測されるアイヌの民族的来歴」となるだろうか。『アメリカ形質人類学誌』（*American Journal of Physical Anthropology*）

掲載予定の論文とされる。著者はNoboru Adachi, Tsuneo Kakuda, Ryohei Takahashi, Hideaki Kanzawa-Kiriyama, Ken-ichi Shinodaの五名。筆頭著者は安《あ》達《だち》登《のぼる》山梨大学医学部教授、最後に名前のあるのは篠田謙一国立科学博物館副館長である（Adachi, et al. 2018）。

論文の目的は北海道各地から集めたアイヌ遺骨の歯からミトコンドリアＤＮＡを抽出し、その遺伝情報を使ってアイヌ民族の来歴を明らかにしようというものである。注目すべきは、これらの遺骨の中に、今回の裁判で返還を求められている浦河町東栄出土のアイヌ遺骨三二体が含まれていることだ。

研究者たちは、研究のためより詳細なデータを得たいと考えるだろう。そのためにできるだけ多くのサンプルを利用したいにちがいない。東栄の遺骨だけでなく、全国各地の大学に保管されている一六〇〇を超えるアイヌ遺骨は、願ってもない研究資源なのである。

アイヌ遺骨の返還運動は過去の不祥事の清算活動と見られがちだが、この論文の公開からわかるように、実際は現在進行中の闘争といえる。アイヌの人々は過去の墓地発掘だけでなく、現在（と未来）の研究とも対峙している。

アイヌ遺骨をめぐる現状に立ち入る前に、日本人研究者によるアイヌ遺骨収集と、近年の返還請求運動の経緯を振り返っておこう（詳しくは、植木 二〇一七）。

2　日本人学者のアイヌ遺骨収集

遺骨発掘旅行

日本人としてはじめてアイヌ遺骨の大量収集に手を染めたのは、帝国大学医科大学（現在の東京大学医学部）の解剖学教授だった小金井良精《こがねいよしきよ》である。

小金井は一八八八（明治二一）年と一八八九（明治二二）年の夏、北海道を訪れた。二回の旅行で、道南地方を除く北海道の海岸をくまなく回り、さらに色丹島《しこたんとう》と国後島《くなしりとう》も訪問し、およそ一六〇のアイヌ頭骨を手に入れた。

小金井の発掘以前にも、幕末の一八六五年、箱館（函館）近くの森村と落部村《おとしべむら》で英国人によるアイヌ墓地盗掘事件があった。この行為は犯罪として罰せられた。ところが、それからわずか二〇年あまりで、小金井の発掘は犯罪とされるどころか、むしろ多くの人びとの協力を得て実行されたのである。

なかでも重要なのは、行政関係者と医療関係者の協力である。小金井は目的地に着くと、その日のうちに戸長役場や公立病院を訪れ、戸長や病院長と面談し、墓地発掘や生体計測の手はずを相談した。多くの場合、かれらの案内で、翌朝から発掘や測定が行われた。測定のためにしばしば多数のアイヌが役場や病院へ呼び集められた。

一回目の旅行には坪井正五郎が同行した。日本人類学会の生みの親として有名な人物である。旅行中、小金井は札幌の医師会で講演し、北海道庁を訪問した。旅の途中からは、当時北海道庁に勤務していた永田方正《ながたほうせい》が同行した。アイヌ語地名研究などで有名になった人物である。また二回目の旅行でも、小金井の大学の後輩にあたる大沢岳太郎《おおさわがくたろう》が東京から一緒だった。小金井と同じく、大沢も後に帝国大学で解剖学教授を務めた（小金井 二〇一六）。

しかし、アイヌにはあくまでも無断で墓地を掘り起こした。アイヌの眼を盗み、あるいは発掘がばれないよう言い訳をした様子が、小金井自身の手記に記録されている（小金井 一九三五）。当事者の了解を得ていないのだから、盗掘であることは間違いない。それにもかかわらず、和人たちは小金井に積極的に協力した。遺骨発掘を、特異な研究者による悪質な行為という枠に押込めるのは、適切でない。和人社会全体が一致協力して犯した犯罪だったのである。

帝国の学問

一八六八年に明治新政府が成立し、一八六九年に開拓使が設置され、北海道の「開拓」が本格的に始まる。当時の政府は欧米の学術技芸を積極的に導入した。必要な人材を早急に確保するため各省が独自の教育機関を設置し、お雇い外国人による教育を施した。文部省の東京大学、司法省の法学校、工部省の工部大学校、さらに開拓使の札幌農学校などである。

小金井良精は越後長岡藩の藩士の子として生まれ、明治維新後、当時の東京大学医学部を卒業し、ドイツで解剖学を学んだ。森鷗外の妹喜美子と結婚したことはよく知られている。また孫の一人に作家の星新一がいて、『祖父・小金井良精の記』という伝記からその生涯をうかがうことができる。

ドイツ留学中の小金井はストラスブルク大学とベルリン大学で解剖学を学んだ。ベルリン大学には当時ドイツ医学会の重鎮で、政治的にも影響力の大きかったルドルフ・ヴィルヒョー〔フィルヒョー〕がいた。かれは一般に細胞病理学の確立者として有名だが、同時に人間の頭骨にも関心を持ち、世界中の「人種」の頭骨を集めていた。

明治政府は、近代国家としての体裁を整えるための施策をつぎつぎと実行していった。一八八五年には内閣制度が制定され、第一次伊藤博文内閣が成立する。また一八八九年には大日本帝国憲法が発布された。このような施策の一環として、各省庁の学校が統合され、国家にとって重要な学問を教育研究する機関として帝国大学が誕生した（一八八六年）。

ドイツから帰国した小金井は、帝国大学医科大学の教授として解剖学を教えた。同時に、ドイツで学んだ最新の研究を実践しようと試みた。日本人の手で欧米科学者に匹敵する研究成果をあげることを強く望んでいたのである。とくにアイヌ民族についての研究を、有望な分野と考えていた。

欧米の研究を模倣し、その水準に届く成果をあげることで、日本を近代国家として世界に認めさせたいという意識が、大規模なアイヌ頭骨収集の背後にあった。

頭骨測定学

北海道旅行の「成果」を使って小金井は研究を続け、一八九四年に「アイヌの形質人類学への寄与」というドイツ語論文を発表した。これによって小金井は、アイヌ民族研究の世界的権威としての名声を高めたと言われている。

小金井の研究は、頭骨のサイズや形状を詳細に計測し比較するものだった。当時欧米で行なわれていた頭骨測定学の手法にそったものだ。小金井の研究によって、この学問が日本に導入されることになった。

その後、頭骨測定を大々的に実行したのは、第二の帝国大学である京都帝国大学の教授清野謙次である。日本人の起源を明らかにするために周辺諸民族の頭骨も研究する必要があるという理由で、当時日本領だった樺太アイヌの頭骨を集めた。

昭和になると、アイヌ墓地発掘はいっそう大規模化する。一九三二年暮に財団法人日本学術振興会が設立され、その第八小委員会が一九三四年から「『アイヌ』の医学的民族生物学的調査研究」を開始した。このプロジェクトの一部門が、北海道帝国大学医学部の山崎春雄と児玉作左衛門《さくざえもん》による「解剖学部」だった。

とくに児玉は、これをきっかけに北海道各地、さらに千島列島や樺太で膨大な数のアイヌ頭骨を収集した。戦前だけでも五〇〇を超える頭骨を集めた。

北海道大学の頭骨収集は戦後も続いた。一九五五年から五六年に北海道日高地方の静内町（現新ひだか町）で都市計画事業による墓地「改葬」が行なわれた。その際、和人の遺骨は新しい墓地に移されたが、一六〇あまりのアイヌ遺骨は北海道大学医学部がそのまま持ち去った。

規模は小さいものの、これら三大学以外の研究者もアイヌ遺骨を収集した。その結果、文部科学省の調査によれば、二〇一七年の時点で全国一二の大学に一六七六のアイヌ遺骨が存在する。その内、だれの遺骨か特定できるのは、わずか三八にすぎない（表1）。

表1　大学別アイヌ遺骨数

大学名	遺骨数（個人特定）	個体を特定できない
北海道大学	1,015（34）	367
東北大学	20	1
東京大学	201	6
新潟大学	16	2
京都大学	87	
大阪大学	32	1
札幌医科大学	294（4）	
大阪市立大学	1	
南山大学	1	
天理大学		5
岡山理科大学	1	
東京医科歯科大学	8	
12大学　計	1,676（38）	382

文部科学省「大学等におけるアイヌの人々の遺骨の保管状況の再調査結果」2017年4月より

3　返還を求める運動

一九八〇年代の返還運動

小金井良精も清野謙次もアイヌの眼を盗んで遺骨を持ち去った。墓地発掘の犯罪性を自覚していたからだろう。一方、児玉作左衛門はアイヌの眼前で墓を掘った。多くのアイヌたちが恐怖心をいだき強く抗議した様子は、児玉の論文からもうかがえる。しかし、遺骨を取り戻すことはできなかった。

アイヌの人々が遺骨返還の声をあげるの

は、戦後になってからである。一九八〇年に海馬沢博《かいばざわひろし》が北海道大学にアイヌ遺骨の保管状況を問い合わせた。当時の医学部長は「特段の非違」はないと回答している。その後、北海道ウタリ協会（現在の北海道アイヌ協会）が遺骨の返還を求めたが、北大は研究用に保管を続けたいと主張した。最終的に医学部駐車場内に「アイヌ納骨堂」が建立され（一九八四年）、毎年イチャルパ（死者供養）が行なわれるようになった。また三五体が北海道ウタリ協会の一部の地方支部（当時）に返還された。

その後、北海道大学では、定年退職した文学部教員の研究室から人骨が発見される、いわゆる「北大人骨事件」が一九九五年に起ったが、医学部の遺骨をめぐっては、とくに目立った動きはなかった。

遺骨返還請求裁判

二〇〇七年九月に「先住民族の権利に関する国際連合宣言」が採択された。この宣言には、奪われた遺骨を取り戻す権利が記載されている。さらに二〇〇八年六月、日本の衆参両院で「アイヌ民族を先住民族とすることを求める決議」が全会一致で可決された。これを受けて、当時の内閣官房長官町村信孝《まちむらのぶたか》は、アイヌが「先住民族であるという認識」を明らかにした。

同じ二〇〇八年、アイヌ民族の小川隆吉《りゅうきち》は遺骨に関する情報の公開を北海道大学に求めた。公開された情報にもとづいて、同郷の城野口ユリとともに返還を求めたが、大学は応じなかった。そこで二人は、もう一人のアイヌとともに、二〇一二年九月、北海道大学を相手に遺骨の返還を求める訴訟を起す。

原告らは、祖先の遺骨が持ち去られ死者供養ができず信仰の自由が妨げられたとして、遺骨の返還と慰謝料の支払いを求めた。返還を求めたのは、原告の故郷である北海道浦河町杵臼のアイヌ墓地から持ち去られた遺骨のすべてである。

一方、被告北海道大学は、請求の棄却を求めた。祭祀承継者には返還するが、原告が祭祀承継者であるか不明である、という理由だった。

さて、「祭祀承継者」とはいったいどういうものだろうか。なぜ北海道大学はこのような態度を取ったのだろうか。

祭祀承継者か地域か

日本政府は国会決議後、「アイヌ政策のあり方に関する有識者懇談会」や「アイヌ政策推進会議」などの報告書にもとづき、「アイヌ文化の復興等を促進するための「民族共生の象徴となる空間」の整備及び管理運営に関する基本方針について」閣議決定した。二〇一四年六月のことである。

そこには、大学の遺骨について、返還可能なものは返還し、返還できないものは北海道白老町に建設される「民族共生の象徴となる空間」の慰霊施設に集約する、という方針が示されている。文面にはないが、「研究に寄与することを可能にする」形で遺骨を保管することも、審議の過程で確認された。

この方針にしたがって、返還手続に関するガイドラインも公表され、「個人が特定された遺骨の祭祀承継者への返還」という方針が示された。しかし、それは事実上返還を不可能にする、きわめて問題の多い方針だった。

第一に、このガイドラインは「個人が特定された遺骨」だけを対象としている。個人の特定が可能な遺骨は、文部科学省の当時の調査で全国一二大学一六三六体中わずか二三体、二〇一七年の再調査でも一六七六体中三八体にすぎない。結果的に、大半の遺骨が返還対象外となり、白老の施設に集約されることになる。

第二の問題は、返還先が祭祀承継者に限られる点である。「祭祀承継者」とは民法上、先祖代々の墓を守り継ぐ人を意味する。しかし、アイヌ民族の伝統に「家」ごとに墓を守るという風習はない。祭祀承継者という個人も存在しない。そもそも祭祀承継者を特定することが不可能なのである。ガイドラインそのものが和人の風習の押し付けにほかならない。

アイヌ民族の場合、墓はコタン（集落ないし地域）ごとにつくられ、死者はコタンで祀《まつ》られてきた。したがって、遺骨は個人でなくコタンに返す、というのが自然な考えである。大学にある遺骨の大半は、どこの墓地から持ち出されたか分かっている。コタンへ返すのであれば、大半の遺骨が返還可能になる。

こうした事情を背景に、遺骨返還請求裁判の原告たちは、故郷杵臼コタンの墓地から持ち出されたすべての遺骨の返還を求めた（小川 二〇一五、北大開示文書研究会 二〇一六）。

和解と返還

裁判は二〇一六年三月二五日に和解が成立した。杵臼コタンが位置する日高地方のアイヌ民族有志が「コタンの会」を結成し、これを裁判所が遺骨の受け入れ団体として認めたため、被告北海道大学も最終的に返還に同意した。その一方で原告は慰謝料などの請求を取り下げた。

同年七月一五日、杵臼コタンから持ち出された遺骨一一体と一箱は、北海道大学のアイヌ納骨堂から再び杵臼の地に戻され、七月一七日にアイヌの伝統にもとづいて再埋葬された。当日は多くの人びとが祈りを捧げたが、和解内容にないという理由で北海道大学から謝罪の言葉はなかった。

とはいえ、返還実現は重要な意味を持っている。

第一に、個人が特定された遺骨の祭祀承継者への返還という政府の方針を超えて、個人が特定されない遺骨の、地域への返還が実現したことである。これによってはじめて、実質的な返還への途が拓けたと言える。

第二に、コタンへの返還は、アイヌの先住民族としての権利を回復する上で重要な意味を持っている。これまで日本政府は、個人としてアイヌの人々の存在は認めても、共同体としてのアイヌ民族はもはや存在しないという立場をとってきた。しかし、資源や土地の利用など先住民族の権利の多くは個人でなく集団に帰属する。コタンを認めないことは、事実上、先住民族としての権利を認めないに等しい。遺骨がコタンに返還されたことで、先住民族の権利を回復する道筋が見えてきたのである。

提訴は続く

杵臼への返還訴訟に続いて、二〇一四年一月紋別アイヌ協会会長の畠山敏が、オホーツク海岸モベツコタンから持ち出された遺骨四体の返還を求めて、また同年五月十勝地方の浦幌アイヌ協会が、浦幌町内から持ち出された遺骨六四体の返還を求めて、北海道大学を相手に提訴した。どちらの裁判も和解が成立し、二〇一七年の八月（浦幌）と九月（紋別）にそれぞれ遺骨の返還が実現した。

裁判はまだまだ続く。二〇一七年七月には旭川アイヌ協議会が、遺骨二体と副葬品の返還ならびに慰謝料の支払いを求めて北海道大学を訴えた。旭川のアイヌ遺骨は一九八五年に五体が返還されていたが、その後二〇一三年の調査でさらに遺骨二体と副葬品が大学に残されていることが判明したのである。

旭川アイヌ協議会は当初返還のための話し合いを試みたが、大学側がこれに応じないため、やむをえず裁判に訴えたという。杵臼コタンのケースとまったく同じ状況である。祭祀承継者でなければ、大学は話合いさえ応じようとしない（なお、政府は二〇一八年になって地域返還を認める方向へ転換した）。

さらに二〇一七年一〇月には、コタンの会が新ひだか町静内（一九三体）と浦河町東幌別《ひがしほろべつ》（二体）

から持ち出された遺骨の返還を求めて訴訟を起した。新ひだか町の遺骨は、先に触れた戦後の墓地改葬事業で掘り出された遺骨にほかならない。改葬のための新しい墓地を用意せず、遺骨を北海道大学に引き渡したとして、新ひだか町も裁判の被告となった。

旭川の裁判は和解が成立し、二〇一八年六月二四日に遺骨が返還された。新ひだか町のケースは、本章執筆の時点（二〇一八年七月）ではまだ係争中である。補助参加人として新ひだかアイヌ協会が裁判に参入し、あくまでも祭祀承継者へ返還を求めたため、返還へ向けた話し合いは頓挫している（平田 二〇一八、Kimura 2018など）。

そして、二〇一八年になって起されたのが、本章の冒頭で触れた裁判である。この裁判では、北海道大学以外の大学がはじめて遺骨の返還を求められた。そして、遺骨がいまも／すでに研究利用されているという点で、これまでになく緊急性の高い裁判といえる（訴状はコタンの会のサイトhttps://kotankai.jimdo.com/で読むことができる）。

4　強行された研究

「遺跡」からの「文化財」

これまで、札幌医科大学の遺骨はその来歴により研究利用可能であるとされてきた。大量発掘の発端となった東京大学や、裁判で被告とされてきた北海道大学の場合、遺骨の大半は明治以来の墓地発掘によって持ち出されたものである。かつて研究者が大量に収集したが、研究に使われなくなると事実上放置されてきた。発掘の経緯について不明なものも多く、中には盗掘と疑われる遺骨も含まれている。本人や関係者の承諾を示す書類も残っていない。大学側は認めないが、倫理的に問題あることは確実である。こうした点から、おそらく一九八〇年代の返還運動以来、再び研究に用いられることはなかった。

一方、札幌医科大学は戦後にできた新しい大学である。保管されているアイヌ遺骨も、墓地から研究者が掘り出したものでなく、倫理的に適正であるとされてきた。具体的には、道路工事や遺跡発掘の際に出土したもので、その多くは文化財として認定されているというのである。

今回コタンの会が返還を求めた浦河町の遺骨についても、これまでの説明では浦河町東栄の縄文時代「遺跡」から出土し文化財登録された遺骨であって、来歴に問題はないとされてきた。また文化財保護法にもとづいて所有者は北海道であって、札幌医科大学は保管しているにすぎない、とも言われてきた。

そのため、コタンの会と北大開示文書研究会が二〇一七年に送った質問状に、塚本泰司札幌医科大学理事長兼学長は、研究を行なったのは「国立科学博物館篠田謙一氏と山梨大学安達登氏」であり、札幌医科大学は「研究主体または共同研究のいずれにもなっておりません」と回答している。また関係者の了解の有無についても、「この研究は、発掘調査等による出土品に関して文化庁が定めた「出土品の取扱いに関する指針」などに則り、取り扱われたもの」であるとしている（質問状などは北大開示文書研究会のサイト http://hmjk.world.coocan.jp/ 参照)。

「江戸時代のアイヌ遺骨」

では、二〇一七年一〇月に公開された先の論文の中で、これらの遺骨はどのように「研究」されたのだろうか。

現在の頭骨研究は、小金井や児玉の時代のように頭骨のサイズを計測するのでなく、歯からミトコンドリアDNA(近年は染色体DNA)を取り出し、その中の遺伝情報を分析することで民族の起源や相互関係を解明しようとしている。この論文も、北海道各地の遺骨の歯からミトコンドリアDNAを抽出し、そこに含まれる情報にもとづいて、アイヌ民族の「生物学的」起源を解明しようというものである。

その際、従来の研究には二つの弱点があったとされる。一つは、これまで利用されてきた遺骨の大半が明治時代以降の「近代」のものだったため、和人による遺伝的影響が避けられなかったということ、二つめは、サンプルが特定地域、すなわち平取町から得られたものに限られ、地方的な片寄りがあったということである。

アイヌ民族の形成を正確に解明するには、本州からの移民による大規模な影響がなく、地域的偏りもない試料を利用しなければならない。そこでこの論文では、北海道各地から集められた江戸時代の遺骨からDNAを採取した。具体的には、札幌医科大学と伊達市噴火湾文化研究所に保管されていた「江戸期」のアイヌ遺骨一一五体の歯を利用したというのである（実際に利用できたのは九四体）。

そこから得られたデータを分析した結果、縄文時代人とアイヌのつながりが確認できただけでなく、これまで考えられてきた以上に他の民族の影響が大きいことも明らかになった。それゆえ、アイヌは縄文時代人の直接の子孫であるという説、すなわち二重構造説に代表される従来の説は再考が必要だとされている。

アイヌ民族に遺伝的影響を与えた民族として、まずオホーツク人があげられ、さらに本州日本人（和人）の遺伝的影響もこれに劣らず大きいとされる。それゆえ、江戸時代における和人の遺伝的影響は限られていたという従来の説明は疑わしい、というのである。

ここから明らかにように、この論文の核心は、明治期でなく江戸期のアイヌ遺骨を用いた点にある。それによって、これまでの想定以上に大きな和人の遺伝的影響を明らかにできた、というのが結論である。

縄文遺跡のアイヌ遺骨？

ところが、今回の裁判で、原告はここに大きな疑問があることを明らかにした。この論文で用いられた浦河町東栄の遺骨は、江戸時代以前でなく明治時代以降のものと考えられるのである。

東栄から遺骨が持ち出された経緯を見てみると、一九六二年四月二四日付で浦河町教育委員会委員長から文化財保護委員会委員長に「埋蔵文化財発掘届」が提出され、続いて同年六月の「東栄遺跡発見届出書」に出土品として「土器多数〔……〕、石器若干、アイヌ人骨三四体、同副葬品若干」と記載されている。その後、文化財保護委員会から、これらを文化財と認定するという通知が行なわれた。

なるほど、この流れからすると、従来の説明通り、遺跡からアイヌ遺骨が出土し、文化財認定され、研究利用されたかのような印象を受ける。

しかし、少し考えてみれば、このストーリーに無理があることは明らかである。東栄遺跡は縄文時代の遺跡である。一方、研究利用されたアイヌ遺骨は江戸期のものとされる。江戸時代の遺骨が縄文時代の遺跡から出土するというのは、まったくの時代錯誤にほかならない。

とはいえ、縄文遺跡の発掘の際に、アイヌの遺骨が発見されたことは事実である。では、なぜ遺跡と同じ場所から遺骨が発見されたのだろうか。

一九六九年三月に浦河町教育委員会が発行した『浦河町の遺跡』という冊子には、東栄第一地点遺跡（東栄遺跡のこと）が「明治時代以降、付近に住むアイヌの墓地として使用されていた」という記述がある。「アイヌ墓地は明治以降のもの」とも書かれている（浦河町教育委員会 一九六九、一四頁）。

つまり、明治時代以後になって、縄文時代遺跡と同じ場所にアイヌ墓地がつくられたということである。アイヌ遺骨は東栄遺跡から出土したのではなく、同じ場所にあった墓地から掘り出されていた。

実際、当初の「発掘届」では、浦河郡字東栄の「縄文時代早期遺跡」と「アイヌ期墓地」が区別されていた。遺跡と墓地が別であるという認識があったと推測される。ところが、「発見届」では、「遺跡」から土器や石器と一緒に「アイヌ人骨」が出土したとされ、まとめて文化財に認定された。そして、これらの遺骨を札幌医科大学は「江戸期の遺骨」として保管し、研究者たちがそのまま研究利用したということである。

さらに、浦河町の記録と異なり、発掘届では墓地が江戸期以前の「アイヌ期」のものとされているが、その根拠は記されていない。また今回の論文中にも、江戸時代以前の遺骨であることを示す独立した証拠や資料はない。さらに、北海道テレビ放送（ＨＴＢ）の問合せに対して札幌医科大学は、遺骨を江戸時代以前のものとする学内資料が存在しない旨の返答をしている（テレビ朝日『テレメンタリー嘘塗の骨――アイヌ人骨返還問題の悲痛』二〇一八年二月一七日放映（北海道地区））。

研究への疑問

このことは、二つの点で、先の論文への疑問をうみ出す。

第一は、論文の前提についての疑問である。研究に利用された東栄「遺跡」出土のアイヌ遺骨三二体が明治以降のものならば、論文で利用された九四体の三分の一以上が江戸時代のものでない。さらに、他の地域の遺骨についても独立した根拠が示されていない以上、東栄と同様なケースが含まれるかもしれない。江戸時代の「古い」遺骨を用いたという論文の土台そのものが崩れるのである。これらが明治時代以降の遺骨であれば、和人の影響が強いとしても、特段目新しい話ではない。

第二は、研究倫理上の疑いである。これまで北海道アイヌ協会は、明治時代以後のものは研究しない、という見解を繰り返し表明してきた（『先駆者の集い』第一三三号、二〇一五年など）。しかし、今回の研究は、これに明確に反することになる。

ところで、この論文の著者の一人である篠田謙一国立科学博物館副館長は、日本人類学会の会長も務めている。その日本人類学会は日本考古学協会および北海道アイヌ協会とともに、「これからのアイヌ人骨・副葬品に係る調査研究の在り方に関するラウンドテーブル報告書」を政府に提出した。最近（二〇一八年五月一四日）の内閣府アイヌ政策推進会議の資料（「政策推進作業部会報告」）でも、今後の研究はこのラウンドテーブル報告書を踏まえることとされている。

ところが、この報告書では、北海道アイヌ協会が日ごろ行なってきた説明と異なり、明治時代以降でなく、埋葬から一〇〇年以内の遺骨について、研究利用しないとされている。二〇一八年の一〇〇年前は大正時代であるから、文字通り読めば、明治時代の遺骨は研究可能になる。ここには五〇年ものズレがある。

このズレにもとづいて、明治時代の遺骨の研究も許されると主張するのだろうか。この主張を正当化するために報告書が準備されたとすれば、ずいぶん狡猾なやり方である。それにしても、なぜ北海道アイヌ協会は自分たちの日頃の発言と異なる指針に同意したのだろうか。

いずれにせよ現代の研究倫理では、人体由来の試料を用いる場合、原則として本人の了解が必要である。したがって、たとえ北海道アイヌ協会の了解を得たとしても、それだけではＤＮＡ研究はできない。アイヌ民族の場合だけ例外というのであれば、これは明白な民族差別にほかならない。

かつて墓参りはアイヌの風習でなかった。人びとは墓に近寄らず、自然のままに置くのが常だった。このことを知ってか、小金井良精はアイヌ墓地を「旧墓」と記し、児玉作左衛門は「墓地遺跡」と呼んで、墓掘りを正当化しようとした。現代の研究者たちも、アイヌ遺骨を「縄文遺跡」から出土した「文化財」に仕立てることで研究を続けているのである。

5　まとめにかえて

北海道大学はこれまで、「学問の自由」を持ち出してアイヌ民族の要請や批判を斥けてきた。その顕著な事例は一九七七年に発生した差別講義事件である。経済学部教授林善茂《はやしよししげ》が講義内でアイヌ民族の存在を否定する発言をしたが、当時の経済学部教授会は学問の自由を盾にアイヌや学生の抗議を払いのけた（結城 一九八〇、植木 二〇一五）。遺骨問題でも、海馬沢博の問合せに当初は学術的研究を理由に返答を拒み続けていた。また先日の旭川への遺骨返還に際しても、報道によれば「学問の自由」を理由に謝罪を拒んだという。

しかし、「学問の自由」は本来、権力や暴力と対峙するものだろう。少なくとも少数者を払いのけるためのものではない。

大学が言論機関であれば、遺骨の扱いについて、この自由を駆使して独自の方針を示すこともできるはずである。それによって社会や政府に率先して提言を行い、問題の解決に向けた途を切り拓くことができるにちがいない。

ところが、実際には、大学はひたすら政府の決定を待つという姿勢に終始してきた。すべてを権力にまかせ、自ら判断することを避け、アイヌ民族との話合いに応じず、祭祀承継者への返還に固執し続けてきたのである。地域返還が実現しても、いまだ裁判所に判断を仰ぎ続けている。

これは海外の大学や博物館が批判や要請に自発的に対応し、内容の適切性はともかく、解決へ向けた独自の提案を行なっている状況（Jenkins 2011、小田 二〇一六など）とは異なっている。

ここから明らかなのは、日本の大学が行政機構の一歯車にすぎないという事実である。権力に対抗して「学問の自由」が持ち出されることはなかった。

なるほど、組織としての大学でなく、研究者個人のレベルでは、先住民族の権利回復や人権の擁護についての議論も、また植民地支配や研究倫理に関する研究も、数多く存在するだろう。当然、そこには権力への批判も研究のあり方への反省も含まれているに違いない。

しかし、それらの多くが海外の事情や欧米の学説の紹介であり、研究者自身と無縁の個人や集団への批判であることも、また事実である。批判や検討のまなざしを、自分とつながりある人間や組織に向けることは、まれだったように思える（例外として、たとえば丸山 二〇〇二、井上 二〇一三など）。先住民族遺骨の返還についても、海外の事例はしばしば論じられてきた。だが、「北海道大学の」アイヌ遺骨問題がはじめて学内でテーマ化されたのは、裁判で和解が成立した後、杵臼への返還が実現する前日（二〇一六年七月一四日）のことだった。

自分と無縁の対象を論じる限り、話の筋を通すことも、きびしい批判を展開することも、それほど難しくない。諸外国の事例や舶来の学説は教室の演習問題や論文のテーマとしては好適だろうが、現実に切り込む力となるかどうかは不明である。

日本の大学の多くは国策により設置され、権力の要請に応えるために維持されてきた。東京大学や京都大学はもちろん、北海道大学も北海道開拓の一翼を担う機関として誕生し、そのための教育や研究に取り組んできた。おそらく、今も取り組んでいるに違いない（植木 二〇一五）。

わたしたち研究者はこうした歴史の上に教育を受け、学問に取り組んでいる。自分の立ち位置を自覚してはじめて、世界を動かす認識が可能になるのではないだろうか。

【参考文献】

井上勝生 二〇一三『明治日本の植民地支配――北海道から朝鮮へ』岩波書店。
植木哲也 二〇一五『植民学の記憶――アイヌ差別と学問の責任』緑風出版。
植木哲也 二〇一七『新版　学問の暴力――アイヌ墓地はなぜあばかれたか』春風社。
浦河町教育委員会 一九六九『浦河町の遺跡』。

小川隆吉 二〇一五『おれのウチャシクマ――あるアイヌの戦後史』瀧澤正構成、寿郎社。
小田博志 二〇一六「戦後和解と植民地後和解のギャップ――ドイツ―ナミビア間の遺骨返還を事例に」『平和研究』第四七号、四五―六五。
小金井良精 一九三五「アイヌの人類学的調査の思ひ出――四十八年前の思ひ出」、『ドルメン』第四巻第七号、岡書院、五四―六五。
小金井良精 二〇一六『小金井良精日記――明治篇 一八八三―一八九九』クレス出版。
平田剛士 二〇一八「アイヌ遺骨再埋葬――「歴史的な不正義」を止める試行錯誤」、『週刊金曜日』第一一九四号、三〇―三一。
北大開示文書研究会 二〇一六『アイヌの遺骨はコタンの土へ――北大に対する遺骨返還請求と先住権』緑風出版。
星 新一 二〇〇四『祖父・小金井良精の記』上・下、河出文庫。
丸山隆司 二〇〇二『〈アイヌ〉学の誕生――金田一と知里と』彩流社。
結城庄司 一九八〇『アイヌ宣言』三一書房。
Adachi, N., et al. 2018 : "Ethnic derivation of the Ainu inferred from ancient mitochondrial DNA data", *American Journal of Physical Anthropology*, Vol.165, Iss.1, Jan. 2018, 139-48, (https://onlinelibrary.wiley.com/doi/full/10.1002/ajpa.23338)
Jenkins, Tiffany 2011: *Contesting Human Remains in Museum Collections: The Crisis of Cultural Authority*, Routledge.
Kimura, Kayoko 2018: "Japan's indigenous Ainu sue to bring their ancestors' bones back home," *The Japan Times*, July 25, 2018.

コラム

私たちのご先祖様のお墓、盗掘遺骨を返してください

アイヌ刺繍作家、浦川町浜荻伏《はまおぎふし》生まれ　浦川《うらかわ》　早苗《さなえ》

約四〇年前、雪が降りだすと、阿寒湖在住の山本多助エカシ（長老）が我が家に来てくださいました。多助エカシは、次男の基を膝に抱いて、語り聞かせるようにして、「昔、浦幌というアイヌのチェプ（お魚）を獲って暮らしているコタンがありました。古くからお魚の漁で栄えたコタンで、たくさんの漁師が助け合って暮らしていました。ある時、フチ（おばあさん）が先祖の寝ているお墓を見たら、お墓は穴がたくさん掘られてあって、アイヌの墓地が無くなっていました。フチ（おばあさん）は、吃驚して腰が抜けて歩けなくなりました。フチを探しに来た人も吃驚して、墓の無いことに気づき墓泥棒に唖然としました。そして、みんなで泣いた。毎日、毎日、墓の穴のそばでフチたちは、トイトイで土を叩いて泣きました。何日も何日も泣きました。両足を伸ばして、両手でトイトイを叩いて泣きました。コタンのアイヌのおじいさんも、おばあさんも泣きました。警察に訴えて、役場にも聞く。長い時間がたって、北海道大学の学者が研究のために墓泥棒をしたことがわかりました。研究のために！　何の研究ですか？　七〇もの墓を！　浦幌コタンのアイヌ民族に断りもなく、何のためにエッカ（盗掘）していった！　さらに怒りは増して、〈何の研究！　ダレノタメノ〉、フチ達はまた泣きました。何日も、何日も。遺骨は一人も返してもらっていません。ナンノタメニ、ダレノタメニ、イヤポ（父）を返せ、ハポ（母）を返せ、と泣きました」山本多助エカシのウチャシクマ（古い話を聞かせる。自分の体験や経験を聞かせる）　エカシ　エカシ　イヤイライケレ（ありがとう）。子どもに語りつつ、親にアイヌ民族の出来事を語り伝える。

二〇一七年八月、七〇の御遺骨と少しの副葬品を返してもらいました。そして、心ある人たちでイ

チャルパ（先祖供養）をしました。そこで石垣島生まれの松島さんに出会いました。琉球の心をしっかり持っている「衣学心」*、お会いできてよかったです。

浦河町杵臼の私が暮らした村の墓泥棒

母と一緒にお墓に草刈に行きました。突然、お墓が穴になっているのです。母は吃驚して立ち止まり、山崎カッカ（母さん）という愛称ですが、城野口ユリさんのお母さんの山崎まつさんに語り、暫くの間、開いた口が塞がりませんでした。

やがて、いつとはなしに、山崎まつおばさんがお父さんの墓を売ったと、村にうわさが広がりました。兄オガワイタッコレと弟アキヨシが昭和八年に盗掘されていました。山崎まつさんは、「おらアチャ（父）の墓を売っていない、小川隆吉に北大を訴えて墓を返してもらってけれ」と訴えました。まつさんは、老人ホームのベッドの上で、見えない目から涙を流して小川隆吉を幼名のユッコと呼び、「ユッコ、おらの敵討をとってくれ」とさめざめと泣きました。

何度も北海道大学と交渉の結果、昭和八年に盗掘された小川祖父兄弟のご遺骨、そして杵臼墓地から盗掘墓一二人分が返されました。オガワイタッコレ兄弟のお骨は大きい箱に入れてありました。山崎まつさんのお父さんと弟の箱は小さくて二人分の大きさには見えませんでした。その遺骨の盗掘の際に、児玉作左衛門が穴におりて、お兄さんの頭骨をメスで切り取った話が、村ではいまでも語り伝えられています。城野口ユリさんの祖父とその弟です。生まれ育った故郷へ帰ったご遺骨は気持ちいい所に連れてきてくれて有難うと私に夢で知らせてくれました。

＊「衣学心」は、衣は著者の仕事、学は勉強、心はアイヌとの意味の著者の造語。

第5章　問われる日本人の歴史認識と先住民族アイヌの権利回復

――アイヌ新法に先住権の明記を！

アイヌ・ラマット実行委員会共同代表、先住民族アイヌの声実現！実行委員会事務局

出《で》原《はら》昌《まさ》志《し》

来年（二〇一九年）は、シャクシャイン蜂起から三五〇年、近代天皇制国家による一方的なアイヌモシリ併合、植民地政策が進められて一五〇年を迎える。こうしたアイヌ民族に対する〝植民地支配〟という歴史認識が、日本社会、日本人から奪われている中で、いま、アイヌ民族の未来への岐路となるアイヌ政策の見直しとアイヌ新法制定作業が政府主導で進められ、来年の通常国会に上程されようとしている。その政策の基盤に真実の歴史認識が据えられなければならない。

1　政府主導のアイヌ政策の見直し

二〇〇七年九月一三日に、国連総会において「先住民族の権利に関する国際連合宣言」（以下、

とされている。

「権利宣言」）が採択された。同宣言は、先住民族（アイヌ）に対する植民地化を「歴史的不正義」と指弾し、先住民族の自決権の保障を核心として、その復興の源となる「土地、領域、資源」の権利を「生得の権利」と明記している。また、同化を強制されずに民族文化や教育を復興し発展させる権利も謳われ、先住民族の遺骨の返還なども含めて各国の先住民族政策の達成すべき「世界基準」とされている。

この歴史を画する権利宣言を契機として、日本でも二〇〇八年六月に衆・参両議院で「アイヌ民族を先住民族とすることを求める国会決議」が全会一致で採択され、同年七月に内閣官房長官の諮問機関として「アイヌ政策のあり方に関する有識者懇談会」（以下、「有識者懇談会」）が設置された。そして、翌年七月に有識者懇談会が内閣官房長官に対して『報告書』を提出した。ところが、この『報告書』では、意図的にアイヌモシリ植民地支配に関わる「補償、賠償問題」などは避けられ、国の責務として「行政の切り取ったアイヌ文化」（多原良子）への「配慮義務」のみが政策提起されている。それ故、この『報告書』は明らかに権利宣言を有名無実化するものだが、この後、政府は、この『報告書』を政策見直しの基盤とし、アイヌ政策の窓口を北海道アイヌ協会に一本化した。

二〇〇九年一二月に、この『報告書』の政策提起の具体化を検討するアイヌ政策推進会議（以下、「推進会議」）が官邸内に設置され、「民族共生の象徴となる空間」作業部会と「北海道外アイヌの生活実態調査」作業部会の二部会で作業が進められた。そして、二〇一一年六月に、それぞれの部会の報告書が作成されて、それがアイヌ政策見直しの具体的な施策の指針となり、新たに推進会議に政策推進部会が設置された（部会長＝常本照樹《つねもとてるき》北大アイヌ・先住民研究センター長）。その政策の具体的内容は、国立アイヌ民族博物館設置を中心とするテーマパークの建設と、全国の大学などに盗掘によって収集されたアイヌ遺骨を集約して研究資料とする慰霊・研究施設の建設などであった。先住民族アイヌに対する「歴史的不正義」に対する謝罪や、それを政策の基盤としたアイヌ民族の自立的な活動や生活基盤につながる土地や資源の権利の回復、そして自決権については一顧だにされなかった。国立博物館などと引き換えにして、アイヌ民族の遺骨と先住権が売り渡された格好だ。

2　「もう待てない！」

現在、アイヌ民族の直面している経済的窮乏や社会的差別、同化の進行などの諸課題は、いうまでもなく明治政府以降、アイヌ民族との一切の交渉も合意もなく近代天皇制国家が一方的にアイヌモシリ（アイヌ民族の住む大地）を奪って併合したことが元凶である。

日本人の移住政策最優先のために、アイヌ民族を強制移住させてコタン（村）を破壊し、生業である鮭漁や鹿猟を禁止して飢餓に追い込み、アイヌ語や伝統文化・風習を禁止し、創氏改名を強要し、北海道旧土人保護法でアイヌを「未開地」（給与地）に縛り付けて隔離・排除した。戦後の農地改革でもアイヌ民族の土地が日本人に奪われた。こうした植民地政策を、いまも国はアイヌに対する「保護政策」としてその非を顧みない。この無権利状態下で、遺骨盗掘の犯罪も推奨された。

現在、道庁の調査では、アイヌ民族の生活保護率は平均の一・四倍であり、大学進学率は一七・二％低くなっている（二〇一四年調査）。過酷なアイヌ民族差別と偏見は温存され、同化をのりこえて「アイヌとして生きる生活や活動をしたくても、仕事がなく、生活が窮乏して参加できない」というアイヌ民族の声が各地で蔓延している。その生活の窮乏や同化の進行の解消には、アイヌ民族の生業と生活、自立的な活動の基盤となる土地や資源の権利回復は不可欠である。宇梶《うかじ》静江さん（東京アイヌ協会）は、後述する内閣官房アイヌ総合政策室（以下、「内閣官房」）とのチャランケ（話し合い）において「川の一本でも返してくれ。そうすればアイヌの伝統的な狩猟採集が復活し、鮭漁で仕事ができて、アイヌの男たちの目が輝く」と迫っている。自然と育み合うコタン（村）と自決権の復活こそ、アイヌ民族の望む先住民族政策である。「歴史的不正義」は正さなければならない。

翻って、現行の一九九七年制定のアイヌ文化振興法は、アイヌ語や歌舞・工芸など博物館に残すような「行政の切り取ったアイヌ文化」の振興にのみ特化したもので、アイヌ民族の自立的な生活や活動の基盤となる民族自立化基金などを要求したアイヌの期待を裏切るものだった。それから二〇年、その政策の結果は、例えば北海道アイヌ協会（以下、「アイヌ協会」）の会員数が二千世帯ほどに半減し、道庁の調査によるアイヌ人口は約三万人から約一万四千人に激減し、各地のアイヌ文化保存会も生活困窮などで活動の維持に困難が強いられるなど、アイヌ民族の民族性と自立的な活動の維持を困難にさせてきた。この間のアイヌ政策は、まさに同化政策であったと言わねばならない。

現在、政府主導のアイヌ新法制定作業の方向性が、内実の無い「先住民族」とだけ記述する「理念法」との内閣官房の説明があり、失望感から北海道アイヌ協会脱退などの傾向が強まっている。アイヌ民族の切迫した状況から、権利回復をさらに〝待つ〟という余裕は残されていない。

こうした状況と対峙して、道内外の自立的なアイヌ民族が民族団体の垣根をこえて広範に結集し、市民団体らと「先住民族アイヌの声実現！実行委員会」（共同代表＝川村シンリッ・エオリパック・アイヌ、多原良子。以下、「実行委員会」[1]）を結成し、二〇一七年四月以来、内閣官房とのチャランケを五回重ねるなど、政府のアイヌ政策の誤った歴史認識を糾し、先住権・自決権に基づくアイヌ新法を要求して闘いを進めている。先祖の累々たる犠牲の上で、アイヌ民族の精神（生き方）と伝統文化は継承されており、日本社会での圧倒的な孤立を跳ね返して民族復権に対する先祖の思いと共に闘いを継承している。

アイヌ民族に対する日本による過去、現在の植民地政策の継続と差別の現状は、日本人の問題である。私たち日本人が、この社会の主権者として、真の民主主義と人権の確立を望むならば、この〝声〟に耳を塞ぎ、権力者のしたこととして逃げるわけにはいかないと思う。

1　先住民族アイヌの声実現！実行委員会〈構成団体・個人〉旭川アイヌ協議会、原住アイヌ民族の権利を取り戻すウコ・チャランケの会、東京アイヌ協会、ペウレ・ウタリの会、宇梶静江（東京アイヌ協会）、小川隆吉（札幌）、木村二三夫（平取）、澤井アク（札幌）、清水裕二（少数民族懇談会）、多原良子（札幌）、長縄茂（札幌）、畠山敏（紋別アイヌ協会会長）、八幡智子（関東ウタリ会事務局長）、結城幸司（札幌）、アイヌ・ラマット実行委員会、先住民族とともに人権・共生・未来を考える会、弥永健一、平山裕人。

3　「有識者懇談会」の歴史認識と「国民の理解」

一方で、政府のアイヌ政策のブレーンである常本照樹北大教授や落合研一同准教授らは、アイヌ民族に対する権利保障は「国民の理解」がなければできないと主張する。

しかし、有識者懇談会『報告書』は、すでに指摘したように「（補償問題は）報告書を取りまとめた常本照樹教授によれば、意識的に回避したとのことである」「（民族の集団的権利を認めないのは）集団的権利を否定するという日本政府の公的立場の踏襲とのことである（常本教授）」（吉田邦彦「アイヌ民族の補償問題」『ノモス』第二八号、二〇一一年六月発行）と証言されている。それ故、アイヌ民族に対する歴史記述もそうした政治的意図に合わせて捻じ曲げられている。

同『報告書』では、明治政府によるアイヌ民族を排除した新たな土地所有制度の導入や同化政策などの圧政によって、アイヌ民族が土地やアイヌ語を奪われた事実に関して、「上述のようにアイヌの人々には、近代的な意味での個人的な土地所有の観念がなかったこと、文字を理解する人はごく少数であったことなどから、この規則により所有権を取得したアイヌはほとんどいなかった」「アイヌ語については禁止された訳ではなかったが、……」と、まるで原因がアイヌ民族の「遅れた観念」や「自己責任」にあると言わんばかりの記述を行っている（一一六頁参照）。まさに、アイヌ民族に対する国の責任、補償・賠償問題を避けるべく植民地政策の歴史を捻じ曲げており、そうした誤った歴史認識が政府の公式見解、アイヌ政策見直しの基盤となっている深刻な事態がある。アイヌ民族には、土地は人の所有物ではなく、万物が生かし合う場と考える文化がある。

この『報告書』の「歴史認識」の披歴が誘発して、二〇一二年には㈶アイヌ文化振興・研究推進機構（中村睦男理事長、元北海道大学総長、憲法学）が、小・中学生用副読本『アイヌ民族：歴史と現在――未来を共に生きるために』の「（アイヌモシリを）一方的に日本の一部とした」等の記述を一方的に「修整」する歴史改ざん問題が起こり、また二〇一五年の教科書検定において、中学校歴史教科書（文教出版）で従来「アイヌ民族の土地を取り上げて」と記述していた部分を「アイヌ民族に土地を与えて」と書き直させる歴史改ざん問題、そして二〇一六年には「アイヌ政策見直し検討体制」のひとつの部局の座長を担っていた北大アイヌ・先住民研究センターの落合研一准教授（憲法学）が歴史的なアイヌ政策を「法的には日本人と対等に扱った」として翼賛するアイヌ民族差別講演を行なうなどの事件が相次いで起こった。

これらの問題に共通なのは、アイヌ民族への植民地支配の歴史を捻じ曲げて、その「歴史的不正義」を無きものとして免罪することである。そして、さらにこの『報告書』の誤った歴史認識を日本社会に徹底し定着させることである。問題の当事者である中村、常本、落合は、アイヌ政策に深く関わり北大法学部憲法学の直接の師弟関係にある。

しかし、彼らがやっていることは、上記のように歴史の真実を捻じ曲げて「国民の理解」を妨げ、先住権の確立を阻んでいることである。広瀬健一郎・鹿児島純心女子大学国際人間学部准教授は、カナダの実例をあげて「国民の理解と言うものは、国が具体的にアイヌ民族の権利を保障していくことによって、アイヌ民族の権利……カナダの事例から示唆されたのは、先住民族土地権原の承認こそが、国民理解を促す」（「海外の先住民族政策の調査に関する意見書」）と述べているが、まったく同感である。

4　捻じ曲げられた歴史を糾す闘いとその成果

こうした歴史の改ざんに対して、現在実行委員会に参加する仲間たちは抗議の声をあげ、その怒りを共有し、取り組みを重ねる中でつながってきた。

「アイヌ民族副読本」問題の発端は、道議会において小野寺秀《まさる》議員（自民党）が、「アイヌ民族副読本」の記述に対して「アイヌの方々が先に北海道に住んでいて、それを日本人が奪ったという誤った認識が広がっている」とヤリ玉にあげたことにある。その事態を受けて、アイヌ文化振興・研究推進機構は、二〇一二年三月に副読本の編集委員会に何の相談もなく、全国の教育委員会に対して副読本の「一方的に日本の一部とした」などの記述の削除・「修整」を指示する文書を送付し、さらに編集委員を入れ替えて新たなアイヌ民族副読本の作成を行なおうとした。アイヌ民族副読本は道外の小・中学校にも各一冊配布されている。

同年四月に、旭川アイヌ協議会とアイヌ・ラマット実行員会の呼びかけに応じて、首都圏のアイヌ民族団体など二五団体・個人が連名で抗議の声をあげて行動を開始した。道内では、当初、北海道アイヌ協会が「ノーコメント」路線をとる中で、編集委員の阿部ユポ（北海道アイヌ協会副理事長）、清水裕二（少数民族懇談会代表）、平山裕人（教員）、故石黒文紀（教員）の四人が抗議の声をあげたが孤立を強いられた。そうした道内外の闘いの連携が進み、道内のアイヌ民族に闘いが広がる中で、最終的には、アイヌ文化振興・研究推進機構は全国に送付した文書を撤回した。そして、再度、全国の教育委員会に対して謝罪文を送付することや現行の編集委員会とアイヌ民族副読本を維持することに合意し、同年七月に取り組みは勝利した。[2] 安倍政権の歴史修正主義の嵐の中で、アイヌ民族に対する「歴史的不正義」を公的機関で再確認した闘いの意義は大きく、闘った仲間は、困難な状況でも歴史認識は譲らないとの決意をさらに強く固めた。

教科書検定の問題に関しては、「教科書のアイヌ記述を考える会」が、すべての教科書会社にそれぞれの教科書のアイヌ記述に関して質問状を送付するなど取り組みを行っている。

落合研一のアイヌ民族差別講演は、上記の同『報告書』を踏襲したものだが、国のアイヌ民族に

2　その取り組みの中で、私たちは財団の中村理事長と直接チャランケを行ったが、彼は「（歴史の改ざんは）私が認めて指示してやったこと」と公然と述べ、歴史の改ざんの誤りを認めなかった。こうした歴史認識を持つ人物が、何の責任も取らされずに財団の理事長に居座っていることは不可思議である。常本も財団の評議委員会において、この問題を著作権問題にすり替えて「財団に著作権がある」と主張して歴史の改ざんを擁護する姿勢をとった。

対する植民地政策の責任を全面的に法学的立場から否定し翼賛している。この主張は、政府の歴史的なアイヌ政策を正当化する論理そのものなので、ここで、その不当さを理解してもらいたい。

落合研一は、(1)アイヌ民族の戸籍への編入について、日本人と同じく「平民」と扱ったのだから、「アイヌの人々を日本国民にしたことそのものが悪いという事にはならない。要は法的身分を認めたという言い方ができる事に法学上はなるので、アイヌの人々を日本国民にした事自体は悪くはない」と述べて、アイヌ民族を日本国民化して日本の法律で支配することを正当化している。彼は「平等」な扱いを主張するが、実際には、行政上、「旧土人」がアイヌの公称とされて差別され制度化されている。(2)また、本来、アイヌ民族は、土地は人の所有物ではなく、すべての生き物たちが生かし合い育て合う場であると考えている。それにもかかわらず、明治政府は「北海道土地売貸規則」「地所規則」を定めて土地私有制度の導入を強行した。そのこと自体がアイヌ民族の文化と社会を解体するものだが、落合は「和人であってもアイヌの人であっても同じ平民だから、どちらにも土地の所有権を設定するから、ここの土地は私の土地ですよと設定しに来なさいよと言っているわけですが、アイヌの人々にはその概念が解らないんですね」と主張して、あろうことか土地を失った原因をアイヌ民族の「無理解」におき、「劣った民族」と言わんばかりに侮辱している。落合は、アイヌを日本人と法的に同じ扱いをしたと主張しているが、真実は、アイヌ民族に対してはこれらの二つの法規は周知されず、開拓使札幌本庁が作成したアイヌ民族に対する申請の手続案が黒田清《くろだきよ》隆《たか》によって拒否されたことでも明らかなように、アイヌ民族の申請そのものが阻まれており、この主張は歴史の偽造である。(3)さらに北海道旧土人保護法（旧土法）は、農業を行うアイヌ民族にのみ一万五千坪の「未開地」（給与地）を与えるものだが、その所有権は相続以外の譲渡や質権や抵当権等は許されず、開墾できない場合は一五年で取り上げられる。これは法的所有権においても、アイヌ民族を日本人と明確に差別する植民地法だ。また「土人小学校」の設置は、アイヌ民族に皇民化教育を徹底することが目的であった。にもかかわらず、落合は、旧土法の内容に関して「生活保護費を出す」「埋葬料も政府が出す」「アイヌの子どもだけが通う学校を用意して、授業料を免除する」「農業を営もうとするアイヌのヒトに一万五千坪を上限として土地を無料で与える」と述べ、「今でいう社会保障的な役割もセットになっているという事は、是非ご理解頂く必要はあるかと思います」と高く評価している。そして、(4)アイヌの伝統的な葬送のチセ（家）の自焼に関して、明治政府の考え方としながら「アホじゃねえのか」という言葉で侮辱し、講演で笑いを取る手段とした。

これらの主張は、土地権の問題など明らかに同『報告書』を踏襲している。そして、「アイヌ民族を日本国民として法的に対等に扱ってきた」とする主張は、アイヌに対する植民地支配を免罪する主張であるが、歴史的にアイヌ政策を「保護政策」と位置づけている国の基本姿勢であり、残念ながら国会決議にも共通するものである。この歴史の偽造が国会で正されなければならない。

二〇一七年四月、実行委員会は、この落合の差別講演に関して内閣官房に自らの見解を明らかにすることを要求してチャランケを申し込んだ。当初、内閣官房は落合を擁護してチャランケを打ち切ろうとしたが、出席したアイヌ民族からの厳しい糾弾によって、結果としては、落合が座長を担っている部局の活動は自粛し、落合は実行委員会が認めるまでは座長にはつけないと確認した。そして、その後、根本問題である政府のアイヌ政策見直しの歴史認識を糾し、本格的に先住権に基づくアイヌ政策、アイヌ新法を要求してチャランケを継続している。

5　アイヌ遺骨問題と権利回復

アイヌ政策見直しの中で、アイヌ遺骨問題が政府案件となり、大きく焦点化した。

アイヌ民族が遺骨について語る時、自らの人生の被差別体験、無権利状態を重ねて告発される。アイヌ遺骨の多くは、強制移住によって残された墓地を暴いて収集されている。この重大犯罪が不問にされてきたのは、アイヌ民族の自決権と人権が今日においても同じく蹂躙されているからである。ところが人類学者はそのことをまったく理解しない。日本文化人類学会（会長・山本真鳥《まとり》）は、有識者懇談会『報告書』について「一、日本におけるアイヌ政策の推進に向けて、特定の立場に偏ることなく、公平かつ客観的な形でこのような報告書が出されたことを、世界の民族と文化を研究する者として、私たちは高く評価する」との『声明』（二〇〇九年一二月一三日付）を発表した。日本学術会議の地域研究委員会人類学分科会も『アイヌ政策のあり方と国民的理解』を発表し、同様に同『報告書』を支持している。これらは、国の植民地政策の責任を不問にすることを「公平」と決めつけるが、この姿勢の根底には、学者・研究機関自身の過去の植民地政策への奉仕、差別研究に対する無反省があり、アイヌ遺骨問題などで謝罪・賠償問題を徹底して回避すべく資料を隠蔽する学者、研究機関もある。この姿勢は植民地主義に他ならない。

アイヌ・ラマット実行委員会の取り組みでも、例えば京都大学は、筆者（出原）のアイヌ民族、琉球民族、アジア・太平洋諸民族の遺骨の情報公開請求の取り組みに対して、当初は「文書はない」との回答を行った。しかし、取り組みを重ねる中で、千五百に及ぶ清野謙次教授の「人骨標本番号」票の約半数の七五〇葉が「発見」された（本書Ⅲ部扉）。ところが、その「人骨標本番号」票のうち「現代琉球人骨」と記述されているものと文部科学省に報告したアイヌ遺骨調査に掲載されていない（遺骨が行方不明か）「人骨標本番号」票合わせて六枚を隠蔽した。また、九州大学には、平光吾一《ひらこうごいち》教授が北大からアイヌ遺体五体を移管して、平光門下生の二〇を数える論文があるが、文科省のアイヌ遺骨調査結果には九州大学はでてこない。九州大学への情報公開請求でも、アイヌ遺体に関する「文書はない」との回答を行った。北海道大学も「野帳」や「人骨台帳」が不明としている。こうした資料・文書を公開すると京大と同様に行方不明の遺骨の存在などが問い直されることの回避のためであろうか。速やかなアイヌ遺骨返還、謝罪・賠償問題の解決のためにも、アイヌ民族の自決権に基づいて、各コタンでの歴史的な事実究明をアイヌ民族自身が関与する調査体制で行う政策の見直しが必要である（実行委員会は文部科学省に申し入れ、後日、第三次遺骨調査が行われた）。

6　先住権の明記されたアイヌ新法を！

アイヌ民族に関する著作を多数もつジャーナリストの故小笠原信之《おがさわらのぶゆき》が、生前に「私はジャーナリストですから運動には直接関わらない。しかし、今回、出原さんたちと行動するのは義憤からです」と述べ、アイヌ政策の見直しの状況に対して「最大のチャンスが最大のピンチに！」と主張した。それは、国連宣言が無視され、アイヌ政策の見直しが国立アイヌ民族博物館、慰霊・研究施設建設に堕としこめられ、また、残念ながら新聞報道でも北海道アイヌ協会（加藤忠理事長・佐藤幸雄事務局長）が先住権を降ろしていることが伝えられる状況に対する義憤だった。

この閉塞状況を、アイヌ民族副読本問題の勝利やアイヌ遺骨返還の実現などが揺さぶった。そして、落合差別講演問題は、改めて歴史的なアイヌ政策への怒りを広範に呼び起こし、実行委員会の結成につながった。実行委員会はこれまで内閣官房とのチャランケを重ねて、従来、無視されてきたアイヌ民族の生業となる規模の鮭漁、地域的な土地返還、先住民族捕鯨の権利回復などについてモデル事業として一部既成事実化することを内閣官房と確認した。さらに、真にアイヌ民族の生業と生活、そして自立的な活動を保障する先住権をアイヌ新法に明記することを要求して闘っている。

内閣官房が、五月一四日の第一〇回政策推進作業部会議で、アイヌ新法に新たに「地域・産業振興」を打ち出して政策の幅を広げたこと、各地のアイヌ民族の聞き取り、また資料の「アイヌの人々の主な意見等」にアイヌ民族からの謝罪要求がこうした文書では初めて明記され、漁業権の権利付与、先住民族生存捕鯨の記述などは実行委員会の取り組みの影響とその結果が刻印されている。

さらに実行委員会は、「先住権に基づくアイヌ政策実現！署名」の取り組みによって全国に連帯を呼びかけて、北海道、首都圏、関西の平和フォーラム、全労協、部落解放同盟、おんな組いのちなどの協力で七万七〇七七筆の署名を数か月で集約して二〇一八年三月三〇日に内閣官房に提出した。また、前日の三月二九日に「アイヌ政策を考えるアイヌ民族と国会議員の集い」の院内集会を開催し、一六人の国会議員の参加を得た。北米、カナダ、北欧、オーストラリアの先住民族政策について、四人の研究者に「意見書」の執筆を要請し、実行委員会から内閣官房に提出した。

ところが、こうした取り組みの拡大を嫌った内閣官房幹部は、北海道アイヌ協会の幹部に対して、人種差別撤廃委員会への政府報告をめぐる政府とNGOの意見交換会にアイヌ民族が出席したことに対して「超過激な団体が参加し、お金を出しているところ」と問題視し、また「署名を提出したらアイヌ新法はふっとんでしまう」「三月三〇日のチャランケは行うが、その後は、立憲民主党の幹事長が来ても会いもしないし、話もしない」などと発言して干渉を行い、その発言をうけて北海道アイヌ協会・佐藤幸雄事務局長が実行委員会のメンバーに三月二九日・三〇日の行動に参加しないように干渉を行った。

こうした干渉に対して、三月三〇日の第五回チャランケで、実行委員会は同幹部を厳しく追及し、その結果、同幹部は「こうしたこと（アイヌ協会による干渉）は、あってはならないこと」と発言し、二度とこのようなことが繰り返されないように内閣官房が北海道アイヌ協会に責任をもって対処することを約束し、そして、実行委員会の提出したアイヌ新法への「要求書」をうけとって趣旨説明を受けて話し合いを継続することに合意した。これまで、いかに閉じ込められた世界でアイヌ政策が進められてきたか、窓口一本化の実態をかいまみた思いである。

政府は、アイヌ民族を権利主体としての先住民族と認めていないが、常本照樹は、国連宣言が掲げる自決権、土地権の対象となる「実体的先住民族概念」と分けて、アイヌ民族を「手続的先住民族概念」と規定してその対象とならないことを主張している。日本人が他民族と比較されて「実体的民族」「手続的民族」などと分けられ権利に差がつけられれば、即刻、民族差別として抗議の声がまきおこるだろう。しかし、こうした先住民族アイヌに対する差別主張が公然とまかり通る日本社会のありようこそ恥じなければならない。先住民族の先住権・自決権確立の世界の潮流はとまらない。

先住民族アイヌと日本人の立場は異なるが、先住民族アイヌと日本人が平等・対等で人間的な信頼関係を切り結ぶために、日本社会に真実の歴史認識を打ち立て、真に主権者として生きたい。アイヌ新法の上程は来年の通常国会に予定されている。この機に、奪われた大地は言うに及ばず、盗掘された遺骨ひとつ自由にならないアイヌ民族に対する歴史的差別を、自分の問題として考えてもらいたい。みなさんのご理解と連帯を心から要請したい。

（二〇一八年六月記）

コラム

土地を奪われ、遺骨を奪われて一五〇年

平取アイヌ遺骨を考える会共同代表
平取アイヌ協会副会長　木村《きむら》　二三夫《ふみお》

アイヌ民族とは

アイヌ民族がどういう歴史の流れに揉まれてきて、今どうしているのかを、一人でも多くの国民の皆さんにこの文中から少しでも感じとり理解して欲しい。

江戸時代の冒険家、松浦武四郎《たけしろう》の足跡には、敬意を表するところです。全道のほとんどのアイヌ語地名は、武四郎が残してくれたものです。日本人が書き残したものですが、あたり前のことに、アイヌモシリ（北海道）の先住者はアイヌであることの証なのです。北海道一五〇周年。確かにこの住みよい北海道は、日本人の艱難辛苦もあったればこそと思いますが、しかし、このアイヌモシリには、どれ程の朝鮮人、中国人達の憎しみが染み付いているのかを、北海道開拓一五〇年と浮かれている道民達には、こういった歴史認識はあるのでしょうか。

松浦武四郎は旅の終わりに函館で夢を見たと書き残しました。役人が宴席で、「アイヌ民族の骨や血肉を飲み食いしている夢をみた」と。正夢だったのでしょう。これが当時の現状だったのです。この時、明治が始まりました。

北海道はアイヌ民族の犠牲の上に成り立っています。そこがスタートなんです。道民は松浦武四郎から、何を学んだのでしょうか。今年（二〇一八年）は北海道と命名されてから一五〇周年と祝賀ムードで色々なイベントがもよおされようとしていますが、武四郎は当時の日本人がアイヌにとった非人道的な行為をみかねて、幕府に再三再四にわたりアイヌの悲惨な現状を訴えようとしていました。

「北海道開拓」一五〇周年。国民、道民は松浦武四郎から学ぶことがあるのではないのでしょうか。私達に歴史を変えることはできませんが、歴史に学ぶことはできます。

強制移住とは

私は、北海道の南に位置する、襟裳《えりも》岬まで車で二時間程かかる平取町《びらとりちょう》という小さな町に住んでいるアイヌです。先祖の詳しいルーツに辿りつくことはできませんでしたが、私の先祖は、強制移住地、新冠《ニイカップ》、姉去《アネサル》方面に住んでいたと思われます。明治期、天皇の名の下、御料牧場開場ということで新冠、姉去、静内方面に散在していたアイヌ達を集めて牧場作りに駆り出し、酷使し、完成すると、一九一六年（大正五年）アイヌにとってこの楽園のような場所、姉去から犬、猫でも追い払うかのように、七〇世帯三〇〇人程のアイヌを、主食であるシャケも遡上せず、熊も住めないような奥地の旭、（旧）上貫気別《カミヌキベツ》へ強制移住させるのです。

私はその先人達の子孫の一人です。北海道内では、和人の都合に合わせて二〇ヶ所以上にも上る強制移住があったと記されています。この荒れた土地での開墾は想像を絶する苦労だったでしょう。食うこともままならず、かの地で艱難辛苦の末、倒れ、心ならずも眠りに着くことになったのです。

遺骨盗掘問題とは

だがその眠りも長くは続きませんでした。一九三三年（昭和八年）旭、（旧）上貫気別の共同墓地から遺骨六体が北海道帝国大学医学部の山崎春雄教授らによって持ち去られたのです。

先人達の遺骨を、旧帝国大学時代に、人非人（人でない人）達、人類学者達が研究の為にもち去りました。一二大学、博物館等に、表面化している遺骨だけでも、一六〇〇体以上あります。大学等の嘘、事情にて表に出ないものを数えると、どの位になるのでしょうか。その中に平取町から刑法に触れ持ち出された遺骨一七体が北海道大学に、発掘文化財として一〇体が札幌医科大学等に保管され、掘り起こされた先人達の魂がさ迷い続けています。

私は今六九歳になりますが、この強制移住や違法に持ち去られたアイヌ遺骨問題はある程度認識はしてはいましたが、マイノリティの定めなのか、差別、偏見という重く辛いものを引きずって来た為に、劣等感が前を遮り、アイヌ問題に深く踏み込めずこの年になってしまいました。二〇一五年、友人と強制移住地、姉去を通りかかったときに、誰かに囁かれ、叱咤されたかのように、平取アイヌ協会主催によるシンヌラッパ（先祖供養）から始まり、遺骨問題に深く取り組むようになりました。日本人や学者達がこれまで、神をも恐れぬ非人道的で愚かな行為、この歴史はアイヌは無論のこと、国民、道民、町民、皆でこの歴史の事実を共有すべきではないでしょうか。

アイヌモシリを略奪され人権、尊厳、文化、言語を奪われ、それでも足りず、こんどは研究用としてアイヌ遺骨を略奪したのです。しかし、この歴然たる歴史の事実を国、大学側は認めようとしません。国、大学はいまだに謝罪、補償、誠意を見せようとしません。

二〇二〇年に白老の国立博物館、民族象徴空間の完成に向けて、アイヌが喜ぶとでも思っているのか「アイヌ文化、アイヌ文化」と繰り返して、アイヌ達を翻弄しています。人として大事な人権、尊厳を無視し、過去の不都合な歴史にふたをしようという魂胆は見え見えです。

私はいつも念仏のように言い続けていることがあります。「過去に目を閉じる者に未来はない」。日本人がアイヌモシリを略奪、アイヌ文化、言語、人権、尊厳と全てを奪い、力による強制同化政策が今にいたっています。

菅義偉官房長官が、新聞社の質問にアイヌ政策についてこう答えていました。「国民は等しく皆、平等である」と。これまでのアイヌの、不平等な歴史を振り返って見て「国民は皆等しく平等である」との発言は、国民、諸外国に対してなんとも恥ずかしい話ではないでしょうか。政治家、学者達には人として、真偽が不確かな情報が氾濫する、今ほど、歴史や民族に関する情報を読み解く能力が求められている時代ではないかと思います。マイノリティが置かれた状況を掘り下げた文学を読むなど複数のチャンネルを活用して、アイヌ民族を深く知りしっかりとアイヌの歴史を勉強してもらい、世界に恥ずかしくない発言、行動をとってもらいたいものです。

さてここでもう一度、前文に書かれている私の育った町、地域について少し触れてみましょう。マイノリティの定めと書きましたが、私の町は最盛期、昭和三五年頃は、人口は一万二〇〇〇人、私が生まれ育った地域は八〇〇人位で、内、アイヌは一割強だったでしょうか。淡路島、東北地方からの入植者が多くあっという間にその勢力を伸ばしていき、私の亡き父などアイヌ達は、シャモ（日本人）の農家の雇いなどをして食いつないで成人したと聞いています。

こういう環境で育った親、私たちですから日本人の子供達にとっては、格好のいじめ、差別、偏見の対象になるのは火を見るよりあきらかでした。親の背中をみて育って来た日本人の子供達は残酷でした。特に小学校時代の身体検査の一日は、「針の筵」に座っているような、長い一日だったでしょう。これが、アイヌ達にとって辛く、悲しい歴史の、ほんの一部なのです。

日本は尖閣諸島、竹島、北方四島は、我が国の領土だと主張していますが、なんとも説得力の無い話だと思います。日本は経済、文化、国力などを有し、ほとんどの分野で世界有数の先進国ですがこんなことでいいのでしょうか。我がアイヌモシリを略奪した事実を認め襟を正して誠意をもってアイヌ問題に取り組むことが、世界を納得させる第一歩ではないでしょうか。

最後に一言、未だにアイヌは生活保護受給率が高く進学率が低いのはなぜでしょうか。アイヌモシリから土地や言葉の他、全てを奪われ、強制同化によるスタートラインの差が今も詰まっていません。不平等な歴史、これがアイヌの現実なのです。

第6章　ドイツから「移管」されたあるアイヌの遺骨と脱植民地化

北海道大学　小《お》田《だ》博《ひろ》志《し》

1　「外交ルートによる初の返還」？

二〇一七年七月三一日に、ドイツのベルリンからニュースが流れた。あるアイヌの遺骨が日本へと「返還」されたというのだ。共同通信は「アイヌの遺骨、独から返還　外交ルート初『歴史的』」との見出しを付け、琉球新報などに配信された。それによると七月三一日に、ベルリンの日本大使館で「返還式」が開催され、そこには遺骨を収蔵してきた民間学術団体「ベルリン人類学・民族学・先史学協会」（略称BGAEU）のアレクサンダー・パショス代表、公益社団法人・北海道アイヌ協会の加藤忠理事長および内閣官房アイヌ総合政策室の平井裕秀室長が出席した。そしてパショス氏から頭骨を収めた箱が、加藤氏と平井氏に引き渡される写真が紙面を飾った。しかしそこにはこの遺骨の人物の遺族も、その出身コタンの末裔も出席していなかったことに留意しなければならない。

かつて北海道から盗み出された遺骨が一三八年ぶりに「返還」された。そのことだけを切り取ると、画期的な出来事だったとの印象を受ける。たしかにこの「返還」には一定の意義があった。だが、この一体の遺骨の、いわば〝未完のオデッセイ（故郷への帰還の旅）〟をよく見つめるならば、手放しの賞賛では終わらせることのできない問題が浮かび上がってくる。そもそもなぜその遺骨が盗み出されたのか？　研究倫理とは何か？　研究機関の植民地責任とはいかなるものか？　そもそも遺骨の「返還」とはどういうことなのか？　「外交ルート」、すなわち国家を介した「返還」には正当性があるのか？　そのプロセスに欠けているものとは何か？　国民国家と先住民族との関係をどう捉えるべきなのか？　誰が遺骨の受け皿となるのか？――本章ではこれらの問題について、植民地主義と脱植民地化という広い文脈の中で考えてみたい。しかし、主人公はやはりかつて北海道から盗み出され、後に〝RV33〟と番号がふられた、一体の遺骨である。まずそれがいかに、なぜ盗み出されたのかを見てみよう。舞台は札幌、時代は明治初期にまでさかのぼる。

2　アイヌ遺骨がなぜ盗掘されたのか？

北海道が「北海道」と命名されたのは明治二年（西暦一八六九年）である。それから「開拓」と称する、植民地化の歴史が始まり、先住民族のアイヌから土地が、資源が、権利が、言語と文化が奪われ、強制同化政策が敷かれ、差別が加えられた。それは痛みと苦難の歴史であった。二〇一八年は「北海道命名一五〇年」の官製キャンペーンが展開されているが、そこには北海道が植民地化されたという認識と、その中でアイヌが被った痛みへの共感が抜け落ちている。だが遺骨の収奪が行われたのも、この歴史の流れの中であった。

さて、その明治二年に開拓使が設置され、札幌を中心に「開拓」が開始された。その庁舎（札幌本庁を経て今日の北海道庁）は比較的乾燥した豊平川扇状地の上に置かれた。扇状地が途切れる辺りは、土地が窪み、豊富な伏流水が泉となって地表に湧き出ていた。アイヌ語では窪地を「コトニ」、泉を「メム」と言う。この湧き水が合流して川となって大地を潤していた。この辺りを流れる川は東から順に「サクシコトニ」、「セロンペッ」、「コトニ」と呼ばれコトニ川水系を形成していた。これらの川の上流部は古くから人が住み慣わしてきた豊かな土地であった。そのことはサクシコトニ川に沿って、約千年前の集落の後が発掘されていることからもわかる。明治初期の時点でも、この札幌の中心部にコトニのコタンがあった。開拓使はこの場所に明治四年に「偕楽園」という公園を設置し、隣接して試験農場を開き、様々な作物の栽培を試みると共に、湿地の乾燥化を進めた。この試験農場は、札幌農学校に引き継がれ、現在の北海道大学札幌キャンパスはまさにその上にある。「開拓」の進行によって、コトニ・コタンの住民の暮らしは困難になっていったに違いない。すぐ近くに鉄道が敷かれ、主食であるサケ漁が一方的に禁止され、自由に活動していた土地が奪われていったからである。次第にコタンの住民は石狩川流域の他の場所に移動を余儀なくされ、明治一二年の時点ではほとんど人が住まなくなっていたと考えられる。

そこにドイツ人旅行者ゲオルク・シュレージンガーがやってきた。シュレージンガーはBGAEUの会員で、あるものの入手に関心を持っていた。アイヌの人骨である。ドイツ系アメリカ人の「お雇い外国人」ルイス・ベーマーの手引きで、その頃すでに偕楽園試験農場の敷地内に取り込まれていたコトニ・コタンの墓地に夜中に忍び込み、「冒涜的な行為をしていると思われるおそれ」にびくびくしながら、一体の頭骨を盗み出し、ベルリンへと運び出した（詳しくは小田 二〇一八）。

何のためにこのような墓暴きと盗掘が行われたのだろうか？――それは「学問」のため、「研究」のためであった。

ベルリン大学はその当時の世界的に有数な医学部を擁し、明治時代の日本の医学生の留学先の筆頭であった。北里柴三郎、森林太郎（鴎外）、小金井良精ら錚々たる顔ぶれである。ルドルフ・ヴィルヒョウはそのベルリン大学医学部の名うての病理学者であったが、人類学者としての顔も持ち、自らBGAEUを創立、研究のための「標本」と称して世界中から人骨を取り寄せた。

その内のひとつが札幌から持ち込まれた、あのアイヌの頭骨であった。ヴィルヒョウはその頭骨の測定結果を一八八〇年の『民族学雑誌』で報告し、それを次のような言葉で締めくくっている。「私はシュレージンガー氏が寄贈してくれたことに非常に感謝しています。そして彼に続く人たちが早く現われてほしいという願いを抑えることができません。」会員による盗掘をとがめるどころか、手段を選ばぬ「収集」を奨励している。ここで注意しておきたいことは、シュレージンガーが、自分の盗掘が「冒涜的な」行為だと思われると自覚し、公式の研究会の場でそう発言していることである。だから夜の闇に隠れて行ったのである。当時の価値観は今日とは違うのだと、かつての人骨収集が正当化されることがあるが、しかしこの場合それは成り立たない。当時も墓暴きは冒涜的なことだと意識されていたからである。シュレージンガーの行為はたまたま個別の会員が倫理を逸脱したということではなく、ＢＧＡＥＵとしての組織的な方針の中で行われたとみなされなければならない。

このようにして行われた遺骨の「収集」は、実のところ「収奪」に他ならず、その遺骨を葬った家族やコミュニティ・メンバーに向けて何の説明も、許可を請うこともない、非人間的かつ非倫理的な行為であった。「学問」なるものが、何か特権的で高尚な営みであるかのような錯覚から目覚めてみるならば、このような所業は端的に「学問の暴力」（植木 二〇一七）である。ではそもそもなぜこのような墓暴きが「学問」の名の下に横行したのだろうか。これに答えるにはその時代的背景を知る必要がある。

3　植民地主義とレイシズムの背景

「アイヌはアイヌ・モシリ、すなわち〈日本人〉が勝手に名づけた北海道を〈日本国〉へ売ったおぼえも、貸したおぼえもございません」と平取町二風谷のアイヌ・萱野《かやの》茂《しげる》はことあるごとに語った（萱野 一九九〇、一九三頁）。これは、「北海道」は日本の領土ではなかった、ということである。

「アイヌ」は「人間」、「モシリ」は「静かな大地」。アイヌ民族は自らが住む土地（北海道、東北地方、樺太、千島列島）をそう呼び慣わしてきた。「日本人」の側から見ても、幕末の段階でも、松前藩が統治する道南の一部のみ「和人地」とし、それ以外はアイヌ民族が住まう「蝦夷地」として区別してきた。ある国家が、そこに属さない土地を支配することを「植民地化」と呼ぶなら、北海道はまさしく植民地化されたのである。その前段階が一八五五年に結ばれた「日露和親条約」である。そこで江戸幕府はロシアに、エトロフ島とウルップ島との間を国境とすることを認めさせた。次いで明治二年（西暦一八六九年）に、明治政府はアイヌモシリの一つの島を、やはりアイヌ民族に何の相談もなく、「北海道」と改称し、「開拓」と称する植民地化を開始した（この経緯については上村 二〇一五を参照、越田 二〇一二も重要）。そしてこの土地に住む先住民族アイヌは、強制的な同化政策にさらされた。この歴史的経緯を踏まえるなら、「北海道」が日本「固有の領土」であることは決して自明のことではない。このことを押さえておくことは、後の議論においてもポイントになる。ここで根本的に重要なことは、植民地化にさらされた当事者、つまり先住民族の立場に立てるかどうかということである。

二〇〇七年に国連で採択され、日本も賛成票を投じた「先住民族の権利に関する国連宣言」前文では、「先住民族は、とりわけ、自らの植民地化とその土地、領域および資源の収奪の結果という歴史的な不正義に苦しんだ」と述べられている。アイヌ民族は、一九九七年に確定した札幌地裁による二風谷ダム判決、および二〇〇八年に国会両院で採択された「アイヌ民族を先住民族とすることを求める決議」により、日本においてもすでに公式に「先住民族」と認定されている。先住民族は植民地化の結果「先住民族」となったのだということを認識しなければ、それは「半分だけの」認定になってしまうだろう。

一九世紀後半から欧米諸国は帝国主義の政策を取り、植民地獲得競争を繰り広げた。「明治維新」以後の日本は「大日本帝国」としてその中に参入していった。日本によるアイヌモシリの植民地化には、ロシア帝国の南下政策への対抗という背景があった。この時代のイデオロギーは「文明化（civilization）」であった。国民国家体制を取り、工業化を進め、軍事力を増強し、教育制度を整えて「科学・技術」を発展させることが、「文明国」の証であった。この頃に、一般社会だけではなく、学問の世界にも流布していたのがレイシズム（人種主義）である。これは人類という一つの種を、肌の色のような身体的指標によって分割する立場で、そこには「人種」の間に優劣の差があるとする差別思想が貼り付いていた。その基準はまったく身勝手なもので、「文明化された欧米のわれわれ」を「優れて、進んだ」側に置き、そうではないとみなした人々を「劣って、遅れた未開人」と決めつけた。そして「未開の人々を文明に引き上げる」という欺瞞の下で、植民地化は行われた。

この時代的背景の中で、科学者と大学に特権性が付与されるようになった。札幌で盗掘されたアイヌ遺骨を研究対象としたルドルフ・ヴィルヒョウもその一人であった。前に述べたようにヴィルヒョウは形質人類学の研究のために、世界中の植民地における遺骨の収奪を推奨した。当時の形質人類学者たちは、特に頭骨を測定することで、人種の違いが特定できると考えていた。もちろんそのような根拠は無く、結論先にありきの行為でしかなかった。しかし恐るべきことに、レイシズムに基づいた人類学的人骨研究は、ドイツばかりではなく、イギリス、フランス、アメリカなどの「一流の」大学の研究者が手がけ、またそれがレイシズムに科学的なお墨付きを与える結果になった。その果てに、ナチス・ドイツによるホロコーストが起こったのである。日本の科学者も例外ではない。明治時代にベルリンに留学してヴィルヒョウとも親交を結んだ東京帝国大学の小金井良精、七三一部隊長・石井四郎の師に当たる京都帝国大学の清野謙次、そして北海道帝国大学の児玉作左衛門らが、北海道、樺太、千島からアイヌ民族の遺骨を収奪し、研究対象とした。

こうして「文明国」の大学・博物館には無数の遺骨が集積し、片や先住民族の暮らす植民地では墓地が空にされていった。先住民族のコミュニティからの「先祖の遺骨を返してほしい」との声に押され、研究機関がようやくその求めに応じるようになったのは二〇世紀も終わりになってからのことである。先住民族の遺骨の「返還」は英語ではrepatriationという言葉で語られる。この言葉はしかし研究機関が遺骨を「返還」するというだけに留まらない、別の意味をもつ。それは「帰還」ということである。遺骨は先住民族にとって、モノでも「標本」でもなく、自分たちのかけがえのない祖先に他ならない。すなわち、単なるモノの移動ではなく、祖先の魂が故郷の地に「帰還する」という意味が、repatriationには込められているのである（星野　一九九六）。

〝RV33〟と番号がふられたあの遺骨に戻ろう。そもそも闇夜に隠れ、人目につかずに盗み出された遺骨であったので、現地でとがめられることはなかった。また「開拓」により、コトニ・コタンをはじめとする札幌のアイヌのコタンは、明治一〇年代には無人化され、住民は離散状態になってしまった（加藤 二〇一七）。その後一四〇年近くの間、故郷から遠く離れた場所で、〝ＲＶ33〟は留め置かれてきた。現代においてベルリンのアイヌ遺骨に光が当てられるようになったのは二〇一五年のウヴェ・マキノによる著書（Makino 2015）、および二〇一六年からの毎日新聞ベルリン支局による報道を通してであった。この流れの中でＢＧＡＥＵは、「不法な」収集がなされたことを認め、日本側に「返還」することを決定した。その結果が、冒頭で述べた二〇一七年七月三一日の日本大使館における「外交ルートを通じた返還」であった。その二日後、〝ＲＶ33〟は北海道大学アイヌ納骨堂に移し置かれた。では、〝ＲＶ33〟は祖先として、人として、故郷の地に「帰還」したと言えるのだろうか？　これを考えるためには、国家というものを植民地主義との関係で問い直す必要がある。

４　国民国家と植民地主義

現代の世界で「国」は自明の存在になってしまっている。オリンピックもワールドカップも国ごとの対抗だ。パスポートを持たなければ国境をまたぐことすらできない。ここでいう「国」とは国民国家、すなわち明確な「国境」に囲まれ、その中に「国民」が住まい、「主権」をもつという政治単位のことであり、人類史に位置づけるとこれは極めて特殊な集団のあり方にすぎない。ヨーロッパで一八世紀から一九世紀にかけて誕生したフランス、イギリス、ドイツ、イタリアなどの西洋の国民国家は、外に向けては「帝国」であり、他者が居住する土地を侵略して、植民地化し、膨張していった。そして欧米と日本の「文明国」は、互いの利害衝突の果てに、二〇世紀の二つの世界大戦を引き起こしたのである。近代的な国民国家と植民地主義とは表裏一体の関係にある。「北海道」の植民地化を行ったのも、国民国家＝帝国である大日本帝国であった。

「国民国家は植民地主義の再生産装置である」と述べて、両者の関係を鋭く分析したのは西川長夫である（西川 二〇〇六、二六八頁）。ここでキーワードになるのは「文明化」である。国家の形成、憲法を備えた法律体系、身分制から解放された個人＝市民より成る国民、学校による教育の一元化、私的所有と資本主義的市場経済の追及、科学技術による「自然」の支配、そして常備軍。これらの要素を備えることが「文明化」の証とされ、そうではない他者の土地を「無主地」と決めつけて「先占」の理屈で奪っていくことが当時の「国際法」で合法化されていた。「文明」とは名ばかりの、弱肉強食の競争というコンセプトに基づいた「野蛮」な行為がまかり通っていたのである。

このような歴史の経緯を曇りのない眼で見るならば、国家が引き起こした植民地主義の問題は、国家の枠組みの中では解決できないという結論が導かれる。先住民族の権利を「先住権」と言うが、それは国家により奪われてきたものである。先住権の収奪は先住民族が国家に取り込まれることによって発生した。先住権は国家が奪う前の権利である。だから先住権とは国家以前の権利であり、国家の外部に位置する。論理的に考えると、先住権の回復とは、国家の主権を制限し、国家による支配から先住民族を解放していくことによって果たされるべきものである。憲法に関して言えば、先住権は国家を基礎づける法としての憲法の外にある。憲法論の枠内で先住民族の問題を論じることは、それ自体が植民地主義の継続を是認することになる。なぜならある植民地において憲法が施行されていることは、国家がその土地を植民地化した結果だからである。先住権を適切に捉えるためには、国家と憲法を問い直し、それらの限界を見定め、その外側に出る思考が必要である。

これは「北海道」にも当てはまる。アイヌに関する問題の端緒にある植民地主義の認識を欠き、また国民国家の自明性を問い直すことなく、「アイヌ政策」を憲法論の枠内で議論する立場がある（例えば中村 二〇一八）。だが、そのような議論は先住権の回復も、脱植民地化も原理的に視野から締め出すもので、植民地主義の継続に与することになるだろう。

西川長夫は、「北海道や東北、あるいは沖縄のような周辺部（地方）は、まさしく国内植民地」でした」（西川 二〇〇六、五三頁）と述べ、さらに「日清戦争［一八九四－一八九五年］の勝利によって（中略）遼東半島と台湾の割譲を受け、初めての植民地を獲得した」（西川 二〇一三、二二頁）としていることからも分かるように、北海道および琉球（沖縄）を、日本の「国内」に位置づけていた。国民国家に対してあれほど鋭い批判的意識を向けていた西川ですら、北海道と琉球が日本によって併合され、植民地化されたということが見抜けなかった。この西川の認識の不十分さはどこから来るのだろうか？　それは西川が先住民族の側に視点を移すことができなかったからだと考えられる。

この点を上村英明は突いて、「日本における植民地主義の最初の犠牲者は『先住民族（人民）』であるアイヌ民族や琉球人であり」、「『先住民族（人民）』の問題は、『国内植民地』の問題ではなく、『国内』と宣言されることによってみえなくなった『古典的植民地』解放の問題」だと端的に批判する（上村 二〇一六、xi-xiii）。

西川の国民国家＝植民地主義論には、このような北海道と琉球の位置づけに問題があるにせよ、その理論的意義は損なわれるものではない。国民化と植民地化の暴力を同時に被ってきたのがアイヌをはじめとする先住民族であり、西川の議論は脱国民国家化と脱植民地化というより深い解放への道を構想する視座を与えてくれるからである。

この視座から捉えるならば、「外交ルート」すなわち国家のチャンネルを通した「返還」という〝RV33〟に関するニュースを、無批判に賞揚することはできなくなる。また研究機関の責任についても再考が迫られるであろう。

5　遺骨の帰還から脱植民地化へ

ベルリンの日本大使館における遺骨の「返還」式のスピーチで、BGAEUのパショス代表は、「RV33の取得が当時の法を侵犯するものであっただけでなく、地元のアイヌ・コタンの住民を無視して行われた」ことを認めているが、これまでの収蔵経緯を批判的に検証することは「善意のジェスチャー」として行うもので、「この頭骨ＲＶ33の将来は日本側に委ねる」と述べている。そしてその後で「新たな遺伝子解析法の発展により、人骨からアイヌ民族の来歴と歴史が明らかにされる可能性があり、そのことをＲＶ33の将来を決める際に考慮に入れてほしい」と付言している。

先住民族遺骨のあるべき「返還・帰還」を考えたとき、このスピーチには看過できない問題がある。まず盗掘という犯罪行為への謝罪が欠けている。また自らの団体がかつて植民地主義を背景に、組織的に遺骨の収奪を行ったことへの「植民地責任」（永原 二〇〇六）の自覚が無い。そして非倫理的なやり方で発掘され、研究対象とされた遺骨を、今後も研究対象とすることを勧めてすらいる。もし倫理的手続きを欠いて盗掘された〝ＲＶ33〟を、将来形質人類学者が遺伝子研究の対象とするなら、それもまた非倫理的行為と言わざるを得ない。またパショス代表は、この遺骨の行く末を日本側に「丸投げ」している。本来であれば、札幌を訪れて、現場で遺骨の発掘経緯を究明し、この遺骨を受け取る権利主体としての遺族とコタンの子孫を探しだし、その人たちに自ら説明と謝罪を行ってから、手渡すべきだったであろう。そうであれば真の「返還」の名に値したであろう。

〝ＲＶ33〟はその二日後に北海道大学「アイヌ納骨堂」に移された。ここは児玉作左衛門らが「収集」したアイヌの遺骨約千体を収めた施設であり、もとより〝ＲＶ33〟の故郷ではない。故郷のコミュニティへの「返還」も、モノではなく人としての「帰還」にも該当しないこの一連のプロセスは、「移管」と呼ぶのが正確である。故郷のコタンはすでに解体され、そのエリアは現在、札幌市、北大、および民間の所有地となっている（このコタンについて小田 二〇一八、加藤 二〇一七、谷本二〇一八を参照）。そのどこにもかつてここにアイヌのコタンがあったと書かれていない。つまりこのコタンの存在は、現在の札幌市では無かったことにされている。そして〝ＲＶ33〟は、一人のアイヌとして生き、埋葬された故郷のすぐ近くまで来ていながら、「地域からの返還の要請」がなければ、国が白老に二〇二〇年に建設予定の「民族共生の象徴空間」に併設される「慰霊施設」に移されることになっている。そうすると現代の形質人類学者によって再び研究対象とされる可能性がある。そのようなことになれば二重の冒涜である。

このようなプロセスを辿ってしまう要因は、ひとえに植民地主義の否認にある。これをまず認め、先住民族が被った痛みを受けとめることから、方向転換が始まるであろう。そこから真の脱植民地化のプロセスが動き出すはずである。「文明化」の名の下での支配に国家も大学も加担してきた。一つの遺骨の返還、いや一人のアイヌの祖先の帰還の問題を通して見えてきたのは、先住民族および彼ら／彼女らが生きていた「自然」の植民地化であり、そこからの解放という歴史的課題である。

アイヌは中央集権的な国家を形成せず、コタンや川筋の集団のように地域分散型の社会を単位として暮らしてきた。このことは、誰が遺骨の受け皿になるのか、そして先住権の主体は誰か、というこれまで十分に議論されてこなかった問いを考えるために重要なポイントである。日本政府や各大学は、従来、北海道アイヌ協会のような組織のみを交渉の窓口とし、トップダウン型の意思決定を押し進めてきた。しかし、交渉を地域の多様な声へと開くことが求められる。その先に、真の脱植民地化と先住権の回復が開けるであろう。なかんずく本来の当事者、つまり遺骨の人物がかつて暮らし、またその埋葬と儀礼を司ってきたコタンの子孫との対話の場が必要である。その場では、当事者にまず詳しい説明をした後で、祖先の返還・帰還のあり方についての声を聴き、当事者の思いに応える道を関係者がオープンに協議すべきである。白老の慰霊施設に日本の大学が収蔵するアイヌ遺骨を集約するという立場のほかに、それとは違う多様なアイヌの声もまた存在している。祖先の遺骨を一箇所に集約するのではなく、故郷の土に戻すことを訴えるアイヌの当事者の声も当然ながら強い（小川 二〇一五、土橋 二〇一七、北大開示文書研究会 二〇一六）。それらの声にも耳が傾けられなければならない。

日高地方静内《しずない》のエカシ（長老）・葛野《くずの》辰次郎さんは「われわれの体は母なる大地からの借り物だ」と言っていた。息子の葛野次雄さんはその考え方を受け継いで「埋葬は、その借り物を故郷の大地に返すこと。遺骨を故郷の大地に戻すということは、そうした生命観、死生観、つまりアイヌ文化の根本を取り戻すことなのです」と述べる（北海道新聞日高版二〇一七年三月二二日）。〝RV33〟が本当の名を取り戻し、故郷の大地に戻ることができるのはいつだろうか？　この遺骨の人物の尊厳の回復は、開拓＝植民地化の中で解体されたコタンの回復であり、いのちある自然のよみがえりでもあるだろう。それはアイヌの側の権利回復に留まらず、和人の側が自らを行き過ぎた「文明」から解放し、大地に根ざした暮らしを回復する（これを英語でindigenizationという）ということでもあるに違いない。

【参考文献】

植木哲也 二〇一七『新版　学問の暴力――アイヌ墓地はなぜあばかれたか』春風社。
上村英明 二〇一五『新・先住民族の近代史』法律文化社。
上村英明 二〇一六「日本における脱植民地化の論理と平和学」『平和研究』四七（「脱植民地化のための平和学」）：i-xiv。
小川隆吉（瀧澤正 構成）二〇一五『俺のウチャシクマ――あるアイヌの戦後史』寿郎社。
小田博志 二〇一八「骨から人へ――あるアイヌ遺骨のrepatriationと再人間化」『北方人文研究』一一：七三―九四（URL：http://hdl.handle.net/2115/70076）。
加藤好男 二〇一七『一九世紀後半のサッポロ・イシカリのアイヌ民族』サッポロ堂書店。
萱野茂 一九九〇『アイヌの碑』朝日新聞社。
越田清和 二〇一二『アイヌモシリと平和』法律文化社。
谷本晃久 二〇一八「近代初頭における札幌本府膝下のアイヌ集落をめぐって――「琴似又市所有地」の地理的布置再考」『北方人文研究』一一：九五―一〇九（URL：http://hdl.handle.net/2115/70078）。
土橋芳美 二〇一七『痛みのペンリウク――囚われのアイヌ人骨』草風館。
永原陽子 編 二〇〇九『「植民地責任」論――脱植民地化の比較史』青木書店。
中村睦男 二〇一八『アイヌ民族法制と憲法』北海道大学出版会。
西川長夫 二〇〇六『〈新〉植民地主義論――グローバル化時代の植民地主義を問う』平凡社。
西川長夫 二〇一三『植民地主義の時代を生きて』平凡社。
北大開示文書研究会 編 二〇一六『アイヌの遺骨はコタンの土へ――北大に対する遺骨返還請求と先住権』緑風出版。
星野道夫 一九九六『森と氷河と鯨――ワタリガラスの伝説を求めて』世界文化社。

コラム

アイヌ遺骨返還の闘い

コタンの会顧問　小川《おがわ》　隆吉《りゅうきち》

一九八〇年に、アイヌ民族の故・海馬沢博さんが、北海道大学に対して、北海道大学医学部教授が勝手にアイヌの墓を掘り起こして、遺骨を持ち去ったことは許されないと抗議文を送った。

その事実に私たちもビックリして、北海道ウタリ協会（当時）の役員と一緒に、北大医学部に遺骨の実態を見に行くことになった。遺骨があったのは建物三階の「動物実験室」だが、棚にはエゾオオカミやエゾシマフクロウの頭骨が並んでいる隣に、動物たちの標本と同じように祖先の遺骨が壁一面に並んでいた。

この光景を見た途端に、同行した杉村京子フチは「許してください、許してください、許してください」と三度声に出して訴え、涙声とともに床に顔を伏せてしまった。その場で、急いで慰霊をした。

そして、およそ三年後に、その遺骨を動物実験室から新たに設置された納骨堂に移されることになった。しかし、その納骨堂の場所は、医学部駐車場の片隅で、当初、「医学部標本保存庫」という看板が取り付けられていた。現在、「アイヌ納骨堂」という看板になっているが、アイヌの人権は軽んじられてきた。

現在、次々とアイヌ遺骨返還の訴訟が行われて、遺骨を取り戻しているが、この裁判を提起したのは、私だ。火をつけたんだ。

そのきっかけは、二〇〇八年一月に北大の恵迪寮にいる医学部の学生から私に電話があり、こう言ったことだ。「小川さんが探しているアイヌ人骨台帳らしいものがあったよ」と。「まさか、ホントかい？」と言ったら、「僕は嘘を言いません」と。

そして、北大に申し入れやアイヌ遺骨の情報公開請求を行ったが、北大は資料を出し渋った。それで開示請求異議申し立てなどを行って、少しずつ開示文書がでてきて、北大開示文書研究会がつくられた。その後、開示文書研究会から北大に話し合いの申し入れをしたが、北大はガードマンをたてて話し合いを拒否したので、アイヌ遺骨返還の訴訟に踏み切った。

私は、自分の親族の遺骨が北大にあるのを知らないまま、提訴後の二年間を過ごしてきた。それが分かったのは、北大のアイヌ納骨堂に入って、杵臼から持ち出されてきた遺骨に「小川海一郎（叔父の名前）」と頭蓋骨に書いてあったのを見た時だ。杵臼の私の墓に、墓碑があった。その墓碑に刻まれた故人の名前に「小川海一郎」と書いてあったので、海一郎の遺骨は掘り出されず、てっきり墓の中にあると思ってきた。それが、ついに北大にあるのを確認した。

この遺骨返還の裁判は和解によって解決してきたが、和解とは、互いの言い分を寄せ合うことでしょう？　主張が一〇〇%通らなくても、私たちは謝罪と和解金はいらないと言って、ただただ骨だけを返せと主張して遺骨を取り戻している。遺骨返還のために「コタンの会」を結成し、杵臼、浦幌、紋別で遺骨の返還と再埋葬をやり、現在、新ひだか町などの遺骨返還訴訟を行っている。いまは、どんどん闘うときだ！　遺骨が返還されてうれしいよ。この状況を、最初に、北大総長に向かって、「骨を返せ」「骨を返しなさい」と言って、闘って闘って闘ってきた（故）海馬沢さんに伝えたい。

いま、アイヌ新法を本気で作るんであれば、三〇数年前（一九八四年）に社団法人北海道ウタリ協会がつくった「アイヌ民族に関する法律（案）」がある。私はそれを書いた最後の生き残りだ。その法律（案）をちゃんと読んで。これは文化だけではなくて、みんな自立する資金をつくる、と書いている。それによってアイヌは自立すると。その中に、骨の問題が入ると思っている。北海道全土を奪われて、骨まで奪われて……。大学はアイヌ遺骨を白老に移して大学の責任を免れようとしているが、それは許されない！　アイヌ民族の権利をしっかりとうちたてたい！　みんなガンバレ！　いまは闘うときだ！

杵臼でのアイヌ遺骨返還・再埋葬時、筆者と姉（2016年７月15日）

III 植民地主義と学問の暴力

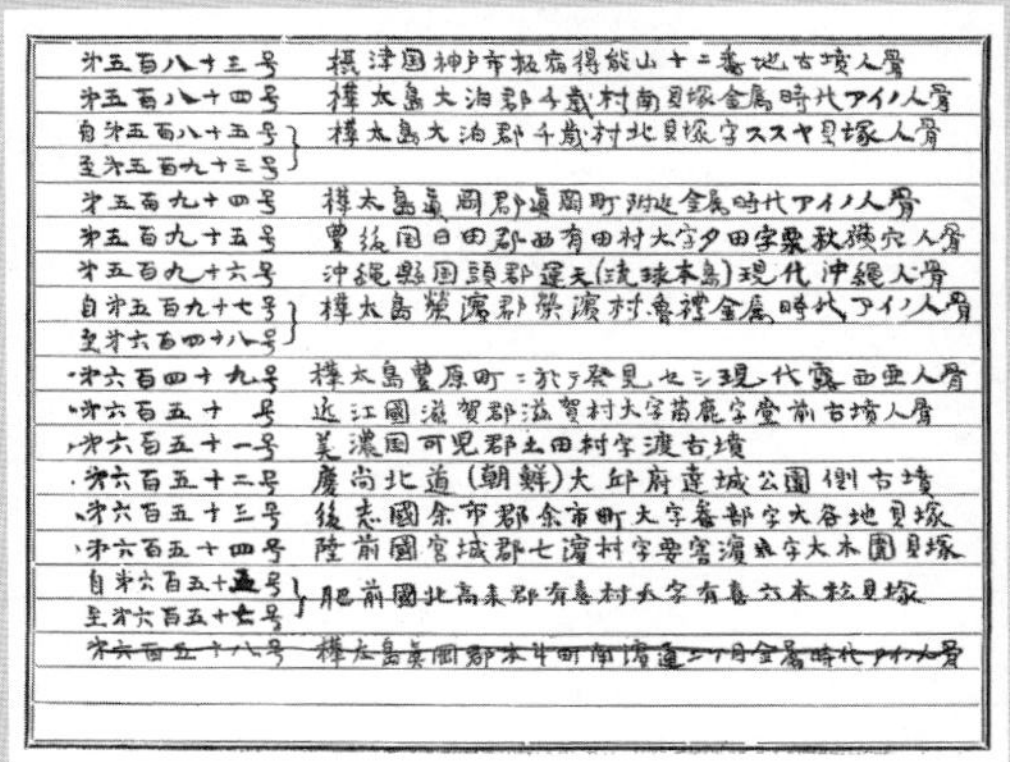

第五百八十三号	摂津国神戸市板宿得能山十二番地古墳人骨
第五百八十四号	樺太島大泊郡千歳村南貝塚金属時代アイノ人骨
自第五百八十五号 至第五百九十三号	樺太島大泊郡千歳村北貝塚字ススヤ貝塚人骨
第五百九十四号	樺太島真岡郡真岡町附近金属時代アイノ人骨
第五百九十五号	豊後国日田郡西有田村大字夕田字栗秋横穴人骨
第五百九十六号	沖縄県国頭郡運天(琉球本島)現代沖縄人骨
自第五百九十七号 至第六百四十八号	樺太島栄濱郡栄濱村魯禮金属時代アイノ人骨
第六百四十九号	樺太島豊原町ニ於テ発見セシ現代露西亜人骨
第六百五十号	近江國滋賀郡滋賀村大字苗鹿字堂前古墳人骨
第六百五十一号	美濃国可児郡土田村字渡古墳
第六百五十二号	慶尚北道(朝鮮)大邱府達城公園側古墳
第六百五十三号	後志國余市郡余市町大字畚部字大谷地貝塚
第六百五十四号	陸前國宮城郡七濱村字要害濱東字大木圍貝塚
自第六百五十五号 至第六百五十七号	肥前國北高来郡有喜村大字有喜六本松貝塚
~~第六百五十八号~~	~~樺太島真岡郡本斗町南濱通二丁目金属時代アイノ人骨~~

NO. 644

人骨標本番號第六百四十四號				大正十三年七月二十二日			發掘 ~~採集~~
發見地名	樺太島 栄濱郡栄濱村大字魯禮 字墓地						
時代別	~~日本石器時代~~金属時代 ~~日本古墳時代~~アイノ人骨	性		年齢		保存状態	
學界ニ發表セシ雑誌名及年月							
備考(共存遺物) 魯礼第四十八号墳墓ヨリ発見ス							

京都帝国大学医学部助教授清野謙次による遺骨収集目録。樺太、琉球、朝鮮に及んでいる。(本書129頁)

第7章　連載「帝国の骨」の取材から
──京都帝国大の系譜

京都新聞　岡《おか》本《もと》晃《てる》明《あき》

1　京都の位置

メタセコイアがそびえる森を抜けると、竹の壁でできた標本館がある。薄暗い室内に、直径一メートルほどの巨大な杉の輪切りの標本が並ぶ。ランダイスギ／台湾／樹齢七百年。京都市北区の京都大フィールド科学研究センター上賀茂試験地。標本には「帝国」日本の領土だった採集地の刻印が押されている。台湾、朝鮮、南樺太《サハリン》……。

戦前、京都帝国大農学部は広大な付属演習林を「外地」に持っていた。樺太演習林。朝鮮演習林。なかでも台湾演習林は八万ヘクタールの広さを誇った。

『京大農学部七十年史』によると、「キナ造林地は四〇〇ヘクタールに及び、陸海軍省の要請で従事する傭人百名、高砂族（台湾先住民）の奉公部隊は二〇〇名を越えた」。京大農学部図書室にも戦前の演習林関連論文があった。「キニーネが支那事変（日中戦争）遂行上または南方開発上、実に重要な役割を演じているが、輸入が思うようにできない」。キナとはマラリア治療薬キニーネの原料となる樹木のこと。軍部の要請で大学が「キナ」産業の一翼を担ったことが読み取れる。二〇〇六年夏、改築される前の農学部の書庫には「秘」「軍事機密」の判が押された旧満洲国の経営や調査、入植に関する報告や技術的な戦前の論文が埃をかぶって並んでいた。京都帝国大農学部は、北や南方へ版図を拡大し、膨張していく「帝国」の植民地経営のシンクタンクだった。

京都は古い寺社仏閣が残り、「歴史都市」のイメージを持たれている。実際には馬町空襲など被害を受けているが、日本が被った戦争の被害や悲惨さを「受苦」の物語として振り返るとき、京都が語られることは少ない。しかし、戦争を科学や理論面で遂行した「負の歴史」でみると、京都の存在感は突出している。

後のノーベル賞受賞者湯川秀樹博士ら京都帝大理学部の物理学教室は戦時中、海軍から委嘱されて極秘裏に原爆開発「Ｆ研究」を進めた。京都帝大医学部は旧満州でペスト菌など細菌兵器を実験した七三一部隊に、石井四郎部隊長を始め優秀な若手研究者を供給した。

原爆と七三一部隊。これは京都の地方史であるだけでなく、世界史的な出来事だ。

しかし、文書や記録の多くは終戦直後に廃棄され、京大が自ら、原爆開発や七三一部隊を検証したことは一度もない。ばかりか、医学部資料館が開館した二〇一四年、七三一部隊に関する展示パネルを撤去したことさえある。

北海道大学のアイヌ遺骨収集問題のニュースを読み、京大でも未返還のアイヌ遺骨が多数あることは知っていた。戦争の記憶について取材を重ねるうち、原爆、七三一部隊、アイヌ遺骨収集が同じ京都帝大医学部病理学教室の系譜で一本につながることに気付き、鈍い衝撃があった。人体に対する「帝国」の医師たちの目線。バラバラに語られてきた原爆／七三一部隊／アイヌ遺骨問題を同時に取材することで、浮かび上がってくるものがあるのではないか。戦後七〇年の長期連載の取材過程でそんな構想を抱いた。

本稿では二〇一八年一月、京都新聞に計六回連載した「帝国の骨」の取材から見えてきた、京大の遺骨保管状況とその系譜がはらむものを報告する。ただ全容は闇に沈んでおり、なお取材を継続している。連載では取材を拒否された体験といった、突き当たった壁もあえて可視化した。日本のジャーナリズムの文法は「分かった」を特ダネだと重んじ、「分かりませんでした」といった弱さを隠すのが習い性だ。しかし、何が記憶の継承を阻む壁なのかを現代の課題として示すには「弱さ」をさらすことも必要ではないかと、うつむきながら思う。

掲載時と同じく、原爆／被爆者調査と七三一部隊から京都帝大病理学教室の歩みを遡行してみる。京大の遺骨未返還問題からあえて回り道する。遡行する理由は、日本の「帝国」だけではなく、アメリカを含めた「帝国」、学知そのものがはらむ帝国主義的な収奪を考えてみたいからだ。連載「帝国の骨」は京都新聞のホームページで全文を公開しており、京都大の被爆者人体資料と七三一部隊関係について詳しくは、そちらを参照されたい。

2　被爆者解剖標本の行方

広島に原爆が投下された直後、京都帝大は理学部・医学部合同の原爆調査班を派遣した。理学部物理学教室から現地入りしたメンバーには原爆を研究した教授が含まれていた。医学部病理教室の医師は、被爆し亡くなった人を解剖した。人類が初めて経験した原爆。急性期の剖検記録と解剖標本とともに調査班はいったん京都に戻った。八月下旬から広島で元気に見えた人が次々に未知の症状で死亡し、京大班は九月から広島で活動を再開した。しかし九月一七日の枕崎台風で土石流が宿所の大野陸軍病院を直撃。杉山繁輝《しげてる》教授（病理学）、真下俊一教授（内科）、花谷暉一《はなたにきいち》特別研究生（理学部大学院生）ら京大班一一人が殉職した。医薬品も資材も窮乏する中、被爆地で懸命に活動する医師や物理学者たちを襲った悲劇として、京大史の中で大きな出来事として書きとめられてきた。殉職者の慰霊祭も毎年行われている。

遭難が伝説となる一方、知られてもおらず、いまだ真相も分からない謎がある。同僚を一度に失った悲しみの中、京都にとどまって被災を免れた京大医学部の研究者は志を継ぎ、データや解剖した人体組織や骨髄標本から、原爆投下による症状の解明に取り組んだ。残留放射能の危険性も当時は知られていなかった。「原爆症」の実態と仕組みを解明し、論文として発表しようとした中心が天野重安《しげやす》助教授（一九〇三—六四）である。旧制三高では京大人文研究所の桑原武夫、今西錦司らと同期。戦後は国際血液学会賞など受賞し京大教授、同ウイルス研究所所長などを歴任、その鋭さは「カミソリ重安」と畏怖を込めて呼ばれた。天野は当時を回顧してこう書いている。

何故にこの公表が遅れたか、それには講和の発効及び独立の恢復ということと極めて微妙な関係をもっている。つまりこれ等の資料はそれ迄は戦略資料であるということで、研究者の発表が阻まれていたのみならず、多くのこれに関する標本の類が強制的に持去られ、研究者はこの研究に関する限り、あり得べからざる不快を味わされた。

終戦後の混雑の中に、医学的目的で、苦心した剖検標本や血液標本が、このようにして戦利品同様の取扱いをうけたことは、こちらの研究の研究者が単なる医学者であっただけに、洵に遺憾であった。これは学術的設備であるサイクロトロンが、根こそぎにされて海中に投じられたのと大差はない。（三高同窓会誌・一九五四年）

天野の文章に怒りがにじむ。文末の「サイクロトロン」とは、京都帝大の荒勝文策《あらかつぶんさく》研究室が建造中だった、原子核物理の基礎研究に用いる円形加速器を指す。終戦後に米軍は「原爆開発につながる」と破壊し、荒勝研のデータやノート類の大部分を米国に持ち去った。

『京都大病理学教室一〇〇年史』（二〇〇八年）所収の座談会の中でも、故翠川修《みどりかわおさむ》京大名誉教授と京大医学部出身の森井外吉《そときち》・関西医大名誉教授が米軍医の来訪について「原爆のゼクチョン（解剖）

を四体やった、その臓器を全部よこせといって。まあ、その頃はね、アメリカの軍医は強かったですよ、○○先生なんかぺこぺこして。あの時の標本はどこへ行ってしまったんだろうな」「原爆の標本は京大で四体あったんですけどね」と回顧している。

京大に被爆者の標本があるのか、それとも米軍が持ち去ったのか。

京大大学院医学研究科附属総合解剖センターに問い合わせてみた。同センターは一〇〇年の歴史の中で人体組織など数千に及ぶ標本を蓄積し、「世界でも類のない規模」を誇る。被爆者標本の有無と、被爆者に関する何か記録があれば教えてほしいと依頼した。

だが回答は「該当資料はない」だった。

3　米軍の病理学者

日本の各大学から米軍が本国へ持ち去った被爆者の生体資料は軍事機密にされた。日本の医学者による原爆症の研究発表はＧＨＱによって一九五二年のサンフランシスコ講和条約まで封じられた。病理解剖に愛しい家族の体を提供することを承諾した、広島の被爆者の思いを想像してみてほしい。被爆した女性を解剖する直前、娘とみられる小学校入学前の女の子が見送る様子を京大班は書きとめている。被爆直後は元気に見えた人がだるさを訴え、髪が抜け、健診で減少する白血球数におびえる。みかん色に染まった目で医師を見つめる患者。そして次々に亡くなっていく。献体は、原因不明の病を医学が解明することを願ったからだろう。治療に生かさず遺体やデータを学者が持ち去ったとすれば、それは人体実験というしかない。

京大医学部の天野の元を訪れた米軍医は、イエール大学の病理学者アベリル・リーボウ（一九一一―七八）という。リーボウの日本滞在日記では天野と京大で出会った場面はなごやかで、緊迫した交渉場面は記されていない。しかし京大の教え子の証言では、天野が全国でただ一人、生体試料の引き渡しを毅然と拒んだとされ、食い違う。

京大班が解剖した生体試料の行方を追うと広島大・原爆放射線医科学研究所（原医研）にたどり着いた。

アメリカが日本の各大学から「戦利品」のように持ち去り、一九七三年にようやく、米陸軍病理学研究所（ＡＦＩＰ）から日本に返還された資料は、カルテや血液スライド標本、写真など二万点以上と膨大だ。「ＡＦＩＰ資料」は返還時の「広島のものは広島に。長崎のものは長崎に」との原則により、被爆者の病理標本が広島大に約一〇〇〇例、長崎医大には約六〇〇例ある。

この返還リストを、リーボウが世界で初めて公表した、原爆投下が人体に及ぼす影響についての論文（*American Journal of Pathology*, 1949）と、占領期に発表を禁じられた京大側の「原爆症」についての医学論文にある被爆者リストと照合してみた。

京大論文には被爆者ごとに「京大番号」が付されている。リーボウの医学論文解読をすすめると、ＡＦＩＰと共通の番号が付されている。リストを書き出して原爆投下後の死亡日、爆心距離、男女別などから双方を比較すると、京大調査班の解剖した一五例を特定できた。京大医学部で被爆者の組織スライドが眠っていることを半世紀ぶりに確認した。また原医研には京大班の被爆者健康調査データもある。

取材と日米のデータを照合する地味な作業を通じて見えてきたのは、アメリカという「帝国」が敗戦国に行使した圧倒的な権力だ。原爆投下から四カ月、広島と長崎の被爆者は人類が初めて経験する未知の「原爆症」に苦しみ、亡くなる人が相次ぐ中、日本人の研究発表を制限し、資料を持ち去ってしまう。それは日本の医師として、学者として、人道的に耐え難いことだったはずだ。アメリカが一流の病理学者を戦争中から組織し、占領を開始するとただちに被爆者の解剖標本の収集に取りかかった「手際のよさ」、その発表を機密として封じたことは、原爆投下が米軍による人体実験だったことを印象付ける。投下で実験は終わったのではなく、治療なきデータ収集と病理学を通じて二重の意味で人体実験は占領下の日本で継続された。

しかしそのことに大多数の日本の医学者は抵抗せず、口をつぐんだ。リーボウの日記には、プレゼントまで添えて、被爆者の標本やデータを進んで提供する東大など帝大の病理学者の姿が書きとめられている。

4　七三一部隊と被爆者調査

京大の原爆調査班に加わった、金沢医大の医師（のち川崎医大名誉教授）の回顧を引用する。

広島の地に「原子病」という不可解な病気が続々と発生していて、手の施しようがない記事が出始めた。その記事に私の好奇心がぼんやりと焦点を合わせ始めた時、私は石川太刀雄教授の部屋へ呼び出された。「君も知っているだろう、いま広島に原子病が発生していることを。これは人類がかつて経験したことのない新しい疾患だ。私達医学者が見逃していい筈がない」。教授の目は決意に光っていたが、いつもの調子でちょっと言葉を切って、いたずらっぽい顔つきをされたかと思うと（中略）「私と一緒に広島に行くかね？」「よろこんで」――私はなんのためらいもなく、それが生涯忘れられない体験になろうとも思わず、ちょっと興奮して答えた。

石川太刀雄《いしかわたちお》教授は病理学者。終戦時は金沢医大教授、のち金沢大医学部長。この回顧では、未知の病への医学者の興奮、好奇心が率直に書かれている。

そしてもう一つ見逃せないことがある。石川は京都帝大医学部を一九三一年卒業。京大医学部から一九三八年、関東軍防疫給水部（七三一部隊）に派遣された。

被爆者の解剖に関与した病理学者が、細菌戦のため人体実験をしたとされる部隊に所属していた。七三一部隊に所属した病理学者の岡本耕造《おかもとこうぞう》教授（戦後に京大医学部長などを歴任）が、アメリカの諜報機関に供述した調書（機密解除されたヒル・レポートに含まれている）によると、「一九三九年〜一九四五年に実験のため使用された五〇〇体を解剖した。石川太刀雄博士を含め病理学者五人が働いていた。石川博士がこれらのスライド（病理標本）を五〇〇症例以上持ち去った」とある。ヒル・レポートによると、注射や経口で感染実験した疾患名はペスト、コレラ、炭疽菌、赤痢、腸チフスなど。同レポートの他の元隊員への尋問調書では、疾病ごとに投与から死亡までの時間、菌株の培養方法や化学式、対応する病理標本の番号がある。レポート総論では、コレラや赤痢など七三一部隊が研究した伝染病について、米側では「人体実験には良心のとがめがあるため」得ることができない貴重なデータだと説明されている。

京都と金沢を結ぶ太い線。当時、京大医学部と金沢医大の関係は深かった。京大調査班は広島の被爆者解剖標本を京都大ではなく金沢に送ったことは、リーボウの日記と日本側の記録が合致している。金沢の石川太刀雄の手元で終戦直後、七三一部隊で解剖された人体資料と被爆者の人体資料が同居していたことになる。これは暗合とか偶然では片付けられない。

いずれの資料も米軍によって極秘裏に、戦略的な研究のためアメリカに持ち去られ、軍の病理学研究所／研究機関で機密として保管された。日米とも病理学者が関わり、人間の尊厳／倫理よりも、解剖によるデータ収集が優先された。米軍が機密開示した七三一部隊関係資料（Ｑリポートなど）

とリーボウの医学論文に掲載の被爆者の資料とを見比べると、どちらにも薄いピンクに染められた臓器や組織片の写真が並ぶ。

5　清野謙次の歩み

戦時中まで京都帝大病理学教室の教授だった清野謙次が一九五五年に亡くなった通夜の席で、同教室で学んだ関東軍防疫給水部「七三一部隊」部隊長だった石井四郎元中将は、次のように恩師をしのんだ。「ハルビンに大きな、まあ丸ビルの一四倍半ある研究所を作って頂きまして、それで中に電車もあり、飛行機も、一切のオール総合大学の研究所が出来まして」（清野を追悼する『随想遺稿』）。旧満州のハルビン近郊にあった七三一部隊は二〇一八年に開示された「留守名簿」によると三六〇七人。軍医五二人、技師四九人、雇員一二七五人、衛生兵一一一七人などで構成されていた。京大医学部の助手クラスは軍属の「技師」だが、軍人の階級でいえば将校クラスの待遇だった。京大が博士号を授与した七三一部隊関係者は三四人。ペスト菌などの細菌戦兵器を研究し、中国人捕虜らで人体実験したとされる。石井は清野教授の貢献をこう語っている。「先生が一番力を入れてくれたのが人的要素であります。各大学から一番優秀なプロフェッサー候補者を集めて頂いた。先生が拍車をかけられまして、段々に、最後に大東亜の全面にわたって、この民族線防禦の第一次完成をみたのであります」

京大医学部出身で七三一部隊では凍傷研究をし、戦後は府立医大学長になった吉村寿人《ひさと》によると、七三一部隊には「京大の助教授・講師級の若い者が八名（病理学 三名、微生物学 三名、生理学 一名、医動物学 一名）が軍属として派遣された」という。京大医学部出身者には石井の片腕といわれた増田知貞《ともさだ》大佐、戦後ミドリ十字を設立した内藤良一《りょういち》大佐ら軍医もいる。

清野は医師一族に生まれた。考古学を志したが父に許されず、京大医学部に入学、病理学を専攻しドイツのフライブルク大学にも留学。生体染色法について研究成果を挙げ、病理学講座と微生物講座を併任する教授に。石井四郎軍医は清野教室に国内留学をした。四国で発生した「眠り病」（嗜眠性脳炎）調査が師弟の縁を深めた。石井の回顧によると、「一切の資料、お墓の屍体まで集めてこの研究に従事し……」という徹底した調査だった。清野の資料蒐集に傾ける情熱は凄まじい。病理学者の傍ら、人類学者として古人骨を自ら発掘し、遺跡で周辺の遺物も蒐集した。「考古随録」という清野のエッセイによると、人骨以外の考古物も「数千点に達する」。蒐集熱が高じたあげく、日中戦争中の一九三八年に京都市内二二寺社から経典六三〇巻を盗んだことが発覚、収監され京大を免職になった。

データをできるだけ多く集め、測定し、比較し、分類し、優劣を付けるのは病理学にも人類学にも共通する志向だ。清野は「日本人」とは何かを人骨から追い求め、「帝国」の版図が拡張するにつれ、調査の対象を広げていった。

6　日本人種論

清野は当時日本領だった南樺太や北海道で発掘して多数の人骨標本を集め、アイヌと日本人共通の「原日本人」の存在を主張した。

是等諸人種には種々なる階段があるし、又其能力にも差がある。然し適者を適所に置いて、その能力を発揮せしむるのが、差し当たって大東亜共栄圏を開発するに有効な手段である。之れが為には、優良民族に保護を加えて、其人口を増加せしめて開発を促進すべきである

――『日本人種論変遷史』一九四四年

日本島は人類棲息以来日本人の故郷である。日本人は日本国に於て始めから結成せられたるものであった。日本人は断じてアイヌの母地を占領して住居したものではない

――『古代人骨の研究に基づく日本人種論』

清野の研究は、アイヌ民族の先住性を否定、同化政策を進める科学的根拠として、当時は歓迎された。沖縄、朝鮮、満洲へと、清野研究室が蒐集し、計測する人骨の範囲は広がっていく。清野教

授は驚異的な分析力を持っていたといわれる。清野によると、昭和一五年（一九四〇年）に京都大・清野研究室を閉じるまで研究室の蒐集人骨数は一四〇〇例近くに達していた。内訳は石器時代人骨七〇八例、古墳横穴人骨八四例。「外国出土古代人骨及び特殊地方現代人骨」が顕著に増えたという。人骨には「清野番号」が付されている。

清野は一九二四年、樺太や北海道で行った人骨蒐集の旅日記を雑誌で「樺太アイノに関する人類学的探究紀行」として発表している。現地の人たちの墓地への敬意や畏れを十分認識していながら、墓地を発掘することへのためらいは見られない。言い換えると、「内地」の雑誌読者から批判されるとはまったく思っていない書きぶりである。先に触れたように七三一部隊長だった石井四郎元中将が清野を追悼する中でさえ、四国での京大「眠り病」医学調査で墓から遺体を掘り起こしたことを、異例のこととして言及している。「内地」で墓を掘り返すことは当時も敬遠され、無断なら刑法犯罪だったにもかかわらず、樺太での墓地発掘は強引に進められている。そしてこうした「外地」の風俗を描く紀行が、読者の好奇心をかき立てるルポルタージュとして特に違和感を持たれず歓迎されたこともうかがえる。

僕は現代樺太アイノの出来る丈け純粋な骨格を集める為めに魯礼を選んだ。（中略）然しアイノは風習上非常に死屍を厭ふので此等部落に行て骨格を集めたならば如何に喫驚するか分ら無い。

大正一三年七月一七日付　馬はたくましいが土砂運搬用の荷車である。栄浜から海岸の丘麓伝いに三里行く。北には遥かに北海が連なっている。山百合のオレンヂ色の花、白い花、赤い浜梨の花の咲いているのは誠に美麗だが丈なす雑草に覆われた路をゆられながら通ると腰がだるく尻が痛む。

遠浅の岩礁の多い淋しい海岸である。オホーツク海の白波が絶えず寄せては砕け、時折り海豹《あざらし》の頭が波間に見える。波打際に近く日本人の経営せる中島漁場がある。蠅が無暗に多い。漁場小屋のすぐ後は高さ四、五丈の高台地である。この台地には夏草の間にアイノの廃屋、荒れた倉庫が淋しく立つ。

雑草を押し分けて墓地らしい所はないかと捜し廻る。雑草の中を再び泳ぎ廻り沢を越えてふと熊祭した所へ出た。木の枝を削って造ったイナオ（注・イナウ、アイヌの祭具で神霊のより代《しろ》）が立て居る。祭神の榊《さかき》に相当するものである。

七月一九日付　今日の人骨は割合に新鮮で木棺の腐朽せざるものが多かった。第二九号は非常に臭くて嘔吐しそうになった。人骨が多く馬車一杯になったので帰途は歩行した。

七月二三日付　漁る魚は次第に減少してアイノは正に生活難に陥りつつある。アイノは単純正直な民である。この民に対する周囲日本人の態度は反省に値するものがある様だ。排日を憤る前に日本人は心してアイノの訴と不平とに耳を傾ける必要がある。今日樺太における一二〇〇人のアイノは適応性に乏しいため、近いうちに日本人と同化してしまうか、又は絶滅するの運命を持っている。

二三日付日記の記述に潜むのは、広い意味での「優生学」だろう。同情を示しているようで、強者の側の目線だ。清野研究室の人類学論文集には、アイヌ民族だけでなく、樺太などでトナカイと暮らす少数民族オロッコ（ウィルタ）人女性骨格標本や、ツングース人の骨格についての論文がある。二二七本の論文を収めた清野研究室人類学論文集で、京大医学部の病理学者金関丈夫は、アイヌ女性について論文を出している。金関は沖縄本島・那覇市で行き倒れた人の墓地を発掘しているが、当時も法的に先例がなく異例だったことを戦前に自ら記している。『古代人骨の研究に基づく日本人種論』所載の清野のまとめた表「日本特殊地方及び近接地方・特殊時代人骨」に挙げてある人骨は四〇九例。ここに樺太アイヌ遺骨のほか、奄美大島笠利町、台湾の少数民族、現代朝鮮人骨も挙げてある。清野の使う「特殊地方」という用語の意味するところを押さえておきたい。明治以降に新たに帝国の版図となったエリアを主に指している。そして論調をたどると、大東亜共栄圏など時局の動向に合わせて、「日本人」の定義も変容している。人骨の計測データそれ自体は科学として不変のはずなのに、時代の空気に連れて大陸と日本列島での混血性などの解釈が揺れていく。

7　京都大学アイヌ人骨保管状況等調査

二〇一七年秋、北海道のオホーツク沿岸を歩いた。京大で調べた清野論文によると、根室市で一九二六年、一七例のアイヌ遺骨を発掘しており、その場所の現状が知りたかった。風蓮湖の朝は美しかったが、手がかりが戦前の和田村幌茂尻《ほろもしり》（現・根室市）という地名だけではあまりに乏しく、特定できなかった。和田村史には、大正六年に亡くなった「福士スミという幌茂尻アイヌ最後の代表者」が清野博士と会い、根室アイヌの物語をしたことが記載されている。口と手に入れ墨をした福士スミさんの写真が村史に掲載され「清野博士が当村で撮影された。博士は京都大学教授で世界有数の人骨学者であります」「明治一九年旧土人戸籍によって時の役人が夷語の姓名を廃て福士スミという氏名をつけてくれたのであります」と書かれている。

京都に戻り、京大にアイヌ遺骨、琉球遺骨を含めた収集遺骨の保管状況について問い合わせた。医学部から昭和三〇年代に理学部の人類学教室に移管されている。理学研究科は対応せず、大学広報課にメールで質問するよう求められた。「回答は控えさせていただきます。それ以外の人骨も含めて個別の問い合わせには応じておりません」。数さえ、教えてくれない。

政府が大学の保管するアイヌ人骨の調査を実施する方針を示したことを受けて、京大は二〇一二年にアイヌ人骨保管状況等調査ワーキング報告書をまとめていた。大学が一切問い合わせに応じないので、報告書を別途入手した。すると、さまざまな疑問点が浮かび上がってきた。

報告書を読んでみる。二〇一一年に、塩田浩平副学長や山極寿一理学研究科長（肩書は当時）らを委員に「アイヌ人骨保管状況等調査ワーキング」を設置。翌年に調査費用約三一〇万円を計上した。メールで学内に保管状況を確認。京都大総合博物館にアイヌ人骨・副葬品を保管。「公の台帳が存在していなかったため」大学外の専門家の協力も得て、収納されている箱単位で調査を進め、データベースを作成した。その結果、一体ずつ箱に収められていたこと、九四体の人骨と五五点の副葬品を保管していることがわかった、という。第一回会議では「早ければ（文科省の）調査依頼直後より、マスコミ等からコメントを求められる可能性がある。さまざまな団体や個人から、人骨をめぐる働きかけがなされる可能性がある」との資料を配った、と書いてあった。

京大報告書の調査票のデータを数えると、出土場所は樺太アイヌが五六体、根室市や網走市など北海道アイヌが三八体（表1・2）。「発掘・発見主体」の欄には「医学部」までしか書いていないが、備考欄に京大人骨番号（清野資料番号）が記載されており、ほぼ清野研究室由来のアイヌ人骨といえそうだ。副葬品は記載されていた。

ただ、京大報告書は、文科省がネット上で公開している国の検討会資料の転載や清野論文のコピーに多くのページを割き、学内でどんな議論があったのか議事録もなく不明で、内容が乏しい。遺骨問題に対する姿勢がなぜこんなに消極的なのだろう。これで十分に検証したといえるのだろうか。京大広報課に取材を申し込んでも、二〇一七年に文科省に遺骨の数を九四体から八七体に修正

表１

		京大報告書にある出土地名	現在の地名
二〇一二年アイヌ人骨調査番号	1	樺太大迫郡千歳村	
	2	樺太真岡郡真岡	サハリン州ホルムスク
	3～53	樺太栄浜村魯礼	
	54	真岡郡本斗町南浜通	サハリン州ホルムスク
	55	真岡郡本斗町	サハリン州ホルムスク
	56	真岡郡本斗町遠節	サハリン州ホルムスク
			樺太（サハリン）計56体
	57、58	厚岸郡ボント・ラスカント	北海道厚岸町
	59、60	厚岸郡ボント	北海道厚岸町
	61	厚岸郡ツクシュナイ	北海道厚岸町
	62～78	根室郡和田村帳尻	北海道根室市
	79	根室郡根室市発足	北海道根室市
	80～83	釧路郡釧路市釧路中学校付近	北海道釧路市
	84～87	網走郡網走町	北海道網走市
	88～94	不明	北海道
			北海道計38体

表２

		京大報告書にある出土地名	現在の地名	内容
アイヌ以外の人骨番号判明分	192、193	満州国金州城外	中国大連市金州区？	
	596	沖縄県琉球本島国頭郡運天	沖縄県今帰仁村	現代琉球人骨
	647	樺太島豊原郡豊原	ユジノサハリンスク	現代ロシア人骨
	652	朝鮮慶尚北道大邸府達城公園	韓国大邱	
	804	樺太島・初問	サハリン州	オロッコ民族女性

報告した理由も含めて「問い合わせには応じない」という。京大に確認したい疑問点を挙げておく。

①　記載九四体を戦前の論文と照合したところ、カタカナ絵本「明治四四年　花咲じい」を副葬品とする子どもの遺骨番号があった。葬られて数年でしかない子どもの遺体を、無断で墓から掘り出している。この副葬品は現存するのか。葬られて数年の遺体発掘は当時の法令に照らしても違法ではないのか。

②　戦前の医学部によるアイヌ遺骨の収集を反省し真摯に対応するのであれば、清野研究室論文

により京大で所有していたことが明らかな琉球人骨、台湾の少数民族遺骨、樺太（サハリン）の少数民族ウィルタ遺骨等も同様に保管状況と副葬品などを確認し、遺族や民族団体に京大から連絡すべきではないのか。遺骨収集を京大が反省しているなら、アイヌ遺骨だけしか調査しない理由が分からない。

③　樺太アイヌの祭具などを含む考古・民族資料を主体とする膨大な「清野コレクション」が奈良県の天理大学付属参考館、大阪府近つ飛鳥博物館、埼玉県立歴史と民族の博物館の三館に収蔵されている。京大の清野番号のリストや発掘状況、副葬品関連情報を公開し、今は分散している「清野コレクション」の民俗資料と結びつける努力をすべきではないのか。遺骨を返還するにしても、その人の墓に帰属していた副葬品は可能な限り一緒に扱うのが望ましく、貴重な民族文化資料としても、出土地・出土時期などのバックデータは重要なはずだろう。「清野番号」を管理してきた京大が動かないと、民俗資料を持つ各地の博物館側からは難しい。

④　「清野コレクション」の全体像が、報告書で示されていない。医学部から理学部へ、さらに総合博物館に遺骨が移った経緯、どのように研究利用されてきたかの経緯も書かれていない。歴代担当者に京大がヒアリングしたのなら、その証言も公表すべき。

⑤　京都大理学研究科自然人類学研究室のホームページは「自然人類学研究室は『清野コレクション』と呼ばれる日本屈指の発掘人骨資料を所蔵しています。この資料は日本列島におけるヒト集団の変遷とその生活様式の研究に大きな役割を果たし、多くの研究者が利用に訪れています。骨

からわかる表現型の特徴や生活痕の分析、骨や歯の安定同位体分析などによって、行動上の特徴や食性の推定、集団ごとに異なる身体形質の進化などの解明をめざした研究が行われています」と紹介している。事実なら、清野コレクションが京大内でさえ分散していることになる。いったいどういう管理方針なのか。人類学研究室にある清野コレクションの清野番号と内容を公開しないと、清野番号上一四〇〇例ある数字と、総合博物館所蔵遺骨との空白が埋まらない。それではいつまでも「京大にはまだ他に少数民族の遺骨があるのでは」との声が消えない。

8　樺太／サハリンの国境線

京都帝大が多数の遺骨を発掘した場所は、日本領だった頃の南樺太であり、今はロシア領サハリンとなっている。同じくアイヌ遺骨を墓地などから無断で多数収集した北海道大学とは、国境を巡る状況が大きく異なる。樺太アイヌ（和人からの他称であり、「エンチゥ」という呼び名を用いるのが本来のあり方という）の人たちは、戦前、北海道に強制移住させられたり、日本敗戦の混乱の中で北海道へ逃れざるを得なかったりした。「帝国」の都合で引かれた国境線は何度も代わり、先住民族は過酷な運命を強いられてきた。樺太で収集した遺骨を保管していることと経緯をロシア語などでも京大側から発信し、もともと弔われていた本来の土地に帰す努力をすべきではないか。子孫が今まで京大に返還を要請しないのではなく、その存在が届いていないだけではないか。

二〇一七年九月、石狩川沿いの江別市対雁《ついしかり》の市営墓地では、ナナカマドの木が深紅に燃え、雨が広大な墓地を通り過ぎた。「逝者如期夫樺太人之移住於此地以来長逝者三百数十名嗚呼悲哉……」。

明治二三年と日付がある石碑は、樺太から強制的にこの対雁という地に移住させられ、二百数十人が死亡した樺太アイヌの人たちを弔うため、日本人の僧が建てた。そばの草地に、樹皮を編んだイナウ（アイヌ民族の祭具）が数十本立っていた。樺太アイヌは北海道アイヌと言語の違いも大きく、犬ソリ使用など暮らしぶりも異なっていたという。樺太アイヌ語の最後の話者浅井タケさんは一九九四年に札幌で死去。一つの言語が消滅することは一つの世界が消えることに等しいと、アメリカの言語学者Ｍ・クラウスは述べている。「言語の多様性をロゴスフィアと名付けよう……それは文化と知と言語の多様性から成る繊細な環境であり……」

日本人は誰でも一言だけ、樺太アイヌ語を知っている。「トナカイ」は樺太アイヌ語だ。

9　ラメトク＝勇敢であること

旧帝大などが研究目的として墓地から無断で発掘した遺骨について、二〇一二年以降、北海道のアイヌ民族からもともとの地域のアイヌ団体に返還するよう求める訴訟が相次ぐ。当初拒んでいた北海道大は各返還訴訟で和解、返還に応じる姿勢に転じている。それ以前でも、北大は約千体の遺骨の保管状況を説明し、白木の箱に収めて納骨堂をキャンパス内に建て、慰霊祭を行っている。京大の対応とは対照的だ。

いま北海道のアイヌの人々は、遺骨の子や孫だと特定できなくても「発掘した場所のコミュニティーへ返すべきだ」と、先住民族の権利運動として返還運動を展開している。

あなたの祖父や祖母の遺骨が、番号を付けられ大学の研究材料にされているところを想像してほしい、と北海道で出会ったアイヌの人たちはいう。

昨年（二〇一七年）一一月一三日、京都市伏見区の龍谷大深草キャンパス。北海道から「コタンの会」代表清水裕二さん（七六）が訪れ、アイヌ民族としての思いを学生に語りかけた。授業に招いたのは、京都帝国大助教授が沖縄から持ち去った人骨の返還を求めている経済学部の松島泰勝教授（沖縄出身）。

清水さんは「アイヌモシリを北海道という名に勝手に変えられた。家をアイヌ語で『チセ』と言いますが、政府は『官有地第三種』として奪い去った」と旧土人保護法（一九九七年に廃止）などで抑圧された歴史を語る。「山で実を採っても罰せられた。北海道大や京大がアイヌの墓地をあばき、研究材料にされたんです」

北大を相手取った遺骨返還訴訟の記録映像が教室で上映され、原告で訴訟中に亡くなった城野口ユリさんがアイヌ歌謡を歌う。

それは一三歳ほどの女の子が奉公先で主人の性的暴力を受けて祈る歌。カラスの神よ、こんなつらいことになったよ。カラスの神よ、故郷の父さん母さんに海を越えて伝えてよ。

歌の意味を清水さんが説明する。この歌を聴くたびに泣けてしまう、と。学生の私語でざわつく大教室。配布レジメに記された「エカシ」を説明するとき、「私語をやめないか！」と一喝した。

静まりかえる教室。「エカシは翁という意味だけども、年をとれば誰でもエカシと呼ばれるわけではない。厳格な三条件があるんです。ラメトク＝勇敢であること。シレトク＝威厳を備えていること。パエトク＝雄弁であること。その例えとして、ちょっと声を出しました」

講義を終え、清水さんと松島教授が京大総務課（左京区）へ向かう。アイヌ遺骨返還運動に取り組んでおり、京大の遺骨情報を知りたいとの来意を告げてあったが、玄関のガードマンを介して「会う必要はない」。建物入り口で総務課に電話する松島教授ら。「北海道から来たんです」「アイヌ遺骨報告書を見せてもらえませんか」

総務課は「今お会いしてお話することはありません。名刺交換の必要性はありません」。なぜですかと松島教授。「その理由もお示ししません」

たたんだアイヌ民族衣装を手に玄関前に無言で立つ清水さん。威厳と静かな怒りがあった。面会で着るつもりでしたかとは、記者はなぜか聞けなかった。

（二〇一八年一月二一日付「帝国の骨」⑥より抜粋）

ドイツの学術団体が昨年、外交ルートを通じアイヌ遺骨を北海道アイヌ協会などに返還した。オーストラリアの博物館もアイヌ遺骨返還を交渉中だ。台湾大は帝国大時代に日本人研究者が台湾原住民族の居住地や沖縄から掘り出した遺骨を、それぞれの古里に返還すると申し出た。世界で、人骨標本を先住民族や本来の共同体に返還する新しい風が吹いている。

「広島のものは広島に。長崎のものは長崎に」

それが、米軍が京大などから持ち去った被爆者の病理標本などが、一九七三年に返還された時の原則だった。大事な原則だと思う。調査した学者ではなく、患者や子孫が暮らす地域へ。そこで複数の資料が有機的に結びつけば、研究は生かされ、語り継ぐ礎となる。

遺骨を持ち去った京大の医師たち。時代の多数者の側の要請と、研究目的という「大義」はあったのだろう。だが得られた知識を現地の人に返さず、奪われる側の痛みにまひしたまま、放置している事実は消せない。旧満州にあった関東軍防疫給水部「七三一部隊」では京大出身の医師たちが細菌戦の実験や多数の人体解剖を行い、資料を持ち帰ったが、その「成果」は軍事機密の闇と関係者の沈黙に閉ざされたままである。「成果」という言葉はあえて使った。プロセスに倫理的／人道的に問題があっても科学技術は無色透明で役に立つ、と考える人が少なからずいることは、デュアル・ユース（軍用と民生用のどちらでも使える技術）という言葉を耳にする機会が増えていることでも分かる。先天性異常の胚子や胎児標本の京大コレクションを「宝の山」と二〇一八年時点で京大がホームページで掲げていることも付記しておく。

10　ネット時代の優生思想に

医学は、正常と異常を区別する学問だ。

大多数の側に立ち、少数者を「異常」や「劣ったもの」と見なし、犠牲にする危うさは、現代も付きまとう。戦後、旧優生保護法によって知的障害がある人や精神障害を抱える人たちが強制不妊手術を受けさせられ、その行政文書の多くが廃棄されている問題では、被害を受けた多くの人たちが声も挙げられないでこの社会で暮らす。戦前から優生思想は深くこの社会に根を張っており、奪い去る側に立たないために、歴史をたどり直すことが問われている。

不失其正

そう書かれた扁額が、京都大医学部資料館の明治三五年（一九〇二年）に建てられた旧解剖学講堂に掲げられてきた。中国の古典・易経にある言葉で、物事の本質を失わない、との意という。医学という学問への志、揮毫したのは第七代京大総長。進むを知って退くを知らず、存するを知って亡ぶるを知らず。易経の原文を開くと、「不失其正」の直前にそう書かれている。

在ることを知る。正しさを見失わないこと。

それは大学だけでなく、ジャーナリズムにも課せられた道だ。しかし現在、大きな危機に直面している。インターネットで七三一部隊やアイヌ人骨を検索すれば、次のような趣旨の書き込みが幾つも表示される。「七三一部隊に関する機密情報や公文書をアメリカが開示したが、人体実験の証拠は一つもなかった」「アイヌの権利運動をしているが、アイヌ人はとっくに同化して存在しない」。いずれも事実と違う。戦前や戦時の日本を塗り替えようと、歴史を修正しようとする言説があふれている。

学術研究自体に帝国の版図を拡大し、権力に基づいて研究成果を獲得しようとする力学や構造を浮き彫りにできた一方、検証されずに重要な歴史資料が分散したり廃棄されたりしていることが明らかになった。それは新聞メディアに対しても、負の記憶や真実を伝える上で土台となる資料や証拠にどう向き合うかという問いを突きつけている。

コラム

植民地主義未清算の不作為

東京新聞論説委員　白鳥《しらとり》　龍也《たつや》

京都盆地に淀んだ空気を、晩夏の日差しが熱していた。二〇一七年八月二三日。琉球民族遺骨返還研究会代表として京大を相手に遺骨返還活動に乗り出した松島泰勝・龍谷大教授は、山極壽一・京大総長あての質問・要望書を提出するため直接、京都市左京区の京大本部を訪れた。その年の五月以降、繰り返し郵便やメールで収蔵遺骨の保管状況などについて質問と実際の調査を申し入れてきたが、京大側は木で鼻をくくったような返答しかしない。その状況を打開するためだった。

京大収蔵のアイヌ民族遺骨に関する情報公開請求を続けてきたアイヌ・ラマット実行委員会の出原昌志共同代表＝大阪府吹田市在住＝が支援者として同行。筆者も取材のため行動を共にした。

正午前に、キャンパス内の本部棟に到着。玄関に入ろうとすると、内側に立っていたガードマンが飛び出してきて制止された。「誰かに面会の約束があるのか」と尋ねられ、約束はないが要望書を出したいと告げると、内線でどこかに電話。しばらく待つように言われた。屋外は、日陰でもむんと熱気を感じる。ガラスドアの向こうは冷房が効いているはずだ。が、建物内に入れてくれる気配はない。噴き出る汗を拭いながら十分ほど待つと、総務課職員という男性が出てきた。同じく「中に入れ」とは言わない。仕方ないので、松島氏が立ったまま要望書提出に至る経緯を説明。出原氏も京大が過去、人骨標本の記録資料を一部隠蔽するなど不誠実な対応があったとし「今回は信頼醸成のため（沖縄側との）話し合いの場を設けてほしい」と要望した。

男性は細かい話は聞き流すようなそぶり。話が一段落すると「受け取ります」と、差し出された要望書入りの封筒を手にした。しかし、松島氏が「沖縄の地元紙も注目しているので、確かに渡したと分かるように……」と、要望書提出場面の写真撮影を切り出すと、態度が一変。「確かに受け取ったのでそんな必要性は感じない」と怒りだし、なおも筆者がカメラを向けようとすると「じゃあ、(要望書を)返したっていいんですよ」とかたくなに撮影を拒んだ。結局、こちらが引き下がり、要望書は渡すことができた。最後に出原氏が「お名前を」と食い下がると「シントクです」と憮然とした表情で言い、去っていった。一同には、徒労感だけが残った。

この日の状況を細かく書いたのは、ガードマンに始まる一連の対応に、京大の権威主義が凝縮していると感じるからだ。松島氏は身分を明かし、沖縄の人々が「人権侵害」と感じる問題を紳士的に訴えに行った。同じ京都を代表する大学の教授であり、京大関係者にとっては〝同僚〟でもある。総長に直接取り次ぐのは難しいにせよ、せめて職員はロビーに招き入れ、短時間でも座って話を聞くぐらいの敬意を払えなかったか。頭から迷惑者として門前払いするかのような態度には、傍らにいて率直に憤りを禁じ得なかった。

「九月末までに」と念押しした京大側からの回答は意外にも早く、九月七日付で松島氏に届いた。しかし、総務部総務課発の文面はわずか四行。またしても「個別の問い合わせ・要望には応じかねます」だった。おまけに「本件で本学を来訪することはご遠慮いただきたく存じます」とのひと言も。「もう二度と来るな」との趣旨だ。A4用紙四枚にわたって切々と訴えた質問・要望への答えがこれである。

同年一一月一三日、松島氏は再び、京大本部の総務課を訪ねた。今度は北海道「コタンの会」の清水裕二代表が一緒。京大が保管するアイヌ遺骨の情報を得る目的でその来意も告げてあった。が、松島氏によると、またしても玄関でガードマンに入館を阻止され、あらためて総務課に連絡するのに目の前にある内線電話の使用すら許さない。仕方なく携帯で連絡したが、対応は一層かたくなで総務課は面会を拒否したという。あきれるばかりだ。

二〇一八年二月、琉球新報などが遺骨問題を報じて一年が経過するのを機に、筆者は今帰仁村教育委員会に電話し、対応の現状を聞いた。担当の職員はそのころ、東京での文化財関係の会合で京大の教員とたまた一緒になったという。その場で琉球人遺骨のことが話題になり「京大の先生は『沖縄に返すとほかの地域にも返さなくてはならなくなる』と返還拒否の理由を話していた」と明かしてくれた。京大側の本音に迫る貴重な話だった。

もう一歩進め、筆者は、琉球人遺骨返還に対する京大のかたくなさの背景には、植民地主義を清算できない、正確にはしようとしない、日本政府の不作為があると思う。

北大の研究者が戦前から一九七〇年代にかけて北海道や樺太から収奪したアイヌ民族の遺骨は、その末裔や支援者による四十年近い返還運動や幾多の訴訟の結果、謝罪も賠償もない「欺瞞的」な措置とはいえ、一部遺骨の返還が行われている。同大は約千体の遺骨の保管状況を説明し、学内に納骨堂も建てて慰霊祭を行っているという。京大も、文科省による全国の大学へのアイヌ遺骨の保管状況に関する調査指示に従い、二〇一二年には報告書をまとめた。情報公開すら拒む琉球人遺骨への対応とは対照的だ。

まがいなりにも政府は一九九七年、北海道旧土人保護法に代わるアイヌ文化振興法を施行。二〇〇八年には衆参両院の「アイヌ民族を先住民族とすることを求める決議」を受けた町村信孝官房長官談話で、アイヌ民族について独自の文化を持つ「先住民族」との認識を表明。遺骨返還の権利などを含む「先住民族の権利に関する国連宣言」（二〇〇七年）を踏まえた政策の推進を宣言した。文科省や北大の措置はこうした流れを受けたものだ。

翻って琉球由来の人々＝琉球民族に対して政府は、一貫して先住民族と認めない姿勢を貫く。国連が琉球民族を先住民族と認定し、二〇〇八年以降繰り返し差別問題の解決を勧告しても無視したまま。国際法上の主権国家だった琉球王国の存在すら認めない。こうしておけば、特定の民族に対する構造的差別、人権蹂躙との国内外の批判はかわせると考えているのだろう。

同時に、政府が琉球のアイデンティーをないがしろにするのは、外交・安全保障上の権益保持のためだ。先住民族としたなら、先の国連宣言に照らして、琉球の人々が所有していた土地の権利を認め、没収、収奪した土地に関しては返還または十分な補償をしなくてはならず、さらには、その土地で合意のない軍事活動はできなくなる。つまり、沖縄県民の多数が反対する辺野古への新たな米軍基地建設は中止し、普天間飛行場も閉鎖・返還しなくてはならない。となると、日米安保は存続に重大な障害が発生する。

領有権争いが起きている尖閣諸島に関して、政府は「日本固有の領土」と主張しているが、琉球民族が建国した琉球王国の存在を確認してしまえば、尖閣諸島はもともと琉球王国のものだったことになる。それをどうやって日本の領土にしたのか、一八七二－一八七九年の琉球処分（琉球併合）の正当性から証明しなくてはならなくなる。

琉球人遺骨の問題は、植民地状態の放置によって沖縄に発生しているあらゆる不条理と根が同じなのだ。政府は二〇一八年二月、沖縄2区選出の社民党衆院議員照屋寛徳氏が提出した琉球人遺骨に関する質問主意書に対して答弁書を閣議決定。保管状況も関係者らの返還の願いもほとんど「承知していない」「政府として答える立場にない」とかわした。問題解決に主体的に関わろうとの姿勢など微塵もない。京大はそこを見透かしてぞんざいな態度をとり続けている。

京大には、アイヌ、琉球以外にも奄美、朝鮮半島、旧満州など、日本本土から見て「辺境」の地から集められた人骨が保管されているとされる。しかし、これらについて京大側は、先住民族問題がほとんど絡んでおらず、研究目的で集められた遺骨が未返還という理由で日中や日韓の外交関係がこじれることもないと考えているのではないか。琉球人遺骨の返還意向を示している台湾大と比較されようが、日台には正式な外交関係がなく一大学の判断と言い逃れできる。要は、現状ではアイヌを除く遺骨の返還など考慮の必要はなし。まして琉球のみを特別扱いする理由はない。今帰仁村側に漏らした先の京大教員の本音も、こんなところだろう。

最近になって京大は、遺骨返還に関して今帰仁村との協議には応じる姿勢を見せている。植民地主義の非道を覆い隠してきた学知のプライドという殻を破る日は来るか。

第8章 植民地主義と学知の調査暴力
――「オキナワ」を返せ、琉球人遺骨を帰せ！

帝京大学教授、富山大学名誉教授 佐《さ》藤《とう》幸《ゆき》男《お》

はじめに

「国民国家は（大学を含む）植民地再生産装置である」という卓越したテーゼを見いだしたのは西川長夫である。近代日本形成の歩みを振り返ってみたとき、植民地は不可欠な構成要素であった。それればかりか、植民地は東アジア地域を巻き込むだけではなく、アイヌ、沖縄、在日朝鮮・韓国人を日本社会の周辺に追いやっていった。したがって、植民地をめぐる諸問題は、日本の近代を考えることにほかならない。この植民地支配の在り方は政治的・経済的な側面だけにとどまらず、文化・学術・芸術の諸領域にまで影響しつづけている。国家が出自の純粋性や優位性を誇示する知的装置に考古学・形質人類学・遺伝学が多用される。国家イデオロギーを支えるこうした学問領域は調査に名を借りた植民地主義に変身する。しかも、日本の近代が先住民族との闘いのうえに展開し

た日本国家形成過程における植民地主義を隠匿するイデオロギーは国内のロジックに留まってはいない。この植民地主義イデオロギーは国際政治の核心とも深く関わっている。

このことに気づかせてくれるのが歴史家・坂垣雄三の鋭敏な視座である。板垣は国際政治の核心に「日本問題」からとらえ返し、それを座標軸として世界、とりわけ国際政治の核心現場である中東問題、パレスチナの問題構成を俯瞰する先駆的にして斬新な視点を開陳している。植民地主義の権化として先住民族の存在を否定する国家として日本、アメリカ、イスラエルが挙げられるのは自明なことであろう。その核心現場は北海道の「開拓／入植」・沖縄の「基地植民地化」・アメリカの「インディアン戦争」、シオニズムのパレスチナ植民運動の同時並行性に着目すれば、沖縄、アイヌ、在日コリアン、パレスチナが交錯する国際政治の核心が明確になる（坂垣雄三「パレスチナ問題と世界、日本、そして先住民族」『響きあうパレスチナとアイヌ』パレスチナ連帯・札幌、二〇〇六年）。

琉球人遺骨返還問題は、輸入ヨーロッパ中心主義的人種主義と迎合的に癒着した「日本的オリエンタリズム」を内面化した人種論の延長上で引き起こされた。そればかりか、「日本人」の人種化があらゆる学知が権力と結合して創り出されたものである。エドワード・サイードが著作『オリエンタリズム』（一九七八年）で論破しているように、学問研究が権力と合体することで「人種」が植民地支配の表象として、その由来の差異を通して異なる人びとを囲いに括り付け、過度の「純粋主義」を強制する。「日本国民」の内部でマイノリティを可視化する学知が動員される典型が「和の国」イデオロギーである。それは「真の日本人らしさ」を基準にして「日本人らしくない」人びと

（被差別部落、アイヌ、沖縄人）を周辺に追いやり、序列化し、「他者」として排除する論理を正当化するナショナリズムと接合する。「国体」が国柄と名を変え、「日本的特殊性」を声高に叫び、礼賛して自己陶酔をつうじてしか世界化しえない狭小な政治意識、それにまつろわぬ者たちへの罵声《ヘイト》が補助線となってナショナリズムやポピュリズムが跋扈する。

琉球人遺骨返還問題とは、アイヌ・本土人・沖縄人・韓国人の遺伝的近縁関係を強調して、「和人」「本土人」「日本人」を「ホモジーニアスな単一民族」とするイデオロギーの欺瞞性を解明することにほかならない。それはまた、輸入ヨーロッパ中心主義による理論枠組みに頼るのではなく、植民地主義、人種主義、軍国主義、男性中心主義、西欧中心主義がワンセットとなって近代世界を埋め尽くしている国際関係の根源を問うのである。

1　学知による植民地主義的言説

フランスの哲学者であるミシェル・フーコーは、博物学や精神医療や経済学といった学問がひとつの統一性をもった言説＝知／権力として成立し、社会を規定することを解き明かしている。学問を支える場としての「学会」に、研究者と名乗る彼／彼女らが参集して研究成果を定期的に刊行される会誌に投稿する。その末尾には必ず先行研究の文献リストが掲載される。この一連のシステムによって作りだされる言説は、絶え間なく生産・参照されることで知／権力の内部に閉じこめられていく。その結果、言説は一定の時間的方向という線的な隆起に沿って産出される。

ここで、かつて読んだ馴染み深い宮沢賢治の『気のいい火山弾』の一部を参照してみよう。

ある死火山のすその柏の木のかげに、『ベコ』というあだ名の大きな黒い石がありました。あるとき、眼鏡をかけたせいの高い四人の人たちがピカピカな器械をもって野原をよこぎってきました。その中の一人がふとベコを見つけて云いました。「実にいい、火山弾の標本だ。こんな立派な火山弾は大英博物館にだってないぜ。すぐにもって行こう。」

火山弾はからだを、ていねいに、きれいな藁や、むしろに包まれながら云いました。「私の行くところは、このような明るい楽しいところでありません。さよなら。みなさん。」

「東京帝国大学校地質学教室行」と書いた名札がつけられてました。

この寓話に登場する火山岩『ベコ』を「人骨」に置き換えるだけで本論の実話となる。東京帝国大学地質学教室、医学部解剖学・人類学研究室が収集した「児玉作左衛門コレクション」（北海道大）、京都大学自然（形質）人類学研究室における琉球人骨資料収集の悍ましきさまを想像するのは容易であろう。先住民人骨への飽くなき収集癖は、研究に名を借りた人間の尊厳を踏みにじる蛮行である。アイヌ遺骨収集拠点は二〇一七年四月現在、一六七六遺体を保管する一二大学（私立を含む）である。わたくしも国立大学法人富山大学理事・副学長当時、文部科学省からの通達で全学部にアイヌ遺骨存在の調査の指示をうけた記憶がある。琉球人骨問題は、京都大学医学部出身の金関丈夫に端を発するが、いずれにせよ、調査資料の独占は、寓話に登場する「眼鏡をかけたせいの高い四人の搾取者たち」と違いはない。

学知の調査権力の象徴的事例に、NHKが放映した『七三一部隊の真実――エリート医学者と人体実験』(二〇一七年八月一三日)がある。細菌の人体実験を繰り返した京都大学医学部教授が陸軍から多額の研究費を受け、満州の帝国大学新設に関与することで新たな教員ポストを獲得し、その引き換えに自らの影響力を拡大し、学閥を構築したばかりか、実験で得た知見を外国に売り渡すことで研究者として延命を図り、戦後には新制になった金沢大学の初代学長におさまるすがたには研究倫理のかけらもみられない。学知の調査権力の源泉は、軍産官学複合の闇のなかで深く巣喰っている。知の収奪と搾取の構造を鮮明に映し出すこの映像記録は、先住民族の土地の侵奪、宗教や生活様式の禁圧と軌をいつとする植民地主義の亡霊にほかならない。ナチス・ドイツの断種法をモデルにした日本の優生保護法の前身である国民優生法による障害者不妊はまさに、学会と学知権力が「優生推進」に加担した。これら枚挙にいとまがないほど知識人と知の学府の堕落が顕著である。

アイヌ遺骨返還請求訴訟の成果が見え始めているのに比して、琉球人遺骨返還問題が深刻なのは、返還請求訴訟がその緒についたばかりであり、その展望がいまだに不透明なことだ。さらには、多くの論者が本書で記述しているとおり、「先住民族」概念を巡る政府見解や公表を拒否しつづけているかたくな京都大学の姿勢である。そのようななか、京都大学から九州大学医学部に転出し、金関のもとで薫陶を受け、琉球大医学部解剖学講座第一講座准教授であった土肥直美がいる。その著書『沖縄骨語り』（琉球新報社、二〇一八年）で、自らの来歴と経緯をなんらの戸惑いもなく無頓着に告白している。「日本人」はどこからきたのか、日本人の成り立ちを探求する過程で、空白地帯であった琉球人骨計測は必要不可欠な作業であったし、あり続けていると研究の正当性を主張してはばからない（「あとがき」参照）。人間にたいする尊厳は置き去りにされている。

宮澤賢治の寓話が示唆的であるのは今日的な表現をすれば、これは科学リテラシーに基づく科学的な知識の多寡と「専門」という名の横暴とでもいえようか。

ところで、人類学的人骨研究は、植民地支配とともに進展してきた経緯を看過するわけにはいかない。植民地住民を「標本」として研究者は「劣等人種」の烙印を押して、人種差別的な言説を「科学」の名において再生産してきた。植民地主義を支えたのは、こうした優劣、文明・未開、支配・被支配の非対称的な関係性である。そればかりか、人類学的人骨研究はこんにちの遺伝子研究の初発の形態である。

この研究の落とし所はなによりも、日本人の起源や源流を辿りながら「日本人」のルーツを「国民」想像の母体に作り上げるところにあった。日本人からなる〈国民〉の源流は、そもそも「海の民」の移住から始まり、第一波渡来人と混血しながら、第三波の到来によって多様な子孫形成の歩みであった。にもかかわらず、「海の民」の渡来を否定して縄文人と弥生系集団の二重構造として、国ゆずり神話における日本人の多数派としての「ヤマト人」を作り上げるために、アイヌと琉球人の非混血性を強調する主眼がそこに埋め込められている。

しかも、驚愕すべきは、土肥が九州大学から琉球大学に転出し、人骨研究センター創設をリードする立場にあり、沖縄の人類史研究における金関の継承者として人骨研究への貢献を自賛することである。移住者らによって再生産される植民地主義をセトラー・コロニアリズムと呼ぶ（新川志奈子「植民地主義とセトラー・コロニアリズム、そして脱植民地主義」『N27』二〇一三年、五二―五五頁）。植民者からの「曖昧な差異」によって同定され、管理されるという被植民者の「植民的擬態（colonial mimicry）」という存在形態である。

目覚ましい科学研究、科学技術の発展は一種の帝国的「開発幻想」を引き起こす。磯部裕幸は、ドイツ植民地統治と医学との関係を『アフリカ眠り病とドイツ植民地主義』（みすず書房、二〇一八年）のなかで見事に活写している。彼によれば、ヨーロッパ人が「アフリカ分割」に駆り立てたのは、この地球上の領域を自分達の経済活動に資するべく改変したいという欲望そのものであった。いわば、この「科学的植民地統治」という野望は、価値中立性を装う近代科学が、ヨーロッパによる植民地支配を正当化し、「文明化の使命」論を下支えし、ヨーロッパや日本の科学者のいとなみは帝国主義的なイデオロギーといかに深く結びついているかを明らかにしている。「『帝国医療』はそれ自体が『文明と野蛮』の二分法に支えられた学問体系であり、その目標は単に患者を見つけ、外科手術や投薬を施すことだけではない。むしろ、それは植民地の自然環境や社会構造を解明し、かつ克服し、改変する手段であり、『近代文明』によって住民の身体を管理されるべき対象となった」

（一四頁）と喝破する。植民地主義とは西欧による非西欧の「隷属」を目的とし、諸学は植民地統治に協力することで不正を招くのである。

終わりなき暴力の時代を作り出した〈近代〉は、知の拠点化とともに知の虚構を生みつつ、西欧優位の世界観や国民国家観の醸成を不可欠な要素としてきたのである。知の拠点化と知の虚構はこんにちでは研究費獲得をめぐる不正、ねつ造、改ざんを日常化させ、その研究結果の信頼性は地に堕ち、恣意的な結論はもとより、外から窺い知れない研究倫理の欠如が絶えない。なかでも、二〇一七年防衛費研究予算化をめぐる学術会議での論争は記憶に新しく、正視するに耐えない異常な知のありさまである。これもグローバル化の荒波に一因を求める論拠としているが、軍産官学複合システムの闇は深く、西欧優位の世界秩序観と共犯関係にあることに変わりはない。

近代を批評する人文学者サイードはその著作『知識人とは何か』で強調する学者の価値について次のように述べている。学者の価値とは、「亡命者のように周辺的な存在となり、またアマチュアであり、さらには権力者に対して真実を語ろうとすることばの使い手として、権力者の横暴や世間の嘲笑を跳ね返しつつ、歴史のなかに立ち位置を見定め、次の時代を主体的・能動的に作っていく人間になること」。それとは真逆のエリート医学者の無自覚な存在に驚愕したのを覚えている。

2　「日本問題」と植民地主義

こうしたエリート医学者を対岸から思想的に挑発するのが仲里効《なかざといさお》である。雑誌『未来』の「リレー連載　オキナワをめぐる思想のラディックスを問う９」で展開させた「〈水〉と〈骨〉と〈島ぷしゅ〉の構想力」のなかで開陳した小説的な〈骨／石の構想力〉（二〇一七年春号）を思い出す。そこでは沖縄戦を導線にしながら、「積まれた骨の山はながい地下の沈黙の時間が醸成した記憶のシンジツが、濃密に蓄えられた」モノとして描写することができよう。植民地として支配された側から見た世界を知るためには、軍事的な欲望と歴史が介入する記述のみではなく、知や語りそれ自体がどのように生み出され、社会的にいかなる役割を果たしたかを批判的に記述することであろう。ここに琉球人遺骨返還問題の本質がある。そればかりか、〈石の構想力〉を問うとき、ユダヤ人の強制連行や虐殺を記録する「つまずきの石」が首都ベルリンの街区から奪い去られ、ポピュリズムとともに歴史修正主義の影が忍び寄るドイツにもその事例を散見できる昨今であることから、〈骨〉に刻み込まれた記憶の真実を解き明かさねばなるまい。

この日本人のＤＮＡと「国民」創出の企ては、社会史家・網野善彦によって論破されているとはいえ、根強い神話性を持って「農耕社会論」「島国論」「天皇制国家論」が語られているのも確かである。ここから「野蛮＝未開＝原始」のプロトタイプ（固定観念）が萌芽し、科学的な視線を優位にし、「他者」を蔑視する人類学の展開が行われ、人類学による植民地言説が補強されていくことになる。

植民地支配の過去について無自覚であることが民族・地域の分断を作り出す。その植民地主義の歴史を忘却することは結果的に植民地主義を継続させるという皮肉な現象が遺骨返還問題に込められている。ヤマト国家日本の国家構築もまた、国家による近隣地域の支配・収奪と抵抗の絶え間なき抑圧によって開発主義国家体制を動機づけている。その核心現場は北海道アイヌの植民、沖縄の「開発」、シオニズムによるパレスチナ植民に示される。従って、近・現代国際政治の核心は、中東世界に植え付けられたと同時に、極東国際関係の要に東アジア（朝鮮半島）が時代を超えて据えられてきたのである。それゆえに沖縄、アイヌ、パレスチナの人びとを共鳴させる国際政治空間を浮上させる。勢力均衡の原理が国際政治の本質ではなく、ましてや、核抑止が現実政治の内実でもない。

〈核芯〉となる国際政治は、ほかならぬ植民地主義、人種主義、軍国主義、男性中心主義、西欧中心主義がワンセットとなった〈近代〉的原理からなるのである。こうした観点に立てば、アイヌ、沖縄の歴史的事象を日本による植民と占領、開発と格差、貧困、差別の連鎖から読み込むことができる。国際政治が西欧の専売となることで周辺の視座を切り捨ててきたのは確かである。

植民地支配の過去について無自覚であると同時に、近現代の日本文化の核に文化的植民地無意識によって、天皇制と侵略者としての過去に向きあう勇気を持てない空威張り戦後ナショナリズムが不問に付されようとする風潮のなかで、その問題の根底を問わなければならないほど、この琉球人遺骨返還問題の根はじつに深い。

3　修復的正義を求めて

東アジア世界は、古くから中国大陸、朝鮮半島、日本列島のあいだには肉眼で見渡せる島々が連なり、多くの交易者が海峡を往来し、小さな生活圏から解き放たれて自由な海人たちが織りなす群島世界であった。辺境は外世界への入り口であり、漂泊の不安は自由に、平野の民からの蔑視は祝祭へと転換する多義的な文化を内包している。差別、偏見、個別の生き方をないがしろにして、身体的特徴、文化的慣習、階級、人種、ジェンダー、性、嗜好といったさまざまなカテゴリーが、不可視の暴力や対立を産むのである。この尋常ならざる現実を映し出すのは、不条理な仕方で奪われた生の記録と記憶である。個別の生に触れつつ、生の固有性をめぐり交歓する場として、東アジア世界が新たに構想されねばならない。人びとと地域が連環し、形成してきた歴史が深く刻まれた東アジア世界。縄文時代以前に遡る時間軸を持って存在してきた東アジア世界で交歓される共生空間認識がその端緒となろう。ひとしきりの歴史的社会的記憶喪失が政治やコミュニティの言葉を奪っていくなかで、第三世界の教育者パウロ・フレイレは、声をあげる権利、その言葉を発音する権利を取りもどし、エンパワーメントするための意識化に着目している（パウロ・フレイレ『被抑圧者の教育学（五〇周年記念版）』三砂ちづる訳、亜紀書房、二〇一八年）。

帝国の威圧的な空気のなかで抵抗し、もがき続ける日常から、奴隷制やインディアンの殺戮、強制移住といった不正義への応答が問われている。不正義にたいする責任の帰責モデルが修復的正義である。しかも、歴史的不正義の不変性は、過去の不正義を記憶として扱う現在の責任でもある。この問題の根深さを平和学は西欧起源の「構造的暴力」として無批判に受容してきた過去がある。沖縄では、つとに西欧起源のこの「構造的暴力」に依拠して「構造的差別」を強調する傾向がある。

沖縄は外部の力とあがらいつつも、せめぎあう対立のなかで協調し、固有の価値を守り、圧倒的な外力に飲み込まれることなく生き延びようする。この強靭な精神は、中国や薩摩の従属の狭間にありながら、取るべき道の選択をめぐる対立、葛藤と苦悩から構築されている。沖縄がなめつくす辛酸にたちすくむなかで、西欧起源の「構造的暴力」論にすがって「構造的差別」を主張することはできるのか。過去の過ちに対する明確な省察と矯正がない状態を放置したままで、どのような未来志向的、平和志向的・自立的な構造変革をこれら西欧起源の「構造的暴力」は応答しえようか。琉球人遺骨返還によって「伝承される責任」を民族国家の成員権として可視的に提供し、自らが省察する機会とすることがいま肝要なのである。国家が過去に共同体内・外で作動する不正義に対する責任、要求される賠償を提供する責任への認識は、グローバルな正義を具現するためにも必要不可欠であろう。

修復的正義とは、語り合い、助け合い、お互いの間違いを是正しあいながら、考え、行動していく包括的なプロジェクトであり、公正で持続可能なつながりをつくりだすことである。そのためにも先住民族の主体性を取り戻すための課題は最高学府・研究機関の責務といえる。先住民社会や先住民文化が西欧からの影響を深く受けたことを前提にしながらも、近代の理念と伝統との関係を修復する認識論が重要となる。

まとめ

植民地主義は現在進行形の暴力装置として人びとの〈生〉を抑圧している。二一世紀の植民地主義は、「ネオ・リベラリズム的植民地主義」とも呼ばれるように、①対テロ戦争、②世界秩序の現状を維持するための方便として「軍事力」依存志向、③軍事介入による占領体制の確立と永続化、④「安定を輸出」する論理に隠された経済秩序のネオリベ的改革の強制のなかで展開している。アメリカによるイスラエル首都エルサレム宣言や、三・一一を機に関係が密接化した安倍政権とネタニヤフ首相との蜜月は、二一世紀の植民地主義のなによりもの証左であろう。

国際紛争はこれまで、死傷者の多寡でもって、紛争の強度が測られてきた。六〇〇万のユダヤ人の死（ホロコースト）、三ヶ月で一〇〇万人の死者（ルワンダのジェノサイド）、一発の爆弾で一四万の死者（広島）あるいは一晩で一〇万人以上の死者（東京大空襲）、など、私たちは死者の数を強調することで出来事の深刻さを表現しがちである。パレスチナとイスラエルの紛争は、七〇年という長きにわたるにもかかわらず、そしてその間、百人単位、千人単位の集団虐殺が幾度となくパレスチナ人のみに生じているが、死傷者の数という点ではけっして多くはない。このような従来型の尺度ではパレスチナ・イスラエル紛争の深刻さが測れないとしても、パレスチナで進行している事態は「空間の扼殺＝スペィシオサイド」と名付けることができる。「空間」とは人が人間らしく活きることを可能とする諸条件のメタファーである。入植地建設分離壁による日常生活の分断・強奪、凄まじい数の検問所や道路封鎖による移動の自由がない暴力がいまなお継続される「占領」が魂を破壊している（岡真理「魂の破壊に抗して」『みすず』四月号、二〇一八年、三六－四七頁）。

グローバル化の進展によって新たなライバル（新興国・中国、ロシア）の登場と対抗による国際秩序の変容は西側優位社会を侵食し、その反動として、現状を維持するための反乱撲滅を「脅威」に設定して分断を作りだす。また自己決定の力や制度を無力化させるために日常的な暴力を作動させる。そのためには、貧困や格差を必要として、軍産学複合体の癒着と利権を創り出そうとする力学が内包される。戦後史を再考するにあたって植民地の記憶を取り戻しながら未来を考えることほど急務な作業はない。

「戦後」思想は「戦争」を考えるほどには「帝国」や「植民地支配」について深く考えることはなかった。日本の平和学もまた同様に「戦後民主主義」の末期的状況下でなす術を見失っている。そこには、沖縄やアイヌ、在日朝鮮・韓国人、満蒙開拓団民、強制移民者など少数の良心を孤立させ、相互監視と自己規制の沈黙にしみ込んできた「戦後」があり、その遠望に植民地がある。これ

「戦後」はけっして「構造的暴力」なのではない。平和憲法と民主主義の時代として語られる日本の「戦後」は、「戦前の朝鮮・中国、台湾、沖縄、南洋群島」という「他者」を消去することによって成り立ってきたのである。

註：本稿は、第九回公開シンポジウム（京都）「東アジアにおける琉球人遺骨返還問題」（二〇一七年一二月一六日、龍谷大学 於）の拙報告に加筆・修正を加えたものである。

コラム

琉球《うちなー》・沖縄人《んちゅ》から日本人《やまとぅんちゅ》へ

アジア先住民族機構（AIPP―在タイ）理事
（AIPP＝Asia Indeginous Peoples Pact）
当真《とうま》　嗣清《しせぃ》

はいさい、ぐすーよー

「はいさい、ぐすーよー、今日拝《ちゅーうが》なびら。我んねー読谷山《ユンタンザ》から、ゆしりてぃちゃーびたん、当真嗣清《とうましせぃ》んでぃ、言ちょーいびん。ゆたしく願《うにげ》ーさびら。」

このように自分の生まれ島の言葉で挨拶が出来ることはとても幸せなことです。なぜなら、私達が小学校、中学校の時代は沖縄語《ウチナーグチ》を喋ったら、罰として教室で立たされたり、掃除当番をさせられたりしたからです。場所によっては戦前にもあった、方言札を首から下げるなどの罰もあったようです。このような幼少期の体験がいつの間にか私の中にウチナーグチは良くない言葉、レベルの低い言葉、よってこの様な言葉を喋る人々は低能で、低い文化を持つ民族と刷り込まれていく。これが後に気がつく同化教育であり、その根源は意図する、しないに関わらず権力による同化政策であったことはずっと後で気がつく。

共通語励行世代

私の義務教育時代は一九五〇年代半ばから六〇年代の半ばで、まだ戦争の傷跡が見られ、食糧事情も決して良いとは言えず、更に学校では標準語（後に共通語）励行を強制される、どうしてもヤマトに目が向いてしまう。いつかヤマトに行くそして美味しいものをたらふく食べて、きれいな日本語を学ぶ。いつしかそれが私の中学高校時代を通しての夢となった。それはやがて日本よりアメリカが凄いと分かり、アメリカ行きを目指すことにもつながる。その裏返しの現象として沖縄本島から自分たちより悪いそして低いと思われる所を探すようになり、離島、特に宮古や八重山の人達の文化や言語を低く、悪く見るようになる。

ウチナーからヤマトへそしてアメリカへ

　琉球民謡界の大御所、嘉《か》手《で》苅林昌《かるりんしょう》が歌う「時代の流れ」がある。「唐《トウ》の世《ユ》から大和《ヤマトゥ》の世《ユ》　大和の世からアメリカ世　ひるまさ変わたるこの沖縄《ウチナー》」、私はこの歌に歌われるように若き日々を暮らしたことになる（もっとも唐＝中国はその時点で私の頭になかったが）。何れにせよその当時の私の考え方は自分が住む琉球・沖縄より日本が上、日本よりアメリカはもっと上、という考え方に凝り固まっていた。嘉手苅林昌の歌が私の考え方と同じということでは決してない。むしろあの歌は私の様な者を少し馬鹿にしていると今では思える。このようなことは更なる差別意識を植え付け、根付かせる働きとして作用したと思う。差別主義を植え付ける同化政策が進むと琉球・沖縄の中で考え方の分裂を起こすことにつながる。

　政治的には差別や同化が進んで分裂が起きても、その人が属する民族的集団が一つであると分かれば、その点で琉球・沖縄はまとまることが可能である。先住民族というカテゴリーはその可能性を琉球・沖縄に与えた一つであると思う。イデオロギーよりアイデンティティだ。

先住民族とは

　先住民族の定義は、国連ＩＬＯ一六九号条約で、近代国家が「国民形成」の名のもとで、「野蛮・未開」と見なしていた、そこの民族と土地を一方的に奪ってこれを併合し、その民族の存在や文化を無視あるいは軽視し、否定することで、さまざまな形の「同化主義」を手段としてその集団を植民地支配した結果生じた人々が「先住民族」と呼ばれる民族的集団であると定義している。どの民族が先に住んでいたのかという「先住性（indigenousness）」は、「先住民族」の資格要件の一つにすぎず、先住か、後住か、ということが問題ではなく、植民地支配や同化政策が行われていたかが、重要であると考えられている。

国連と琉球民族

　琉球・沖縄は、〝日本〟の歴史で見ると一八七九年まで、四五〇年以上、独立国であった。日本国は一八七九年に琉球国へ軍隊を派兵し強制的に併合し、植民地とした。琉球・沖縄の言語、伝統、習慣、信仰、生活様式の禁止など、植民地主義的・同化主義的な政策が行われ、明治政府の琉球併合により強制的に琉球藩の設置そして廃藩、続く「沖縄県」を押し付けられた。繰り返し言う、日本国は一八七九年に琉球国へ軍隊を派兵し強制的に併合し植民地としたのである。琉球・沖縄人の否定、さらには同化政策による日本人化が進められ、それは現在に至るまで続いている。

アイヌ民族は一九八七年初めてスイス・ジュネーブの第五回国連先住民作業部会（WGIP）に参加、それ以降毎年参加を継続させ、積極的に発言、行動してきた。国連から日本政府への勧告が「北海道旧土人保護法」を廃止させ、「アイヌ新法」制定を政府に要望した結果、「アイヌ文化の振興並びにアイヌの伝統等に関する知識の普及及び啓発に関する法律（俗称＝アイヌ文化振興法）」が一九九七年に制定された。これは国連勧告が後押ししたことは間違いのない事実であり、アイヌ民族が国連の場において自分たちの虐げられた立場を訴え続けた成果であると言える。

これらの先達の経験から国連に訴えることはとても重要であると考え、「琉球弧の先住民族会（AIPR）」は以下に述べるような活動を継続してきた。琉球・沖縄からは一九九六年に国連NGOである市民外交センターの支援を得て松島泰勝氏が琉球人として初めて、国連「先住民作業部会（WGIP）」に参加し、日本政府による琉球・沖縄に対する歴史的な差別政策を報告した。翌一九九七年に、後に初代AIPR代表となる知念秀記氏が国連WGIPにおいてウチナーグチで第一声を発し、意見を発表した。その後、ウチナーンチュは途切れることなくWGIPに参加をし、報告発表をしてきた。二〇〇七年に国連総会の本会議で、「先住民族の権利に関する国連宣言」が採択された。同じ時期に、ジュネーブの国際会議に参加していた市民外交センター代表、上村英明氏から、今後WGIPがより強化された形で再開される見通しがたったとの朗報がもたら

2014年第69回国連総会参加者、左から猪子晶代（市民外交センター）、当真嗣清（琉球民族）、阿部ユポ（アイヌ民族）、糸数慶子参議院議員（琉球民族）、菊地修二（アイヌ民族）、永井文也（市民外交センター）。

された。

国連先住民族権利宣言

「国連先住民族権利宣言」（二〇〇七年採択）は、「文化、アイデンティティ、言語、労働、健康、教育、その他の問題」に対する個人と共同の先住民族の権利、慣習、文化と伝統を守り、強化し、先住民族自身の必要性と目標に合わせて先住民族の発展を約束するものである。全部で四四条からなるこの宣言のなかで最も重要なのは自己決定権である。先住民族の自己決定権とは、政治的地位を自分たちで決め、経済的、社会的、文化的な発展のあり方や、その方法なども自分たちで決めることができるという権利である。他にも次のような権利が定められている。それは同化を強制されない権利、土地や資源の返還や賠償などを求める権利、自治を求める権利、文化的・宗教的な慣習を実践する権利、独自の言語で教育を行い・受ける権利、伝統的につながりを持ってきた土地や資源を利用する権利、などである。

この宣言は、琉球・沖縄の地で背負わされている問題解決になるヒントがたくさん隠されている。多大な米軍基地、そこから派生する事件・事故、更に建設されようとしている新基地問題は、土地や資源の返還や賠償などを求め、自治を求める先住民族の権利に違反している。最近浮上した琉球人遺骨の返還問題は先住民族としての当然の権利として要求できる。このようなことを許せば先住民族のみならず、この地に生活する全ての人々の社会的、文化的な発展を無視し阻害する行為に等しい。

第9章　学問という名の暴力
――遺骨返還問題に見る植民地主義

東京造形大学　前《まえ》田《だ》　朗《あきら》

1　はじめに――問題意識

第二次大戦の終結に伴う世界各地の植民地の解放、一九五五年のバンドン会議、一九六〇年の植民地独立付与宣言に象徴される植民地解放闘争、及びナミビアや東ティモールの独立など、二〇世紀後半から二一世紀初頭にかけて、植民地は過去の歴史となったように思われた。二〇〇一年のダーバン反人種主義・人種差別世界会議のダーバン宣言や、二〇〇七年の国連先住民族権利宣言は、植民地解放闘争の最重要の到達点である。

ところが、植民地主義の歴史は終わったどころか、現在もなお世界各地で猛威を振るっているのではないだろうか。植民地支配が終わっても植民地主義が消失するわけではない。「新植民地主義」や「植民地なき植民地主義」が語られるように、現代世界は植民地主義に脅かされ続けている。植民地主義は現代軍事主義やグローバル・ファシズムの不可欠の要素として世界を覆っている。[1]

第二次大戦前・戦中の非人道的な人権侵害、侵略戦争における虐殺、戦時性奴隷制（日本軍慰安婦）など、大日本帝国が犯した過ちを反省したはずの日本国憲法の下で、戦後民主主義、戦後平和主義が開花したと考えられてきたが、戦後民主主義、戦後平和主義に植民地主義の反省や克服が含まれていたかとなると疑わしい。

大日本帝国の植民地主義は反省されることなく、いまなお日本国家に息づいているのではないか。植民地主義認識そのものが限界を帯びていたのではないか。植民地を喪失したにもかかわらず、植民地主義の清算はなされないまま現在に至っているのではないだろうか。「継続する植民地主義（ポストコロニアリズム）」の問いはここに関わる。こうした問題意識に基づいて、日本植民地主義の解剖を行うことが求められる。世界史的視野で日本植民地主義を検証するための仮説として次の点は必須であろう。[2]

第一に、「五〇〇年の植民地主義」と「一五〇年の植民地主義」の区分である。近代史における植民地主義を再検証して、現代世界における民族、宗教、領土などの基本的配置を明らかにする必要がある。西欧諸国が大航海時代に新航路を探検し、「新世界」へ到達し、世界を植民地化した時代の植民地主義を「五〇〇年の植民地主義」と呼ぼう。他方、産業資本主義が発達を遂げ、植民地からの暴力的収奪だけではなく、資源の獲得と商品販売のための市場としての植民地再分割時代の植民地主義を「一五〇年の植民地主義」と呼ぼう。レーニンが分析した帝国列強の世界分割戦争の時代を意味する。

第二に、日本植民地主義の形成・展開を跡づける作業が必要である。アイヌモシリ、琉球王国、朝鮮半島に対する侵略や植民地支配がいかなる歴史的展開を遂げたかを問う作業である。それぞれの地域における「五〇〇年の植民地主義」と「一五〇年の植民地主義」を分析する必要がある。

第三に、大日本帝国の植民地主義の継続である。第二次大戦後の日本は、日本国憲法を柱とする戦後改革をすすめ、平和主義、国際協調主義、民主主義、自由主義の新生日本として再発足したと

1　関連する筆者のこれまでの研究として、前田朗『人道に対する罪』（青木書店、二〇〇九年）、徐勝・前田朗編『文明と野蛮を越えて――わたしたちの東アジア歴史・人権・平和宣言』（かもがわ出版、二〇一一年）、前田朗「序章　グローバル・ファシズムは静かに舞い降りる」木村朗・前田朗編『二一世紀のグローバル・ファシズム』（耕文社、二〇一三年）、前田朗「植民地支配犯罪論の再検証」『法律時報』八七巻一〇号（二〇一五年）。

2　前田朗「私たちはなぜ植民地主義者になったのか」木村朗・前田朗編『ヘイト・クライムと植民地主義』（三一書房、二〇一八年）、前田朗「日本植民地主義法論の再検討」『法の科学』第四九号（二〇一八年）。植民地を保有した国家と社会の法規範や法意識に即して植民地主義法を想定することができる。植民地に移住した植民者だけではなく、宗主国の社会に生まれ育った者が、植民地に赴くことも、植民地人民と接触することもなかったとしても、植民地宗主国の法文化を身に着け、その思考や行動に植民地主義が貫徹している場合を想起した。それゆえ植民地独立後も、旧宗主国側には「植民地なき植民地主義」が残存する。そして、日本の植民地喪失過程の独自性から、戦後改革のさなかに植民地主義法の再編が行われたのではないか。それゆえ、現代日本法における植民地主義を問うことは、戦後改革、特に日本国憲法体制における植民地主義とその長期に及ぶ影響を問うことになる。このことを、近代国家の三要素とされる領土、国民、主権の概念に即して分析した。

される。ところが、実は植民地主義の清算は行われず、それどころか日本国憲法の中にもレイシズムを強化する側面があることを無視してきた。領土／植民地問題、植民地忘却問題、レイシズムの隠蔽と忘却を批判的に検証する必要がある。[3]

本稿では、こうした問題意識に基づく検証作業の一つとして、先住民族の遺骨返還問題を素材として、日本植民地主義の現在を照射したい。近代における学問が植民地主義の尖兵として果たした役割を問うために、日本の人文科学や社会科学における「植民地主義の学問的形態」を確認したい。

2　遺骨返還問題に見る日本植民地主義

先住民族の遺骨返還問題とは、アイヌ民族及び琉球民族の墓地に対する盗掘、遺骨その他の領有、そして今日の調査拒否や返還拒否の総体を指す。その詳細の分析は本書全体の課題であり、別稿で詳しく検討されている。本稿ではごく簡潔に記述するにとどめる。[4]

二〇一七年七月二二～二三日、札幌市で「遺骨をコタンに返せ！四大学合同全国集会」が開かれた。四大学とは北海道大学、東京大学、京都大学、大阪大学である。[5]

集会呼びかけは「北大、東大、京大、阪大などの『アイヌ研究』、『琉球研究』は民族差別、人権侵害そのものであり、『優勝劣敗』の社会進化論、優生思想をベースにした民族抹殺、日本社会への同化を強力に推進してきました。さらに日本人類学は、アイヌモシリ、琉球、台湾、朝鮮、中国、アジア・太平洋地域へと侵略・植民地支配に加担する国策の『帝国学問』の役割をはたしてきました」と述べる。

三木ひかる（ピリカ全国実行委員会）によると、第一次大戦後、「白色人種」に対して「黄色人種」が「人種的優位」に立つために「人種改良」論が流行した。社会進化論から派生した優生思想が遺伝学と合流し、人種改良のために「民族衛生政策」が採用された。「精神障害者」「身体障害者」「アルコール依存症」「犯罪者」「反社会的分子」を排除することによって優秀な「血統」を残すという

3　前田朗「日本国憲法とレイシズム」『部落解放』七四四〜七四六号（二〇一七年）。なお、前田朗「日本植民地主義をいかに把握するか（一）」『さようなら！福沢諭吉』第五号（二〇一八年）。

4　植木哲也『新版　学問の暴力』（春風社、二〇一七年）、北大開示文書研究会『アイヌの遺骨はコタンの土へ——北大に対する遺骨返還請求と先住権』（緑風出版、二〇一六年）、宮城隆尋「奪われた琉球人遺骨」木村朗・前田朗編『ヘイト・クライムと植民地主義』（三一書房、二〇一八年）など参照。なお、植木哲也『植民学の記憶——アイヌ差別と学問の責任』（緑風出版、二〇一五年）。

5　以下の記述は『アイヌ民族の遺骨は告発する——コタンの破壊と植民地支配』川村シンリツ・エオリパック・アイヌ（旭川アイヌ協議会）、片岡とも子（「京大・追及する会」「阪大・究明する会」代表、ピリカ全国実行委員会）である。呼びかけ団体は、旭川アイヌ協議会、「原住、アイヌ民族の権利をとり戻すウコチャランケの会」「アイヌ民族の遺骨を取り戻す有珠の会」「『北方領土の日』反対！『アイヌ新法』実現！全国実行委員会：ピリカ全国実行委員会」「北大人骨問題の真相を究明する会」「東大のアイヌ民族遺骨を返還させる会」「京大・アイヌ民族遺骨問題の真相を究明し責任を追及する会」「阪大・人骨問題の真相を究明する会」「アイヌ民族と連帯するウルマの会」である。

思想である。一九三〇年代にはナチス・ドイツのもと、「優生・人種学革命」「ドイツ民族の生物学的質の向上と良質人口増殖」が図られ、ユダヤ民族やロマ（シンティ、ジプシー）への虐殺に至った。一九三三年、日本学術振興会第八委員会は日本民族衛生学会と合同して「アイヌの医学的民族生物学的調査研究」に着手した。アイヌ民族を「滅びゆく民族」と決めつけ、その原因を探るためにアイヌ民族の頭骨の形状、毛髪、皮膚、血液型、指紋などを調査したのである。三木は次のように述べる。

「当時、アイヌ民族はいわゆる『混血』による同化によって『滅亡』するとする、優生学的生物学主義的同化主義がさかんに喧伝され、アイヌ民族『衰亡』を、疑似『科学的』に証明するために人権破壊の差別調査がおこなわれ、その調査にもとづく数多くの読むに堪えない差別論文が書き散らされました。」

「アイヌ民族を『原始的』、『特異な体質』をもつ『古代民族』などとするとらえ方は、児玉（作左衛門）ら人類学者の先住民族観の典型であり、アイヌ民族を『化石』のような存在と見、同時代を共に生きる民族とは決して認めません。」

アイヌ墓地の組織的で大規模な破壊、盗掘、遺骨の持ち出しは、警察や自治体の協力を得て、アイヌ民族の抗議を押し切って実施された。

さらに三木は、天皇裕仁《ひろひと》（昭和天皇）の北大視察の意味を鋭く指摘する。天皇裕仁は二度にわたって北大を視察した。

一度目は一九三六年一〇月、陸軍特別大演習が挙行された際に北海道を訪れた時のことである。九月二八日、大本営には「研究業績」が陳列され、児玉作左衛門が天皇に「アイヌの頭蓋骨の研究」という講義を行った。優生思想に立脚した民族生物学が大日本帝国の大元帥である天皇と直結した瞬間である。

二度目は一九五四年で、やはり児玉が医学部標本庫で「収蔵資料」の説明を行った。

一九五八年七月には皇太子明仁《あきひと》（現天皇）も北大を訪問して、児玉から説明を受けた。皇太子は記者会見で「[アイヌは] 意外に [色が] 黒かった、白色人種の系統だからもっと白いと思っていたんですが。ギリヤーク [ニブヒ]、オロチョン [ウィルタ] となると日本人とは区別がつきません」と述べたという（『北海道新聞』一九五八年七月七日）。

アイヌを白色人種としているのは、当時の児玉の持論を真に受けたものである。

大日本帝国時代も、現在の日本国憲法体制になってからも、天皇及び皇太子が、北大におけるアイヌ民族の盗掘の成果を「学問」として謹聴し、差別思想の正当化に大きな役割を果たした。

遺骨返還問題は、日本植民地主義の「学問」によるレイシズムを浮き彫りにした。大日本帝国時代に植民地主義を理論化した殖民学や文化人類学。第二次大戦後、日本国憲法の下で自らの植民地主義を清算することなく、継承した経済学や人類学。返還要求を前に、先住民族の声を圧殺しようとする現在の学問の権威主義。日本の学問にはレイシズムが貫かれている。そのことを自覚できないレイシズムである。

3　スミソニアン博物館の先住民族遺骨返還

始まった遺骨返還

遺骨返還問題は日本に限られない。植民地主義がはびこった世界では、どこでも植民者は「土人」を発見し、その墓地を暴き、盗掘してきたと言ってよい。その例として、アメリカのスミソニアン博物館の遺骨返還問題を見ておこう。[6]

スミソニアン博物館とは、一八四八年に設立された、科学、産業、技術、芸術、自然史の博物館群・教育研究機関複合体の総称であり、一つの博物館ではない。現在、ワシントンDCを中心に、国立航空宇宙博物館、国立アフリカ美術館、国立自然史博物館、郵便博物館、アメリカ歴史博物館、アメリカ・インディアン博物館など一九の博物館や、研究機関を擁するという。運営資金はアメリカ政府財源、及び寄付、寄贈、ミュージアムショップ、出版物からの利益で賄われている。

国立自然史博物館及びアメリカ・インディアン博物館は、一九九〇年代から、先住民族であるインディアン及びハワイ共同体の遺骨の分類調査と返還を行ってきた。その中間報告と言うべき、二〇一一年五月のアメリカ政府・説明責任局の報告書（GAO-11-515）によると、国立自然史博物館及びアメリカ・インディアン博物館には、南北アメリカ、中央アメリカ、カリブ海地域から集められた膨大な所蔵品が納められている。一八〇〇年代、軍医の要請に応じて、頭蓋骨研究のために、米軍は戦場や墓地から数千のインディアン人骨を送った。その結果、数千の人骨が軍医博物館に保管され、後にスミソニアン博物館に移管された。その後も人骨や関連する物品の収集が続いた。

一九八九年、アメリカ・インディアン博物館法が制定され、所蔵する人骨や関連する物品の調査が始まった。インディアン人骨を含むカタログは一万九七八〇あることが判明した。国立自然史博物館に一万九一五〇、アメリカ・インディアン博物館に六三〇である。まだ調査が完了していないため、この数は変動を続けている。インディアン人骨、埋葬用具類、その他の関連する物品は、自然史博物館の形質人類学コレクション、考古学コレクション、民族学コレクションに収録されている。

一九八九年、アメリカ・インディアン博物館法が制定されて以来、スミソニアン博物館は五千以上の人骨を返還してきた。これは所蔵品の三分の一に当たる。埋葬用具類も二一万二千以上返還してきた。所蔵品全体の調査は未完のため、返還状況の進展度合いは不明である。アメリカ・インディアン博物館法はスミソニアン博物館に、インディアン人骨と埋葬用具類の出所・由来を確認するために、利用可能な科学的歴史的記録を精査するよう求めている。スミソニアン博物館は返還作

6　以下の記述は、Laurent Daville(ed.), *Repatriation of Indian Human Remains : Efforts of the Smithsonian Institution.* Nova Science Publishers, 2013.による。なお、イギリスの遺骨返還問題について、前田朗「植民地主義批判のための覚書き」『社会評論』第一九三号（二〇一八年）参照。

業にさらに五年が必要と推定しているが、政府は数十年かかるかもしれないと見込んでいる（二〇一〇年五月時点）。

アメリカ・インディアン博物館法は特別委員会を設置するよう求めたので、スミソニアン博物館は、自然史博物館の返還作業を監視するために返還審査委員会を設置した。スミソニアン博物館側は、法律が指示したのは自然史博物館だけであるという立場だが、法律はそのように限定していない。しかし、返還審査委員会は自然史博物館だけを対象とし、アメリカ・インディアン博物館を対象としていない。全体としてみると返還作業は十分進行しているとは言えない。

進捗しない遺骨返還

二〇一一年五月のアメリカ政府・説明責任局の報告書によると、スミソニアン博物館は一九八九年以来、先住民族の遺骨及び祭祀用具類の返還を進めてきた。

アメリカ・インディアン博物館は一九九三年に最初の目録を作成した。この目録には遺骨及び祭祀用具類が含まれていたが、後になって五千以上のカタログが含まれていないことが判明した。博物館の電子データに入れられていなかったためである。その結果、博物館は一九九五年に五千カタログを含む追加目録を作成した。博物館は、これらの遺骨類と関係がありそうな先住民族集団に情報提供した。一九九六年の法改正後、博物館は新規の目録作成を行っていない。すでに完成したものと考えたからである。

自然史博物館も、法定期限までに目録と一覧を作成した。全米各地から収集した民族学コレクション一七一の一覧である。そのうち一七〇は先住民族の部族に属し、一つはどこにも属さないものである。一七一のうち一一六については一九九六年一二月三一日までに目録ができ、五〇は二か月後に完成し、五つはかなり遅れてできあがった。博物館はこれらの情報を関係がありそうな先住民族集団に提供した。

自然史博物館は、形質人類学・考古学の目録を六四作成した。一三はアラスカ州、一つはコロンビア州、一つは特定集団と結びつきがないものである。この目録には一万六千のカタログが含まれる。三千カタログは祭祀用具類である。自然史博物館は一九九八年六月一日までに目録を作成した。両博物館は、法定期限までに一覧と目録を作成したが、この過程でアメリカ・インディアン博物館法に照らして問題点が浮き彫りになった。

第一に、目録作成に当たって、伝統的先住民族の宗教指導者や自治政府とどのように協議・協力するかである。法はスミソニアン事務局に伝統的先住民族の宗教指導者や自治政府と協議・協力して博物館所蔵の遺骨や祭祀用具類の目録を作成するよう命じている。しかし、スミソニアン博物館は、両博物館から目録が送付された後に、先住民族集団との協議を始めた。

第二に、自然史博物館の目録が地理的文化的関連をどの程度特定したかである。博物館の電子データで容易に地理的文化的関連を特定できた場合はよいが、記録に基づいて特定することのできない場合があった。このため目録は暫定的なものにならざるをえない。

スミソニアン事務局の見解では、法律は目録が完成するよりも前に協議を行うことを要求していない。一九九六年法改正によって目録の定義が示されたが、協議の必要性はあるものの、科学的歴史的手法により遺骨の出自を特定することもあり得る。第二に、スミソニアン事務局によると、法律は目録完成の期限に間に合わせるために具体的にどのような方法を採用するかをスミソニアン博物館に委ねたと言う。スミソニアン事務局によると、両博物館は相互チェックを行っていない。

スミソニアン事務局の見解では、スミソニアン事務局は、法律第一一条が目録作成と同一性特定を同時に行うべきと述べていると解釈していないため、二段階過程を採用した。第一ステップでは遺骨及び祭祀用具の詳細な目録を作成する。第二ステップにおいて、返還事例報告を準備する。ここで博物館は先住民族集団と協議を行い、重要情報の検討を行う。博物館が作成する事例報告には、文化的関係の判定や返還に関する勧告が含まれる。両博物館が第二ステップに入ったのは、目録情報に基づいて先住民族集団が返還要求を出した後になった。

法律第一一条の解釈は、一九九六年法改正の立法過程からは明確にはならない。立法記録によると、法改正は当時のスミソニアン事務局の実務運営に合わせたものである。一九九六年改正はスミソニアン事務局が採用した二段階ステップを正当化するものである。しかし、法改正の意図の一つは、遺骨等の目録、特定、返還の要求が適切に履行されるようにすることであった。

なお、アメリカ・インディアンは差別的呼称ではないかとの指摘がある。アメリカ・インディアン、ネイティヴ・アメリカン等をめぐってかなり複雑な議論があるが、本稿では法律及び博物館の固有名からアメリカ・インディアン博物館（法）を用いている。いずれの呼称を用いるにせよ、先住民族の権利の視点から考えることが不可欠である。

返還遅延の理由

スミソニアン博物館は一九九三年に調査を始め、目録を作成して以後、アメリカ・インディアン博物館及び自然史博物館の所蔵であった先住民族の遺骨や祭祀類を返還してきた。

しかし、返還作業が順調に進んできたわけではない。むしろ、その遅延が指摘されてきた。スミソニアン事務局は遅延について四つの理由をあげている。

第一に、職員が限られており、配置転換等で職員が移動する。アメリカ・インディアン博物館は小規模であり、職員の移動や休暇があるため、作業が進展しない。自然史博物館は返還準備を担当する職員が限られ、返還要求に間に合わせることができない。

第二に、情報が複雑であり、限定的である。返還担当職員によると、スミソニアン博物館所蔵品の記録が複雑かつ限定的である。自然史博物館によると、一九世紀や二〇世紀初期の考古学の発掘は、その場所の記録が不完全である。自然史博物館と他の博物館の間で移管された所蔵品もあり、その際に出自の記録が失われたものもある。アメリカ・インディアン博物館所蔵の遺骨には出自が不明のものがある。

第三に、部族の側の困難である。部族側に返還作業のための財源がない。自然史博物館職員が部族に十分に手を差し伸べることができない。二〇〇三－二〇一〇年にかけて、部族連絡担当を置くようにとの勧告がなされたが、担当職員と部族が積極的な関係を構築すれば、連絡担当は必要ない。

第四に、アメリカ・インディアン博物館のデータ管理が弱体である。アメリカ・インディアン博物館にはもともと集中的に管理されたファイルがない。職員がそれぞれの担当部門のファイルを保有していたため、返還作業に困難をきたした。二〇一一年一月、アメリカ・インディアン博物館は新しい管理システムを採用して、返還作業を組織化し、追跡できるようにした。

返還の遅延に関して、もう一つの困難があった。アメリカ・インディアン博物館法の規定にもかかわらず、返還委員会が監視したのは自然史博物館だけだった。スミソニアン事務局は次のような見解である。同法の対象は、一九八九年に法律が採択された時点でスミソニアンが保有していた所蔵品だけである。当時、対象所蔵品は自然史博物館だけが保有していた。同法一一条はヘイ・コレクションを対象としていない。その後、ヘイ・コレクションがスミソニアンに移管されたもので、それ以前、スミソニアンはヘイ・コレクションに遺骨が含まれるか否かを知らなかった。同法制定の一九八九年当時、アメリカ・インディアン博物館は存在しなかった。返還委員会が活動を開始した時点にもアメリカ・インディアン博物館は存在しなかった。

アメリカ政府・説明責任局の報告書によると、遺骨返還が実現していないのはスミソニアン側だけでなく、さらに次の理由がある。第一に、財源が不十分のため返還に要する経費が足りない。第二に、文化的理由として、当該遺骨と由縁のある部族メンバーが死亡している場合、引き取りが困難となる。第三に、部族代表政府のメンバーがすっかり入れ替わっている場合である。第四に、同一の所蔵品が複数の部族に関連がある場合、部族間の調整に時間を要する。第五に、遺骨等が危険な害虫駆除剤に汚染されている可能性がある。アメリカ・インディアン博物館は害虫駆除剤検査の技術を持っていなかった。

以上の諸事情から、アメリカ・インディアン博物館は所蔵品の保有を続けている。アメリカ・インディアン博物館は、ある部族が反対しなければ、他の部族に返還することも含めて検討しているという。

アメリカ政府・説明責任局の報告書は、結論として、スミソニアンが数千の遺骨を特定し、返還したことを評価しているが、そのプロセスに時間がかかりすぎていると言う。スミソニアンが採用した方法は法律一二条に十分合致しているとは言えない。法律はスミソニアン全体に管轄を及ぼしているので、自然史博物館だけでなく、すべての所蔵品を返還すべきだとしている。

4　おわりに

アメリカ合州国は、ダーバン宣言にも先住民族権利宣言にも反対した国家である。それにもかかわらず、法律を制定して、スミソニアン博物館所蔵の遺骨返還作業を進めてきた。

二〇〇一年九月三日、ダーバン（南アフリカ）で開催された国連人権高等弁務官主催の反人種主義・差別撤廃世界会議における「ＮＧＯフォーラム宣言」一四五は「先住民族の精神的な儀礼に対する宗教的不寛容およびその聖地と聖体を冒瀆する行為は、侵略と植民地主義の開始以降、先住民族を従属させる基本的な手段であり続けており、これを終わらせるため国家が行動を起こさなければならない根強い悪弊である」とした。政府間会議の成果文書であるダーバン宣言は、最終日に激しい論争の末まとめられたためもあって、先住民族の権利に関する記述が十分とは言えないものの、先住民族の基本的権利を概括的に確認した。

アメリカとイスラエルはダーバン会議の途中で席を蹴ったために、アメリカはダーバン宣言にコミットしていない。しかし、先住民族の遺骨返還を自らの手で進めている。

国連総会が二〇〇七年九月一三日に採択した先住民族の権利に関する国連宣言第一二条「宗教的伝統と慣習の権利、遺骨の返還」は次のように定める（市民外交センター訳）。

「一．先住民族は、自らの精神的および宗教的伝統、慣習、そして儀式を表現し、実践し、発展させ、教育する権利を有し、その宗教的および文化的な遺跡を維持し、保護し、そして私的にそこに立ち入る権利を有し、儀式用具を使用し管理する権利を有し、遺骨の返還に対する権利を有する。

二．国家は、関係する先住民族と連携して公平で透明性のある効果的措置を通じて、儀式用具と遺骨のアクセス（到達もしくは入手し、利用する）および／または返還を可能にするよう努める。」

第一項に「遺骨の返還に関する権利」が明記され、第二項に遺骨のアクセスや返還を可能とすべき国家の努力義務が示されている。

国連総会でアメリカは、カナダ、オーストラリア、ニュージーランドとともに、先住民族権利宣言に反対した数少ない国家の一つである。にもかかわらず、アメリカは遺骨返還作業を開始した。そのプロセスが十分進展しているとは言えないにしても、先住民族に対する侵略と差別の歴史に向き合い、一定の反省を示すことを続けていると言えよう。

これに対して、日本はどうだろうか。日本政府は二〇〇一年のダーバン宣言に賛成した。そして、二〇〇七年の先住民族権利宣言にも賛成投票した。

それにもかかわらず、文部科学省は、アイヌ民族の遺骨については一応の調査を行ったものの、返還作業は何もしていない。琉球民族の遺骨については調査すら行っていない。北海道大学はアイヌ民族の要請を顧みることさえせず、アイヌ民族は裁判に訴えるしかなかった。京都大学は琉球民族の要請を顧みることなく、琉球民族も裁判の準備を検討せざるを得なくなっている。

コラム

旧帝国大学による琉球人遺骨の未返還問題についての私見

沖縄戦遺骨収集ボランティア「ガマフヤー」代表
具志堅《ぐしけん》　隆松《たかまつ》

今を去ること八九年前の一九二九年に旧京都帝国大学の金関丈夫助教授が沖縄本島内において複数の墓から遺骨を持ち帰った。目的は人類学の研究材料とするためである。そしてそれらの遺骨は今もなお京都大学などに保管されている。墓の所在地は中《なか》城《ぐすく》、瀬長島、そして今帰仁の百按司墓などである。金関氏の著書によれば地元や警察の協力も得て収容しており、最近の情報として当時の県内の新聞も「極めて合法的に無縁仏が救済され、京都大学内に五〇人余りの琉球人村ができる」旨の見方が掲載されている。ここまで書くと当時の収容行為に何等問題がないかの様に思われるが、私なりに違和感を覚える部分があるのでそれを述べてみたい。

まず金関氏が遺骨を持ち出した墓が管理者のいない「無縁墓」だとした場合、果たして管理者のいない墓の遺骨は研究材料として持ち出して所蔵してよいのか、ということである。一般的に無縁仏という言い方で混同されやすいのだが、たとえ管理者のいない無縁墓であっても墓の中の遺骨は行旅死亡人のような引き取り手のない遺骨と同一ではない。お墓の中の遺骨は死者を弔って納骨した縁故者がいるか又はいたわけであり、決して遺棄葬ではない。現代であれば道路工事などの現場で移動せざるを得ない無縁墓が見つかった場合、墓地埋葬法により墓の前に一年間看板が立てられ行政により遺骨の移動が行なわれる旨の告知が墓の管理者に対し掲示される。この対応を考えると金関氏による遺骨の持ち出しが墓地埋葬法成立以前の事とはいえ被葬者と遺族への配慮の欠如を感じる。それとも沖縄やアイヌであればかまわないという捉え方があったのだろうか。

次に大学が遺骨を所蔵していることに関する私なりの意見であるが、現在沖縄では京都大学が所蔵し続けている遺骨を沖縄に返還することを市民団体などが京都大学に要求している。それに対し京都大学は交渉どころか返事すらしない旨をコメントしただけである。これは全く理解に苦しむ。返還しないのであれば大学として所蔵の正当性の根拠を示すべきである。

京都大学と対照的なのが台湾大学である。台湾大学は沖縄側から遺骨の返還を要求されるどころか、台湾大学に遺骨があることを多くの人が知らないにもかかわらず、自主的に遺骨の返還を沖縄に対して申し出てきたのである。台湾大学に遺骨があるのは金関氏が台湾大学に赴任した際に遺骨を台湾大学に寄贈したからである。

台湾大学と京都大学の琉球人遺骨返還という一つの問題に対する対応の違いはどこから来るのであろうか。この違い自体が興味深く、むしろ研究の対象とさえなり得る気がする。少なくとも両大学においては遺骨の返還にどのような対応をするか判断をするとき一研究者だけでなく複数の研究者の意思で判断するのであろうが、彼らが自らの学問をどのように捉えているのか、遺骨を人として捉えているのか、物として捉えているのか、研究対象である沖縄人に説明責任を果たさずともよいと考えているのか知りたいところである。京都大学は返事すらしないという対応は改めるべきであり、大学は社会に対しそのような対応が許される存在ではない。現在の大学側の態度は自らの品格を貶めることにほかならない。

最後に個人的な見解であるが、私としては大学側が遺骨を元在った場所に戻してくれたらそれでよいと思う。人間がその一生を終え、家族に弔ってもらい先祖のお墓の中で永久の眠りに就き、両親や先祖と共に大地に帰っていくというのは家族愛の帰結点とも言うべき平和で、素晴らしく自然なことだと思っている。なぜなら沖縄戦没者遺骨の方達が家族の元へ帰る日を待っているからである。

第10章　日本の植民地主義とアイヌ・琉球（沖縄）・奄美の遺骨問題

鹿児島大学　木《き》村《むら》　朗《あきら》

はじめに

現在の安倍政権は対米従属と国際社会への孤立を深める一方で、かつて来た道、すなわち「富国強兵」「軍民一体化」という「戦前回帰」志向の色濃い「軍国主義復活」につながる軍事大国化路線を強引に推し進めようとしている。そして、戦争とファシズムの時代状況が迫る中で今年迎えた明治維新一五〇周年を手放しの「礼賛」で祝おうとしている。

そこには、明治維新を契機とした過去の朝鮮半島や台湾などに対する植民地支配、中国や東南アジア諸国への侵略戦争といった、日本の植民地主義、すなわち「アジアで唯一の帝国主義」としての大日本帝国が犯した大きな誤りや戦争犯罪に対する自覚・反省が完全に欠如している。

その日本の植民地主義が今日まで絶えることなく続いていることを示しているのが、近年になって特に注目を集めている、アイヌと琉球（沖縄）の遺骨問題である。この遺骨問題には、近代日本の明治維新以来続く、アイヌ、琉球（沖縄）・奄美の人々に対する差別と歴史的不正義が象徴的にあらわれているといえる。

そこで本章では、まず我々がこの間に行ってきた東アジア共同体・沖縄（琉球）研究会の活動を紹介し、日本の植民地主義とアイヌと琉球（沖縄）・奄美への差別の根源を探るとともに、とりわけ琉球（沖縄）・奄美の遺骨問題の本質とその背景にあるものとは何かを中心に考察することにしたい。

1　東アジア共同体・沖縄（琉球）研究会による脱植民地化の取り組み

東アジア共同体・沖縄（琉球）研究会は、「永続敗戦構造（戦後レジーム）の中で際限のない対米従属を続けてきた日本の真の独立を実現し、沖縄と日本本土を含む東アジア地域における平和の実現と人権の確立のために東アジア共同体構想を深めるとともに、『米国と日本本土（ヤマト）による二重の植民地支配状態』に置かれ続け、日米両国政府によって翻弄され続けてきた沖縄の独立を含む自己決定権のあり方を多角的視点によって研究すること[1]」を目的として、二〇一六年九月九日に琉球大学で設立された（琉球大学の高良鉄美と筆者・木村が共同代表、本書の共編者である松島と東京造形大学の前田朗が共同副代表）。

また、その設立宣言では、以下のように二重の意味での植民地主義の克服を重要課題として提起している。

「戦後日本はアジア太平洋地域への歴史的課題の忘却と沖縄への過重負担の一方的押しつけという構造的差別を前提として成り立ってきたと言っても過言ではない。今こそ日本は脱植民地化の道を進めると同時に日本人の内なる植民地主義を克服しなければならない」[2]

本研究会は、これまで、脱植民地化、すなわち植民地主義の克服というテーマに関連した公開シンポジウムを、下記のように、五回開催してきた。

①　第六回公開シンポジウム（札幌開催）「反差別・反ヘイト・自己決定権を問う」
協力：What's 日本ジャーナリスト会議北海道支部
二〇一七年六月三〇日(金)　札幌エルプラザのホール
司会：前田朗（東京造形大学）・清水竹人（桜美林大学）
Ⅰ「沖縄ヘイトスピーチ問題を問う」
安田浩一（ジャーナリスト）「ヘイト・スピーチの根源を探る」
Ⅱ「先住民族の自己決定権を回復するために」
結城幸司（アイヌアートプロジェクト代表）「アイヌに対する差別に抗して」
島袋純（琉球大学）「琉球（沖縄）に対する差別に抗して」
討論者：宮城隆尋（琉球新報編集委員）

②　第九回公開シンポジウム（香川開催）「県外移設論と脱植民地主義・沖縄差別」

本公開シンポジウムの共通テーマは、「県外移設論と脱植民地主義・沖縄差別」です。戦後日本において日米両国の植民地としてあり続けてきた沖縄から、あまりにも過重な基地負担からの解放と日本の植民地主義からの脱却の道が、米軍基地の本土への移転に求める声として出されている。こうした沖縄からの心からの叫びを日本本土の人々はどのように受け止めるのか。本シンポジウムでは、日本本土と沖縄との関係性を問いなおすとともに、沖縄問題の真の解決策と方向性をさぐる議論を行いたいと思います。

二〇一七年一一月二六日(日)　香川大学

司会者：清水竹人（桜美林大学教授）

Ⅰ　基調講演

・福本圭介（新潟県立大学准教授）「基地引き取り運動とは何か？――その認識、方法、希望」

・松島泰勝（龍谷大学教授）「なぜ〝県外移設〟を求めるのか――日帝植民地主義批判」

Ⅱ　個別報告

・佐々木寛（新潟国際情報大学教授）「沖縄が問う日本の安全保障政策」

・木村朗（鹿児島大学教授）「沖縄問題とは何か――沖縄差別の根源と対米従属の宿痾」

③　第一〇回公開シンポジウム（京都開催）「東アジアにおける琉球人遺骨返還問題」

本公開シンポジウムの共通テーマは、「東アジアにおける琉球人遺骨返還問題」です。日本の植民地となった琉球において、日本人研究者によって沖縄島今帰仁村百按司墓の遺骨が違法に持ち出され、現在、京都大学総合博物館と国立台湾大学に保存されています。琉球人遺骨返還問題、植民地主義と学知との関係、先住民族による遺骨返還運動等について議論を行います。

1　東アジア共同体・沖縄（琉球）研究会の設立宣言（ＨＰブログ http://east-asian-community-okinawa.hatenablog.com/）、故大田昌秀、鳩山友紀夫、松島泰勝、木村朗『沖縄謀叛』（かもがわ出版、二〇一七年）の巻末資料を参照。

2　同上。

二〇一七年一二月一六日(土)　龍谷大学深草キャンパス
【基調講演】
・佐藤幸男（帝京大学教授）「植民地主義暴力と調査暴力：構造的暴力論を超えて」
【報告】
・出原昌志（アイヌラマット実行委員会共同代表）「先住民族アイヌの権利回復と遺骨問題」
・山内政夫（柳原銀行記念資料館事務局長）「地域にヘイトスピーチがやって来た」
・松島泰勝（龍谷大学教授）「琉球人遺骨問題にみる日帝植民地主義の過去と現在」
【討論者】
・冨山一郎（同志社大学〈奄美・沖縄・琉球研究センター〉代表）
・駒込武（京都大学大学院教育学研究科教授
・原田太津男（龍谷大学教授）
・前田朗（東京造形大学教授）

④　第一一回公開シンポジウム（沖縄〈琉球大学〉開催）
本研究会の共通テーマは「日本の植民地主義と中国・北朝鮮脅威論を問い直す！」
二〇一八年一月二七日(土)　琉球大学法文学部棟
司会者：木村朗（鹿児島大学）
Ⅰ　植民地主義とヘイトスピーチを考える
・前田朗（東京造形大学）「日本国憲法の植民地主義性」
・松島泰勝（龍谷大学）「琉球人の生死を貫く日帝植民地主義の問題性」
・島袋純（琉球大学）「琉球／沖縄に対する差別に抗して」
Ⅱ　中国・北朝鮮脅威論の虚妄性を問う

・屋良朝博（ジャーナリスト）「沖縄問題と日本の安全保障」
・金成浩（琉球大学）「朝鮮半島危機と沖縄基地問題への一考察――歴史の教訓・分断体制論・自治体平和政策の視点から」
・高嶺朝太（ジャーナリスト）「生き続ける悪夢の日米合意」
Ⅲ　声明文の発表（一七時一〇分～一七時二〇分）
「琉球人・アイヌ遺骨返還問題にみる植民地主義に抗議する声明文」
（東アジア共同体・沖縄（琉球）研究会：松島泰勝共同副代表より）
Ⅳ　シンポジウムの総括および閉会の挨拶
島袋純（琉球大学）

⑤　第一二回公開シンポジウム（東京開催）「反レイシズムの作法――『ヘイト・クライムと植民地主義』出版記念」
三一書房との共催　二〇一八年二月二五日(日)　専修大学神田キャンパス
司会者：前田　朗（東京造形大学）
パネルディスカッション
新垣毅（琉球新報）、香山リカ（立教大学）、阿部浩己（神奈川大学）、宋連玉（青山学院大学）

この間の東アジア共同体・沖縄（琉球）研究会における植民地主義をめぐる議論・活動については、すでに、まとめたかたちで出版している。[3]また特に、松島泰勝共同副代表が起草した「琉球人・アイヌ遺骨返還問題にみる植民地主義に抗議する声明文」が採択・発表された。[4]

3　前田朗／木村朗共編『ヘイト・クライムと植民地主義（反差別と自己決定権のために）』三一書房、二〇一七年、を参照。

その声明文で、我々は、戦前の発掘調査で京都帝国大学の金関丈夫が今帰仁村の百按司墓から研究目的で持ち出した遺骨について「琉球併合後、警察を含む行政、教育関係の上層部の大部分を日本人が専有するという植民地体制下において金関氏の盗掘が行われた」ことを指摘したうえで、京大の人骨保管は国際法上問題だとして、我々研究会は「琉球人・アイヌ遺骨返還に見る日本の植民地主義」に強く抗議するとともに、「琉球人に対するこれまでの冒涜《ぼうとく》行為への謝罪」および「遺骨に関する完全な情報の公開、返還、再埋葬」を要求している。[5]

2　近代日本による周辺地域の植民地化とその負の遺産
――明治維新一五〇周年を祝う安倍政権の欺瞞性

日本の植民地主義の歴史的起源はかなり古く、少なくとも一八六九年の「蝦夷地」から「北海道」への改名と日本本土への併合、一八七二―一八七九年の「琉球処分」という名の「琉球併合」、一八七四年の台湾出兵、一八七五年の江華島事件、日清戦争、日露戦争、朝鮮の保護国化（一九〇五年）と完全併合（一九一〇年）へと歴史を遡らなければならない。

このように近代日本が中央集権的国家を形成していく過程で、日本本土の「周辺」に存在していたアイヌの「蝦夷地」や「琉球王国」などを「国内植民地化」すると同時に、朝鮮・台湾・満州（中国東北部）などを植民地化したのである。その近代日本のアジア侵略の踏み台・拠点とされ、アジア太平洋戦争末期に悲惨な沖縄戦の体験を強いられることになったのが沖縄であった。

そして、明治維新一五〇年を今年（二〇一八年）迎えて、全国各地で手放しで明治維新一五〇年を「礼賛」しようとしているのがいまの安倍政権である。その姿勢は、「明治一五〇年は、我が国にとって一つの大きな節目。明治の精神に学ぶ、日本の強みを再認識することは極めて重要だ」との菅義偉《すがよしひで》官房長官の二〇一六年一〇月七日の記者会見での言葉に端的にあらわれている。

それは、日清・日露という二度の帝国主義戦争に勝利して西洋列強の仲間入りを果たした明治時代を「栄光の時代」「日本の誇り」とする一方で、アジア太平洋戦争の敗戦の結果、平和国家・民主国家として再出発した戦後日本の歩みを全否定する意味合いを持っている。また同時に、「戦後レジームからの脱却」、すなわち「国民主権」の「日本国憲法」を否定して「天皇主権」の「大日本帝国憲法」を称賛する安倍首相の「歴史修正主義」に基づく歴史認識を前提とする時代錯誤的な改憲への意思をあからさまに表明したものに他ならない。

そして、大正から昭和にかけての天皇親政による明治精神への回帰運動に見られた、欧米列強と比肩する強国を目指すという外圧を口実とした国威（ナショナリズム）発揚の動きとの重なりも指摘できる。中国や北朝鮮の脅威をことさら強調するのもそのあらわれだ。手放しの「明治礼賛」「維

4　「琉球人・アイヌ遺骨返還問題にみる植民地主義に抗議する声明文」、前掲「東アジア共同体・沖縄（琉球）研究会」のウェブページブログおよび本書巻末の資料を参照。

5　『沖縄タイムス』（二〇一八年一月二九日付）を参照。

新称賛」「明治ブーム」が顕著に見られることは、いまの日本が大変危うい岐路に立たされていることを示している。やがて明治維新を迎える幕末と第二次大戦に向かう時期、そして現在の日本の置かれている時代状況には多くの共通点・類似点があるといえよう。

ここでの最大の問題は、歴史認識の歪曲・ねつ造、すなわち自国にとって不都合な歴史的事実の忘却である。日本が列強の植民地になるのではとの危機感から過剰な軍備拡張路線を選択して「アジアで唯一の帝国主義国家」になった結果、アジア諸国への「侵略」と「植民地支配」を行ったという自国の歴史の負の側面を直視しようとしない姿勢である。[6]

こうした歴史認識の歪みは、国内的には、明治維新において長州藩・薩摩藩を中心とする新政府軍から「賊軍」の汚名を着せられて過酷な弾圧を受けた会津藩の悲劇やアイヌ、琉球・奄美の人々に対する徹底的な差別と一方的な犠牲の強制という問題にも見られる。

特に琉球・沖縄問題では、明治維新を契機に行われた二次にわたる「琉球処分」という名の「琉球併合」（一八七二年の「琉球藩設置」、一八七九年の琉球王国の滅亡と「沖縄県」の設置）、本土防衛・国体護持のための捨て石作戦であった沖縄戦、一九五二年四月二八日のサンフランシスコ講和条約による沖縄諸島などの日本（本土）からの切り離し（その沖縄にとっての「屈辱の日」を安倍政権はこともあろうに、二〇一三年四月二八日に「主権回復の日」として祝った）、戦後七〇年以上におよぶ米軍基地の過重負担の押し付け、という琉球（沖縄）・奄美を植民地同様に扱ってきた差別・抑圧政策に対する歴史認識が完全に欠如しているといえよう。

3　琉球（沖縄）・奄美の遺骨問題への日本政府と大学・メディアの植民地主義的対応

琉球（沖縄）・奄美への差別の根源には、ヘイトスピーチの「土人」発言にみられるようなマイノリティー（少数者・弱者など）への差別と国策への反対者・異議申し立て者への攻撃という二側面がある。また、日本の植民地主義には対内的なアイヌ差別、琉球（沖縄）・奄美差別と対外的なアジア蔑視・差別という二側面がある。そして、近代日本の中央集権的国家形成過程の中で生じたのが、一九〇三年のいわゆる人類館事件である。

この人類館事件については、「一九〇三年に大阪・天王寺で開かれた第五回内国勧業博覧会の「学術人類館」において、アイヌ・台湾高砂族（生蕃）・沖縄県（琉球人）・朝鮮（大韓帝国）・支那（清国）・インド・ジャワ・バルガリー（ベンガル）・トルコ・アフリカなど合計三二名の人々が、民族衣装姿で一定の区域内に住みながら日常生活を見せる展示を行ったところ、沖縄県と清国が自分たちの展示に抗議し、問題となった事件である」などと説明されている。[7] すでに多くの言説が出され

6　月刊雑誌『アエラ』八月七日号に掲載されている筆者のコメントを参照。

7　ウィキペディア（https://ja.wikipedia.org/wiki/%E4%BA%BA%E9%A1%9E%E9%A4%A8%E4%BA%8B%E4%BB%B6）を参照。

ているので詳細は省くが、この事件に関して、「沖縄人の中にも、沖縄人と他の民族を同列に展示するのは屈辱的だ、という意識があり、沖縄人も差別する側に立っていた」との金城馨の指摘は注目に値する[8]。

そして、この人類館事件と直接つながるのが、アイヌ、琉球（沖縄）・奄美の人々の遺骨をめぐる諸問題である。この遺骨問題は、アイヌの人々による告発・追及が先行して、北海道大学への抗議と訴訟などを通じて、本質的な解決と真の和解には程遠いとはいえ、一部の遺骨の返還と再埋葬の儀式がすでに行われている。しかし、北海道大学からのアイヌへの遺骨返還の際にも謝罪の言葉はなく、返還されたはずの遺骨の一部が大学に存在することが判明するなど、北海道大学側のずさんな管理と官僚的な対応が表面化している[9]。これでは、到底、アイヌの人々の人間としての尊厳の回復も魂の救済もできるものではないことは明らかである。

また、琉球の人々の遺骨問題は、本書の共編者であり東アジア共同体・沖縄（琉球）研究会の共同副代表でもある松島泰勝らの「百按司墓琉球人遺骨」の実見を求める告発と訴訟提起によってまだ端緒についたばかりである。しかし、これまでの京都大学の姿勢は、松島らの告発状への回答拒否や関係者の面会拒絶などに見られるように不誠実な姿勢で一貫しており、まさに「植民地主義的対応」に他ならないと言わざるを得ない。そうした冷淡な姿勢は、照屋寛徳衆議院議員による京都大学への百按司墓琉球人遺骨の照会によって初めて大学が所蔵する同遺骨の存在を認めるなどわずかな変化が見られたものの、その本質において基本的に何ら変わりがない。

ここに見られるのは、人類館事件の際の「学術人類館」と同じく、まさに「知の暴力性」「学知の植民地主義」と言ってよい。特に注目されるのは、人類学は、西欧社会で生み出された概念装置で人間の差異を把握するものであり、植民地的実践の手段でありかつ結果である、というG・ルクレールの指摘である。[10]

また日本政府は、同じく照屋寛徳議員による国会での琉球人遺骨の返還等に関する質問主意書に対して、「お尋ねの当該遺骨について『多くの関係者や研究者らが一日も早い返還と再埋葬を強く願っていること』について承知しておらず、お尋ねの当該遺骨の『返還と再埋葬に対する政府の見解』についてお答えすることは困難である」とのまったく無関係であるかのような無責任な内容の答弁書を平然と出している。[11] その植民者意識丸出しであからさまに居直っている姿勢に大きな戦慄と強い憤りを覚える。

こうした遺骨問題への大学当局や日本政府の対応からわかることは、日本の植民地主義は想像以上に根深く、いまもなお日本人の意識の中に生き続けているという冷厳な事実である。ここまで論

8　演劇「人類館」上演を実現させたい会（編集）『人類館――封印された扉』（アットワークス、二〇〇五年）を参照。
9　「アイヌ遺骨再埋葬」『週刊金曜日』（二〇一八年七月二七日号、三〇～三三頁）を参照。
10　G・ルクレール『人類学と植民地主義』（平凡社、一九七六年、三一～四頁）を参照。
11　衆議院公式HPより。

じてきた遺骨問題は、被害者側の当事者であるアイヌや琉球（沖縄）・奄美の人々の問題である以上に、加害者側である日本人（日本本土の人々）の問題であることは明白である。

戦争とファシズムの時代状況が迫る中で、こうした差別と偏見を生み出す植民地主義的なむき出しの（あるいは潜在的な）意識は人種主義と表裏一体である。戦後日本でも人種主義が社会編制の大きな特徴となっており、この人種主義に触れずに植民地主義の問題を論じることはできない[12]。戦後の日本社会においては、植民地主義の問題自体が忘れ去られ、その結果、これまでの「古典的植民地主義」は「新植民地主義」「植民地なき植民地主義」にかたちを変えて継続され、人種主義的な偏見・差別観が温存されることになったといえよう[13]。

そればかりでなく、とりわけ戦争とファシズムの時代状況においては、植民地主義・人種主義が社会ダーウィニズム・優生思想と容易に結びつくことは歴史が示すとおりである。この遺骨問題ではすでに「京都大の奄美人遺骨返還を求める会」を立ち上げた大津幸夫や原井一郎に代表される奄美の人々も声を上げ始めている。一人でも多くの人々（被害者側のアイヌ、琉球・奄美の人々だけでなく、加害者側の当事者である多数派の日本人こそ）がこの遺骨問題に潜む「内なる植民地主義」と人種主義の誤りと危険性に気づき、我々とともに反対の声をあげて具体的な行動に立ち上がることが求められている。特に多数派の日本人は、琉球人遺骨の「盗掘」とその研究資料としての保管は、日本人研究者の研究倫理上の植民地主義・人種主義の表れであり、琉球侵攻、生活・習慣に対する侮蔑行為・人権侵害に他ならないとし、「人間としての誇りを取り戻しつつあるアイヌに続きたい」

との松島の言葉に真剣に耳を傾けなければならない。

12　酒井直樹・小森陽一「戦争の・植民地の地をこえて」『知の植民地　越境する（越境する知）』（東京大学出版会、二〇〇一年、一七～一八頁）を参照。

13　上村英明・藤岡恵美子「巻頭言」日本平和学会編『脱植民地化のための平和学』（早稲田大学出版部、二〇一六年）を参照。

第11章　京都大学に対する奄美人遺骨返還運動

京都大収蔵の奄美人遺骨の返還を求める会　代表
大《おお》津《つ》幸《さち》夫《お》

1　東アジア共同体・沖縄（琉球）研究会と奄美人骨問題

京都大学が琉球人の遺骨を、人類学研究の目的で持ち出していることを知ったのは、二〇一八年一月二七日開催された東アジア共同体・沖縄（琉球）研究会のシンポジウムの場でした。松島泰勝龍谷大教授の「琉球人の生死を貫く、日帝植民地主義の問題点」をテーマとする研究発表を聞いて、大変驚きました。琉球人の人骨の内容が沖縄島七二体、奄美諸島二六三体（その後に二六五体、さらに沖縄における奄美人二体と判明）となっていることに、大変な事態に遭遇したというのが率直な印象でした。

シンポジウムも終了し、研究会の声明文の発表になりました。その内容は「琉球人・アイヌ遺骨返還問題にみる植民地主義に抗議する声明文」（本書三〇九頁）でした。奄美大島から本研究会に入会し出席しているのは私一人です。奄美諸島二六五体の遺骨問題を奄美に持ち帰って、「声明文」

の実現に向けてどう行動を起こしたらよいのか……。翌日の琉球新報に報じられた「琉球人遺骨返還を――東アジア研究会声明」の新聞記事と共に、大きな問題を奄美に持ち帰りました。

2　京都大学へ遺骨返還を求める奄美の独自運動を！

「自然と文化を守る奄美会議」が私たちの奄美における住民運動の中心拠点になっているので、相談役の原井一郎氏に沖縄研究会の経過を報告し、組織づくり、住民説明会の準備に取り組み、地元新聞の南海日日新聞・奄美新聞に「京大の遺骨返還を求める運動をすすめる」ことを発表しました。

そして、奄美独自の社会事情を考えた返還運動を進めるとの判断に至りました。

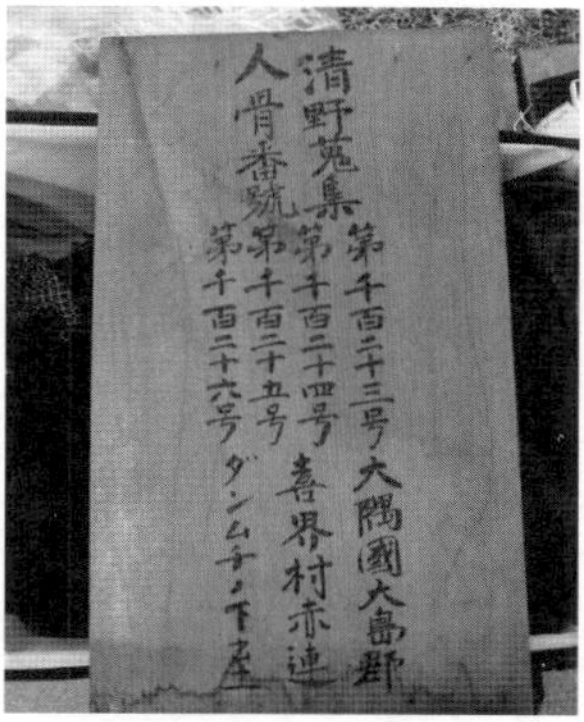

京大でゴミ箱に捨ててあった人骨の木箱。「喜界村赤連ダンムチノ下出土」と記されている（ピリカ全国実・関西提供）。

奄美群島から二六五体の遺骨を収得した時代背景

奄美から京大の清野謙次教授の門下生であった三宅宗悦《むねよし》教授が遺骨を持ち出したのは昭和九年（一九三四年）当時であり、私は昭和八年生まれで八五歳ですので、ほぼ私が生まれた頃であります。当時の日本の歴史をみると、一九三一年（昭和六年）満州事変、一九三二年五・一五事件、一九三三年国際連盟を脱退、一

九三六年二・二六事件、一九三七年日中戦争―日独伊三国防共協定、一九三八年国家総動員法、一九四〇年日・独・伊三国同盟……、一九四一年（昭和一六年）遂に太平洋戦争に突入するのです。

当時の奄美の郷土史を振り返ると、奄美大島のカトリック信者は長崎県と並び約五千にも達し、日本一のカトリックの島と呼ばれました。

一九三四年日本海軍司令官が現瀬戸内町古仁屋《こにや》に着任し、カトリック弾圧を強化して教会神父を「スパイ」として迫害し、信者は「非国民」として、消防団員、在郷軍人、青年団、区長、議員などを先頭に一般市民を前面に立てて「カトリック信者の転向」を強要する弾圧運動が展開された悪夢の時代です。

一九三四年三月にカトリック経営の大島高等女学校（現奄美高校）が廃校に追い込まれたのがその大きな歴史的証明です。

このような国家主義的―国家総動員法をすすめる時代に京都大学から役人と同行して、「人類学調査」の名目であれば、風葬地から二六五体の多数を採取することはいたって簡単な社会背景だったと考えられます。

3　奄美と沖縄の「支配と差別」についての認識の相違

奄美の琉球――薩摩支配時代

一六〇九年三月幕府の命を受けた薩摩藩の島津氏は、三千名を率いて琉球王国の奄美大島に上陸し、三月二六日沖縄本島に渡って首里城に迫り、四月五日尚寧王が和睦を申し入れて首里城を開城しました。琉球王国政府はペリー艦隊と「琉米修好条約」を締結した国際法上も認められた王国でしたが、「琉球合併」（琉球処分）によって日本の一地方になったのでした。

一六〇九年から一八七五年（明治八年）まで二六六年間、奄美は薩摩支配の「砂糖地獄時代」を体験し、沖縄と相違する時代がありました（ヤマト世）。

アメリカ支配の時代

一九四五年の終戦、一九四六年二月二日の「二・二宣言」によって、奄美と沖縄はまたも日本本土から行政分離され米軍の支配下に入り、日本国憲法も適用されず、米軍政府の府令布告によって言論・集会の自由も認められない時代に入りました。島ぐるみの日本復帰運動で奄美は八年間、沖縄は一九年間の米軍支配から日本国憲法下に返りました。その意味では日本本土と分離差別を受けた兄弟島としての運命共同体的感覚をもっている人々も多いと思います（アメリカ世）。

明治四年廃藩置県による本土意識と琉球人認識

奄美群島では一四六四年から一六〇九年の琉球王朝支配一四五年間を「ナハ世」と呼んでいます。支配の在り方はノロという宗教信仰を通して民衆を統治するのが主流でした。郷土の歴史を学ぶ人々以外では、琉球支配が一四五年間も続いたということはあまり知られていません。昔からずっと薩摩藩の支配だったと思っているのです。薩摩藩の二六六年にわたる「砂糖地獄」支配から鹿児島県に移行したので、そう考えてしまうのかもしれません。

奄美人は本土人でも琉球人でもない

　私は琉球大学大島分校を米軍支配下で卒業したので、琉大の同窓会では奄美出身ですが、「本籍地は琉球で現住所は鹿児島県です」と自己紹介しています。

　奄美人は「本土人か琉球人か？」と問われたら「奄美人です」と答えます。琉球からも支配され、薩摩藩からも支配され、常に被支配・植民地差別と抑圧を受け続けた運命の島で、本土と沖縄の中間にある国境の地域で「チャンプルー文化」を創造できる独自性高い島々でもあります。

　琉球人を先住民族の立場で裁判訴訟をする決意をされている琉球民族遺骨返還研究会の松島龍谷大学教授による、訴訟は「第一に遺骨返還だが日本の植民地の歴史を問い直し、琉球の脱植民地化につなげることも目的」とする表明に私は全面的に賛同します。

　そこで奄美における、喜界島―徳之島―奄美大島の三島における採骨地の現地説明会では、「戦争前に京都大学が人類学研究のためという目的で奄美群島から二六五体の人骨を持ち出しています。私たちは先祖である尊い『親ふじガナシ』を大切にして墓供養を欠かさず、盛大に盂蘭盆《うらぼん》を続け、血族愛を持ち続けてきました。その大切な祖先の遺骨を一日も早く故郷の土に返還し再埋葬することを求めます」と訴えました。

しかし現代の島民の多くは、風葬墓から土葬、火葬へと移行した変遷史を知らない上、私たちが現地視察した際も、残存する「風葬ガマ」は野ざらしになっていて、誰の遺骨かすでに判然としないとのことでした。したがって私たちは大学から遺骨返還が実現した暁には共同墓地を建設し、再葬、モニュメント建設等も念頭に、交渉を進める方針です。

今後私たちは市町当局とも連携し、遺骨返還を第一に運動を強化する一方、その中で「明治維新一五〇年」「奄美の日本復帰六五周年」「西郷どんと黒糖史」などの面から、奄美の薩摩支配時の差別と戦後の日本復帰運動の検証を進め、同時に辺野古基地反対のオール沖縄の運動が国民運動に発展するよう全力を挙げたいと考えています。それが「兄弟島・奄美」に求められた役割と考えるからです。合掌。

コラム

「知と骨」のソナタ

奄美・ジャーナリスト　原井《はらい》　一郎《いちろう》

南島びとの「ホオリ」（葬送）は懇ろだ。「七日七夜踊ティ、オショロ（差し上げましょう）」。一族モヤ（喪屋）を建て、一重一瓶に三線を携え、一族郎党が七日七夜、日通し死者の元で泣き叫び、かつ舞い遊ぶ。『古事記　神代巻』瓜二つのモヤ遊びで、「魂の再生」への祈りを込めた。やがて生還の望み絶たれると、岩穴や洞窟に移して遺体を風に晒す。「風葬」は奄美の島々では最も長く支持された葬法である。

後に臭気満ち、鬼哭啾啾《きこくしゅうしゅう》たるホオリは不衛生とされ、鹿児島県庁は明治一〇年、禁止令を出し地葬に改めるよう命じた。それでも徹底されず、沖永良《おきえら》部島《ぶじま》では明治三五年、鹿児島県警から警部が派遣され、崖葬墓《かいそうぼ》を打ち壊して埋葬場を定めた。

お上の土葬への強制は、「死者への冒涜だ」と祖先たちは怒り狂ったことだろう。青い海が見渡せる、心地良い風葬とは対極な世界である。このため風葬の伝統を禁じられると一層、改葬（この二次葬送が最も特異なのだが）に心こめ、地上に復活させた。遺体を土中から掘り起して、肉片のない完形の骨が現れると、「キュラサ、拝マリョタ」（お姿は綺麗でしたよ）と賛美し、海辺で骨を洗って再埋葬した。改葬は風葬時からの古習だが、土葬移行後は一入念入りで、長く暗い土中に閉じ込めてきた死者への懺悔と、強制への抗議を込めたフシがある。

葬送は更に近代、火葬へと大転換を強いられる。消費都市化した島都・名瀬《なぜ》に、町営の火葬場が完成したのが大正期だが、農村部ではずいぶん遅れた。喜界町ではようやく昭和四一年、建設に踏み切ったが、「肉親を焼くなどというのは残酷この上ない」と議会の推進派が吊し上げをくい、議論百出、移行に十年も要した。

思うに、風葬―土葬―火葬という変遷は、島びとの精神の基底に深刻なひび割れを生み、社会的混乱も伴ってきたのではないか。「生と死」という最重要な通過儀礼を通して、血縁、地縁社会を維持してきた島びとたちだけに、簡単に古習は捨て去りがたかったろう。

奄美の島唄に『行きゅんにゃ加那節』がある。離れ行く恋人への惜別の唄だが、元は死者への嘆き唄で、枕もとで囁くように歌ったという。私にはそれは、生と死の輪廻の中に生きてきた島びとたちが、冷たい地中に埋められ、あるいは肉体を焼き尽くす断末魔の苦しみに晒されることへの恐怖と、あの世と現世との往還が断たれる、不安への詠嘆の唄に聞こえる。

かくして死者や魂に対する懇ろな供応に折節を数えてきた、島の精神文化の度重なる変更は、死と生を断絶して、輪廻の永遠のサイクルに生かされるという、共同幻想をも衰退させていったように思える。

今はもう、火葬を問題視する声もない。一切を葬儀屋に委ねて、遺族はただ花に包まれた遺体に付き添うだけである。

だがそう嘆くこともないという指摘もある。確かにふるさとの変容は著しいが、喜界島《きかいじま》では先祖の霊を祀るウヤンコー（高祖祭）が毎年一一月、帰省客も加わって盛大だ。沖永良部島では一族が墓前に顔を揃えて一重一瓶を囲み、先祖と新年を祝う「墓正月」が健在だ。宇検村《うけんそん》では本土に出た人々の「残してきた墓が一番の心配」という声を受け、集落ぐるみで共同納骨堂を建て、遺骨を一堂に収め供養を続けている。

生者の死者への思い、遺骨に対する愛着はまだ南島の島々では生きている。

一方、「骨」に対する「知」の認識はどうか。

京都大学・清野一派が収集した遺骨は世界の一五〇〇件にのぼるという。国内ではアイヌ、琉球人骨が注目されているが、数的には奄美三島から持ち帰った二六七件が際立って多く、二割近い。なぜこれほど大量に収集したのか。奄美の人々が協力的だったからか、沖縄では抵抗にあい、持ち出しが困難だったからか。実際に清野門下の三宅宗悦《みやけむねよし》（一九〇五－四四）が、時には県大島支庁学務課や地元出身記者を水先案内にした調査は、戦時下であったことを考えれば、地元同意の上というより半ば強制的なものだったのではないか。

いずれにしろ、奄美人の遺骨は奄美に返還しなければならない。しかし私たちの訴えに京都大側は一切耳を貸さず、「所蔵品の把握途中で、人手もなく答えられない」との陳腐な回答である。西の最高学府と自認するなら、もう少し気が利いた弁明が出来ないのか。

京都大自然人類学研究室は今も「清野コレクションとして日本屈指の発掘人骨資料を所蔵し、日本列島におけるヒト集団の変遷とその生活様式の研究に大きな役割を果たしている」と鼻高々だ。だが実際は、奄美から採取された遺骨は「研究は未だ成し遂げ得られない」（『古代人骨の研究に基づく日本人種論』）まま、暗い博物館倉庫にほったらかしにされているようだ。

知を巡る社会の認識は今日、急速な変化を見せている。科学の専門性が、人類に刃をむけかねないことへの疑念、理性なき科学の暴走への警戒などからだ。アイヌ団体が盗掘に怒りの声を上げて発火した遺骨採取問題は、すでにドイツ側が返還に応じ、台湾大も返還手続きに入るなど世界的潮流に変わりつつある。

そこには学究の過去の研究姿勢への自己批判が込められている。学問や科学が権威を振りかざし大衆を睥睨する、「知の傲慢」時代は早晩、淘汰されてしかるべきだ。世界の潮流を考えれば京都大は速やかに、自らの判断でアイヌ、琉球人、奄美人の遺骨一切の返還に応じなければならない。島びとの「ふるさとに帰して」との叫び、素朴な願いを直ちに受け入れるべきだ。

骨は祖土に、知は愛に帰すべし！

第12章　なお遠い「知」の植民地清算
――現在の朝鮮人の遺骨奉還の取り組みにもふれて

ジャーナリスト　川《かわ》瀬《せ》俊《しゅん》治《じ》

1　植民地主義の清算に取り組まない学問の府

人間というのはこれほど無自覚になるのだろうか。

市民団体のツアーで今年（二〇一八年）七月七日に台湾霧社地方を訪れ、原住民タイヤル族の闘いや伝承文化の素晴しさを学んだが、日本の植民地支配下一九三一年に起きた抗日霧社事件の犠牲者の遺骨約一〇〇柱が、日本人により「発掘」され台北帝国大学の人類学研究室に持ち込まれていたことを知った。抗日霧社事件の指導者モーナ・ルーダオの遺骨も含まれていた。戦後、台湾政府は大学に保管された遺骨を七三年にタイヤル族のもとに戻したのだが、タイヤル族の悲劇に無自覚で研究した学者の知とは何なのかを考えさせられた。

学者とは知を研鑽して物事の客観的な概念、法則性を探る人だが、その学者が空気のように吸い込んできた負の価値観に対する強靭な批判性がなく無反省をまといながら知の出帆を行うなら、とんでもない方向を辿ってしまう。一例をあげよう。核融合反応から巨大なエネルギーを作り出した知は、敵対する相手国を殲滅する核爆弾という凶器、それも人類が未だ経験しなかったジェノサイドを顕現させた。本当に取り返しがつかない。

この世界には植民地主義、優生思想、性差別、身分差別などの負の価値観が充満している。学者は研究でこれら負の価値観を自覚し取り込まれないことが要求される。しかし、学問的営みが政治的、経済的、文化的権力関係から全く独立していることなどありえない。だから核爆弾のような兵器を作り出したなら、直ちに廃絶への行動に進まねばならない。

人類学は人類の進化と変異の体系化を目指したものであり（形質人類学、自然人類学）、清野謙次京都帝国大学教授は日本古代人骨の研究を進めたのだが、清野は「現代アイヌ人骨」も研究としてあげており、アイヌ遺骨の「発掘」を行ってきた小金井良精の研究に満足せず、「地域的躰質差を研究する材料」[1]として「北海道アイヌ骨の採集を行った」[2]。さらに、「現代朝鮮人骨」として、朝鮮慶尚北道《キョンサンプクド》慶州《キョンジュ》と京畿道《キョンギド》仁川《インチョン》から各一柱、[3]「現代支那《ママ》人骨」も「満州国撫順地方」から三七柱、「現代タガログ人」一柱の「発掘」も記録している。[4]清野の弟子にあたる金関丈夫京都帝国大学助教授は、沖縄県今帰仁村の百按司墓から琉球人の遺骨を「発掘」したほか、[5]前述したタイヤル族の遺骨一〇〇件の「発掘」を行ったのも金関である。[6]一九三六年から敗戦まで台北帝大医学部の教授をつとめ、タイヤル族に関する人類学研究の論文も発表している。[7]

「発掘」と表記したが、祭祀承継者と当該地区（アイヌのコタンなど）の賛同を受けたものではない。琉球人は金関の著書で明らかなように、「百按司墓遺骨」の持ち出しは警察の許可だけであり、[8]門中、共同体の了解を得ていない。抗日霧社事件で殺害された原住民の遺骨を原住民がその事実を知るのは植民地支配からの解放後だった。[9]

こうした遺骨「発掘」（実際は盗掘）を支える価値観は何なのか。対象とする民族、人種を政治・経済・文化などで低位とみなし、日本人は「優秀」だとする価値観（エスノセントリズム、優生思想）が根底にある。植民地主義克服は戦後の知の共通課題だが、松島泰勝龍谷大学教授が京都大学総合博物館保管の琉球人遺骨の返還をめぐる要請に対して、大学側は一切回答をせず拒否している。学問の府の現在地を図らずも示す。個々の学者が植民地支配研究などで成果をあげながら、なぜ大学

1、2　清野謙次『古代人骨の研究に基づく日本人種論』（岩波書店、一九四七年）一一一頁。
3、4　清野謙次前掲書、一二二頁。
5　金関丈夫『琉球民俗誌』（法政大学出版局、一九七八年）二四二頁。
6　金関丈夫博士古希記念委員会編『民族と南方文化』（平凡社、一九六八年）所収「金関丈夫博士年譜」の「昭和一一年（一九三六年）の年譜に記述されている。「七月、霧社の発掘、タイヤル族人骨一〇〇体余りを採取」（九六二頁）。
7　著作に「台湾霧社蕃人頭蓋の人類学的研究（予報）」（『解剖学雑誌』、一〇の三、一九三五年）所収などがある。
8　金関丈夫前掲書、二四二頁。
9　タイヤル族の郭明吉解説員の説明より（二〇一八年七月七日、台湾霧社地方の「抗日紀念碑」前で）。

側の姿勢が問われると真逆の対応をするのか。当然、琉球人と同じく保管されている朝鮮人、アイヌなどの遺骨返還に取り組み植民地支配清算の行動に移さなければならない。

2　強制連行被害者・朝鮮人の遺骨収集と奉還

植民地支配清算の一つとして、軍人・軍属、民間人の朝鮮人強制連行犠牲者の遺骨の収集と奉還の課題が横たわっている。軍人・軍属の犠牲者で現在の大韓民国（以下、韓国）からみて海外で亡くなったのは、名簿上は二万一九一九人であり、解放前に韓国に奉還された遺骨は二四三三柱[10]になる。戦後の奉還はＧＨＱ（連合軍総司令部）が一九四八年二月三日、五月三一日にそれぞれ四五六柱、三三〇柱を奉還するのが最初で、[11]サンフランシスコ講和条約発効後は主権を回復した日本が植民地支配責任から遺骨奉還を進めなければならないが、朝鮮が南北に分断され、かつ朝鮮民主主義人民共和国（以下、朝鮮）と国交樹立されていないことから問題が複雑化した。韓国側が日本側に一括化した遺骨奉還を求めたが、その中に朝鮮出身者が含まれている可能性もあり交渉は決裂。しかし、二〇一八年四月二七日の板門店会談以降の南北関係は対立から融和の時代に入り、「外交上懸案がある」と植民地支配責任を先送りすることなどできない。

一方、民間人は、二〇〇四年一二月に鹿児島県で行われた日韓首脳会談で、盧武鉉《ノムヒョン》大統領が韓国で「日帝強占下強制動員被害者真相糾明委員会」（以下、「真相糾明委員会」）発足を受けて小泉純一郎首相に犠牲者の遺骨の収集と奉還に対する協力を求めてから本格化した。以後、日本政府は地方公共団体、企業、宗教団体などに遺骨調査を依頼し二七九八柱の遺骨を確認した。『委員会活動結果報告書』によれば、韓国出身者の遺骨奉還は四次に分けられ、二〇一〇年五月までに東京・祐天寺に安置された計四二三柱の遺骨が故郷・韓国に還った。[12] 祐天寺には軍人・軍属の遺骨が安置されていることから、軍人・軍属の遺骨中心の奉還となった。遺骨は遺族の意向に沿って忠清北道《チュンチョンプクド》天安市《チョナンシ》の国立「望郷の丘」墓苑か個人の墓苑に安置されている。

『委員会活動結果報告書』の記述では、サハリン、中国海南島地域、南洋群島、シベリア、サハリンなどは収集、奉還されない遺骨が多数眠っていることをあげているが、[13]「真相糾明委員会」が二〇一五年末に解散後、日本政府は遺骨奉還について歩みを止めている。歴史研究者竹内康人さんの論文「日本での強制動員・遺骨調査の現況」[14] では、北海道、本州、九州・四国・沖縄の三ブロッ

10　南相九「日帝強制動員遺骨の歴史的経緯と現況」（強制動員被害者遺骨問題解決のための国際フォーラム冊子『強制動員被害者遺骨問題実態及び解決方案の模索』二〇一八年、韓国）三五頁。
11　南相九前掲論文、四三頁。
12　『委員会活動結果報告書』（対日抗争期　強制動員被害調査及び国外強制動員被害者等支援委員会、二〇一六年）七五頁。
13　前掲『委員会活動結果報告書』、七八―八三頁。
14　竹内康人論文は前掲注10『強制動員被害者遺骨問題実態及び解決方案の模索』所収。

ク別に明らかにし、曹洞宗が安置する遺骨は本籍などの身元が判明しているのは八〇柱としている。一九四二年二月三日に起きた山口・長生炭鉱水没事故で犠牲者（約一八〇人、うち朝鮮人約一三〇人）は海底にあり市民運動はこれまでに慰霊碑を建立したことや、祐天寺には一九四五年八月二二日の京都府舞鶴沖で沈没した浮島丸事件での犠牲者二七二柱が安置されていることもあげている。日本政府、企業は植民地支配責任から朝鮮人遺骨の調査、奉還の義務をはたさねばならない。

　いまだ実現していない朝鮮出身者の遺骨の奉還はどうなるのか。韓国の民間団体「民族和解協力汎国民協議会」の金弘傑《キムホンゴル》代表が二〇一八年八月六日に記者会見を開いて明らかにした取り組みだが、報道によれば、既述の祐天寺に朝鮮半島出身者の遺骨が七一二柱あり四三一柱が朝鮮出身者であり、うち二遺族が朝鮮に在住するが、日本政府から入国を拒絶され対面確認ができないでいる。[15]今後、遺骨の調査、奉還が民間レベルで取組まれることになるが、韓国では民族問題研究所を中心にして二〇一八年八月九日、「強制動員と対日過去清算のための共同行動」を組織、遺骨問題の調査・収集に努める。同年八月六日には、日本で「遺骨奉還宗教者市民連絡会」が結成されている。

3　植民地主義的「知」と対決する「知」

　日本政府は二〇一六年三月二三日に「戦没者の遺骨収集の推進に関する法律」を制定した。遺骨収集を国の責務とした時限立法（二〇二四年まで）だが、対象は日本人に限られるとしている。収集される遺骨が日本人であるのか、朝鮮人、台湾人などかはわからない。DNA鑑定で朝鮮人、台湾人の遺家族の申告を受けねばならないのは当然である。進展していない日韓の協議で遺骨奉還をすすめ、同時に日朝の協議を始めねばならない。

今回論及した遺骨をめぐり、「2強制連行被害者・朝鮮人の遺骨収集と奉還」で述べたことは、本稿のテーマ「知」の植民地清算と深く関係している。戦後なお支配している植民地支配意識を乗り越えている実践的「知」を切り拓いているからだ。それは植民地主義的「知」と対決する「知」なのだ。

15　『日本経済新聞』二〇一八年八月六日。

Ⅳ 京都大学を訴える

Laboratory of Physical Anthropology, Kyoto University
京都大学大学院 理学研究科 自然人類学研究室
ホーム
研究内容
研究発表
メンバー
国際交流
ホーム > 研究内容
研究内容 RESEARCH
古人骨の研究
自然人類学研究室は「清野コレクション」と呼ばれる日本屈指の発掘人骨資料を所蔵しています。この資料は日本列島におけるヒト集団の変遷とその生活様式の研究に大きな役割を果たし、多くの研究者が利用に訪れています。骨からわかる表現型の特徴や生活痕の分析、骨や歯の安定同位体分析などによって、行動上の特徴や食性の推定、集団ごとに異なる身体形質の進化などの解明をめざした研究が行われています。
その他に、2000年から1000年ほど前のイラクの遺跡から出土した人骨資料、関西の江戸時代人骨資料、明治期以降の日本人人骨資料などの研究利用も可能です。
津雲貝塚から出土した人骨の頭蓋骨
霊長類の運動分析
ヒトを含む現生霊長類の動作の分析を行い，ロコモーションのメカニズム，特に二足歩行の起源の理解をめざして研究を進めています。二足歩行獲得のモデルとして，二足で歩くニホンザルの歩行分析を行っています。二足歩行に熟練すると、その歩容はヒト的な特徴を示すようになります。また下肢の筋骨格形態もその力学的要求に適応して変化してきます。二足で歩いた時と四足で歩いた時のエネルギー消費量の比較なども行っています。ヒト的な歩容が，実際に，運動効率を上昇させていることもわかりました。
協力：周防猿まわしの会

京都大学大学院理学研究科自然人類学研究室は、盗掘により得た遺骨を含む「清野コレクション」を、「多くの研究者が利用に訪れ」ており「研究利用も可能」だとウェブページで今日も宣伝している。しかし、編著者らの閲覧申請や公開質問に、大学側は一切回答を拒否している。（画像は2018年11月16日現在）

第13章　ウヤファーフジ（先祖）の遺骨を返せ

衆議院議員　照《てる》屋《や》寛《かん》徳《とく》

1　チュクトゥバ　タクトゥバ　島クトゥバ

いきなり語呂合わせである。チュクトゥバとは一言《ひとこと》。タクトゥバとは二言《ふたこと》。島クトゥバとは、琉球の島々の言葉の意味だ。ウチナー（琉球）の島々の言葉は、ヤマトゥ口とは趣が違う。しかも島々によって発音（発声）や表現が異なるのだ。

本章で使う島クトゥバは、私が育った旧具志川市（現うるま市）の表記である。旧具志川市内でも、集落によって違うのだが……。

ウヤファーフジとは、先祖。シンジュとは、墓。グヮンクーとは、頑固者。ドゥチュイムニーとは、独り言。ヒージャーとは、山羊。シーバイとは、放尿。チンチンとは、小児の男性器。トゥジとは、妻。ジーシガーミとは、厨子甕《ずしがめ》。マブイとは、魂のことだ。

シンジュ（墓）についてのドゥチュイムニー。

その1　親父の想い

寡黙で頑固、酒飲みで働くことが趣味のヒンスーハルサー（貧乏農家）の亡父が「シンジュを造る」と言い出したのは、私が中学二年か三年生の頃だった。先日、清明《シーミー》で「照屋家」のシンジュに集った時、墓標を見ると「昭和三五年八月一四日建立」と銘記されていた。一五歳の夏だ。

その頃のわが家族（九人兄弟）は、トタン葺きの小さな家に住み、貧乏暮らしだった。水道、ガスもない。もちろんテレビ、ラジオもない。いわゆる昭和の三種の神器「冷蔵庫、洗濯機、白黒テレビ」がないのだ。新聞も購読せず。なのにシンジュを造るという。「グヮンクー（頑固）親父め！」と猛反発したが、親父は自らもツルハシを振るい、小さい山裾の岩場にフィンチャー（掘り込み）墓を造ったのだ。

後になって、親父はサイパン島で栄養失調のため亡くなった幼子を供養するために、住居に優先してシンジュを造ったと知った。親父の心情を理解できなかった不明を恥じた。

その2　ヒージャー（山羊）草刈りとお墓

小・中・高校生の頃、わが家で飼育するヒージャーの餌である草刈り作業が日課だった。原野に草刈りへと出かける時、亡父や周囲の大人達から「シンジュの敷地や本体、シンジュに向かってシーバイ（放尿）すると、チンチンが赤く腫れるぞ」と注意された。ウチナー（琉球）の先人達は、そのような言葉で、シンジュに対する畏敬の念、祖先崇拝、ご遺骨に対する尊厳の念の大切さを教え、語り継いだのだ。

その3　トゥジ方のシンジュの改葬・新築

トゥジ（妻）は、一人娘だ。義父は、防衛隊に徴兵され、戦死した。戸籍には「首里方面で戦死」とだけあり、死に場所も判明せず、遺骨もない。義父のようなケースは、無数にある。悲惨な沖縄戦の実相の一つだ。

約七年前にトゥジ方のシンジュを改葬・新築した。その折に、義父のジーシガーミ（厨子甕）を開けると、小石が三個入っていた。

二〇万人余の尊い命を奪い、軍人よりも民間人の犠牲者が多かった沖縄戦。遺骨も見つからない遺族らは、戦死場所と思われる付近から小石を拾い、ウートゥトゥと祈りを捧げ、マブイ（魂）を込めて戦死者らの霊を鎮め、ウヤファーフジの墓で供養したのだ。

その4　沖縄戦と墓の中での出生

私は、一九四五年（昭和二〇）七月、サイパン島の米軍捕虜収容所で出生した。「捕虜が生んだ捕虜だ」。サイパン、テニアンなどの米軍捕虜収容所で出生した同年生を多く知っている。

同じく一九四五年にウチナーで生まれた同年生の中には、シンジュの中で生まれた者がいる。激しい地上戦で防空壕やガマ（自然洞窟）に避難していた住民は、旧日本軍から砲煙弾雨の中に追い払われた。やむなく亀甲墓などのシンジュに逃げ延びた母親が、産み落とした子らだ。

なかなか想像力が及ばないと思うが、これもまた「ありったけの地獄を集めた」と形容される沖縄戦の実相の一つだ。ガマを出ていかない住民らは、旧日本兵により自決を強いられ、米兵の火炎放射で焼き殺された。軍隊は住民の命を守らず、死んでから入るはずのお墓が命の誕生の場になった。

その5　福建省と北京の琉球人墓

中国と琉球は、明の時代（一三七二年）から清の時代（一八七九年）まで五〇〇年間にわたり朝貢冊封関係を結んできた。その間の使節や留学生らの琉球人墓が福建省にある。最初にお参りしたのは約四〇年前だ。墓碑に「琉球国」と銘記された亀甲墓が九基あり、墓苑は綺麗に整備・管理されていた。私は感激し、ウヤファーフジとのマブイの共振を覚えたものだ。

北京にも、琉球処分（琉球併合）に抗して琉球の救国を訴えた陳情使や進貢使、留学生らを埋葬した一四人の琉球人墓があることが、又吉《またよし》盛清《せいきよ》沖縄大学客員教授らの現地調査で判明した。

私は、二〇一五年日中友好議員連盟の一員として訪中した折、会談した中国副首相に琉球人墓の復元・保全を強く要請した。二〇一八年五月、北京で開催された「琉球・沖縄学術問題国際シンポジウム」参加の県内学者らの墓参で復元・保全が進んでいることを知り、安堵している。

私が、「シンジュについてのドゥチュイムニー」で島クトゥバ（琉球諸言語）に拘ったのは、明治末から一九六〇年代まで、学校教育現場で島クトゥバを使った者への罰として木札（「方言札」）を渡していた歴史を知るからだ。

「方言札」は、ウチナー独自の言語、思想、文化をヤマトゥへの同化政策として奪った象徴だ。思い起こすと、小・中学生の頃は「標準語・共通語励行」が週訓になっていた。今こそウチナーンチュは、自己決定権の行使として、琉球の島クトゥバの復権を叫ばなければならない。

2　京都大学よ、ウヤファーフジの遺骨を返せ

一九二八〜一九二九年に、京都帝国大学医学部助教授、人類学者の金関丈夫が今帰仁村の「百按司墓」から琉球人遺骨を盗掘し、京都帝国大学に二六体（男一五体、女一一体）、台北帝国大学（現国立台湾大学）に三三体（男性一九体、女性一四体）を寄贈している。

金関氏は、「百按司墓」以外にも県内の墓から遺骨を盗掘しており、京都大学には多数の琉球人遺骨が保管されていると思われる。

金関氏は、刑法第一八九条（墳墓発掘）、同第一九〇条（死体損壊等）、同第一九一条（墳墓発掘死体損壊等）の犯罪を惹起したと疑われるシンジュヌスドゥ（墓泥棒）である。ユドゥチ　ユルサラン（許そうにも、許せん）。

私が、最初にこれらの事実を知ったのは、二〇一七年二月、『琉球新報』の報道であった。報道をきっかけに「琉球民族遺骨返還研究会」（代表・松島泰勝龍谷大学教授）や県内有志らが京都大学

へ琉球人遺骨返還を求めて立ち上がり、松島教授や『琉球新報』『沖縄タイムス』『東京新聞』が京都大学へ真相究明を求めた。ところが、京都大学は報道の自由、国民の知る権利を封殺し、要求を一切無視する態度に出た。

ワジワジー（怒った）した私は、二〇一七年八月二九日、国会議員として国政調査権を発動し、文部科学省を介して京都大学に照会した。（後掲資料一）

同年九月一五日、文科省から照会結果が届いた（資料二）。

京都大学は、「百按司墓」から金関氏が盗掘した琉球人遺骨を同大総合博物館収蔵室に保管している事実を認めた。同時に、遺骨はプラスチック製の直方体の箱に収納していること、「人骨目録」は作成しておらず、遺骨返還の意思などについては明確な回答がなかった。

二〇一八年二月一六日、私は政府に対し「琉球人遺骨の返還等に関する質問主意書」（資料三）を提出し、同年二月二七日に政府「答弁書」（資料四）を受領した。

「答弁書」は、私が「多くの関係者や研究者らが一日も早い琉球人遺骨の返還と再埋葬を強く願っているが政府の見解を示されたい」と問うたのに対し、「『返還と再埋葬に対する政府の見解』についてお答えすることは困難である」と答えている。

私は、二〇一八年三月九日、京都大学総長山極壽一氏宛に公開質問状（通知書）を発出した（資料五）。

同年三月二八日、公開質問状への回答（資料六）を受領し、同年四月二日、再度公開質問状（通知書）を発出し、回答を得た（資料七・八）。

私の二度にわたる公開質問状（通知書）に対する京都大学の態度は不誠実極まりない。傲岸不遜、イバヤー（威張り屋）、植民地時代の宗主国の態度だ。ユルサラン（許せぬ）。

京都大学は、琉球人遺骨の返還の意思の有無を明らかにしないばかりか、琉球人遺骨を収納・保管している「プラスチック製の直方体の箱」のサイズ、色などすら黙秘している。

京都大学に黙秘する権利はない。琉球人遺骨にも尊厳がある。「百按司墓」から盗掘された琉球人遺骨は単なる「標本」ではない。ウチナーのクヮンマガ（子孫）が崇めなければいけないウヤファーフジのマブイ（魂）なのだ。

京都大学よ、総合博物館収蔵室に収納している琉球人遺骨は京都大学のものではない。即刻、金関氏が盗掘したものであることを認め、謝罪せよ。ご遺骨をウチナー（琉球）のクヮンマガ（子孫）に返せ！

3　自己決定権行使としての琉球人遺骨返還訴訟

二〇一八五月二〇日、琉球民族独立総合研究学会のオープンシンポジウム。京都大学で保管している琉球人遺骨返還問題についてパネラーの松島泰勝氏（龍谷大学教授）、宮城隆尋氏（琉球新報記者）らの報告を聞いて、大変勉強になった。勇気を得た。

かつてウチナーは、琉球王国という独立国だった。紛れもない歴史的事実だ。ヤマトゥ政府は未だに認めないが……。

二〇〇七年の「先住民族の権利に関する国際連合宣言」第一二条は「先住民族は（中略）自らの精神的および宗教的伝統、慣習、そして儀式を表現し、実践し、発展させ、教育する権利を有し、その宗教的および文化的な遺跡を維持し、保護し、そして私的にそこに立ち入る権利を有し、儀式用具を使用し管理する権利を有し、遺骨の返還に対する権利を有する」と明記している。

二〇〇八年、国連自由権規約委員会は、琉球の人々が先住民族であることを認めた（ヤマトゥ政府は、日本にはアイヌ民族以外に先住民族は存在しないと断じている。一方で、ヤマトゥ政府は、ウチナーンチュを憲法上の国民として扱っていない）。

アイヌ民族は、北海道大学を被告として提訴し、奪われたアイヌ民族の遺骨の一部を和解により返還させ、再埋葬している。

現在、琉球民族遺骨返還研究会が全国のウチナーンチュ（琉球人）に呼びかけて、京都大学を被告に、金関氏が盗掘した琉球人遺骨の返還と謝罪、再埋葬を求める訴訟の準備が進められている。全面的に賛同するものだ。

明治いらいの近現代史の中で、常に国策の犠牲を強いられ、本土「復帰」して四六年、今なお日米両政府の軍事植民地として扱われ、人権と尊厳を奪われているウチナーンチュ（琉球人）よ、今こそ立ち上がろう。

資料一　**文科省への照会請求**

文科省政府控室　ご担当者さま

二〇一七年八月二九日

衆議院議員　照屋寛徳　事務所

お世話になっております。

国政調査権に基づき、照屋寛徳より下記について、貴省より京都大学への照会を請求します。お問い合わせの上、ご回答方よろしくお願いいいたします。

▼京都大学総合博物館に所蔵されている「百按司（むむじゃな）墓遺骨」について

一九二八～一九二九年にかけて、当時旧京都帝国大学助教授だった金関丈夫氏が、沖縄県今帰仁村にある百按司（むむじゃな）墓から持ち出したことを自らの著書『琉球民俗誌』（法政大学出版局、一九七八年）に記述している。なお、金関氏は、かかる琉球人（沖縄人）遺骨（以下、琉球人遺骨という）を「人骨標本」（男性一五体、女性一一体の計二六体）として京都帝大に寄贈している。

●照会内容

一　琉球人遺骨が京大（旧京都帝大）に保管されるようになった経緯及び手続についてご教示ください。

二　琉球人遺骨の保管は、現在どのように行われていますか。①安置場所（施設名および室名）②保管の仕方（納骨している入れ物の材質や形状等について）、③保存状況について明らかにしてください。

三　これまでに琉球人遺骨を用いて京都大学の教員・大学院生・学生らにより行われた研究（論文のリスト等）としてどのようなものがありますか、ご提示ください。

四　琉球人遺骨の「人骨目録」は作成されていますか。作成しているのであれば、現物の写し等を明らかにしてください（ちなみに、アイヌの「人骨目録」は作成されていたことが判明しております）。

五　『アイヌ人骨保管状況等調査ワーキング報告書』（京都大学、二〇一二年）にならい、琉球人遺骨についてもワーキングチームを立ち上げ調査する考えはありますか。

六　琉球民族遺骨返還研究会（代表・松島泰勝龍谷大教授）の問い合わせやマスコミ（琉球新報、沖縄タイムス、東京新聞など）の取材を拒否しているそうですが事実でしょうか。その理由と併せて伺います。

【関連して】

七　文科省として、琉球人遺骨が京都大学総合博物館に所蔵されている事実を把握していたか。本件照会請求を受けて京都大学に照会する意思がなければ、その理由及び照会を拒否する法的根拠を明らかにしてください。

九月一五日(金)正午までに、回答は書面（ＰＤＦファイル）にて下記メールアドレス（省略）までご送付くださいますよう宜しくお願いいたします。

資料二　文科省からの京都大学への照会の結果

平成二九年九月一五日

衆議院議員照屋寛徳議員事務所御中

御依頼の資料について

日頃より、文部科学行政に関しまして、格別の御理解と御支援をいただいておりますことに、厚く御礼申し上げます。

御依頼のありました資料につきまして別添のとおりお送りいたしますので、よろしく御査収下さい。

資料につきまして、御質問、また御不明な点がございましたら、下記担当（略）まで御連絡ください。

引き続き、御指導・御鞭撻の程よろしくお願い申し上げます。

京都大学総合博物館に所蔵されている「百按司（むむじゃな）墓遺骨」について

旧京都帝国大学教授だった金関丈夫氏の著書「琉球

民俗誌」（法政大学出版局一九七八年）に、沖縄県今帰仁村にある百按司（むむじゃな）墓から持ち出したと記述されている遺骨について、京都大学に照会した結果を添付のとおり回答します。

なお、質問番号七については、下記のとおりです。

記

七．文科省として、琉球人遺骨が京都大学総合博物館に所蔵されている事実を把握していたか。本件照会請求を受けて京都大学に照会する意思がなければ、その理由及び照会を拒否する法的根拠を明らかにしてください。

（回答）

文部科学省としては、ご指摘の件について、把握しておりませんでした。

京都大学総合博物館に所蔵されている「百按司（むむじゃな）墓遺骨」について

【ご照会内容】

一九二八〜一九二九年にかけて、当時旧京都帝国大学助教授だった金関丈夫氏が、沖縄県今帰仁村にある百按司（むむじゃな）墓から持ち出したことを自らの著書『琉球民俗誌』（法政大学出版局、一九七八年）に記述している。なお、金関氏は、かかる琉球人（沖縄人）遺骨（以下、琉球人遺骨という）を「人骨標本」（男性一五体、女性一一体の計二六体）として京都帝大に寄贈している。

〈ご照会項目と回答〉

京都大学総合博物館は、高い専門性を持つ学内の研究者を資料部の連携教員に任命し、資料の運用に対する支援を得ています。現在、人類学資料を担当する連携教員が海外出張で不在のため、十分に回答できない部分があります。

一．琉球人遺骨が京大（旧京都帝大）に保管されるようになった経緯及び手続きについてご教示ください。

（回答）

ご指摘の経緯等について本学が把握しているのは、金関丈夫氏の『琉球民俗誌』、沖縄県今帰仁村教育委員会『百按司墓木棺修理報告書』に記述されているものです。

二．琉球人遺骨の保管は、現在どのように行われていますか。①安置場所（施設名および室名）②保管の仕方（納骨している入れ物の材質や形状等について）③保存状況について明らかにしてください。

（回答）

①総合博物館の収蔵室に保管しております。②プラスチック製の直方体の箱に収納しております。③温湿度を一定に保ち、学術研究に支障のないよう、適切に保管しております。

三．琉球人遺骨を用いて京都大学の教員・大学院生・学生らにより行われた研究（論文のリスト等）としてどのようなものがありますか、ご提示ください。

（回答）

過去に在籍していた者を含め、本学の研究者及び学生の学術論文等を網羅的に把握することはしておらず、ご指摘のリスト等はございません。

四．琉球人遺骨の「人骨目録」は作成されていますか。作成しているのであれば、現物の写し等を明らかにしてください（ちなみに、アイヌの「人骨目録」は作成されていたことが判明しております。）

（回答）

ご指摘の「人骨目録」は作成しておりません。

総合博物館は、本学の研究者が個別に収集し、研究室単位で保管してきた各種の学術資料を移管した施設であるという事情から、現在、所蔵品の調査を進め、全体の把握に努めているところです。調査の結果は、資料ごとに目録やデータベースの形でまとめていますが、網羅的にできておりません。

五．『アイヌ人骨保管状況など調査ワーキング報告書』（京都大学、二〇一二年）にならい、琉球人骨についてもワーキングチームを立ち上げ調査する考えはありますか。

（回答）

現時点では、ご指摘の調査を行うことは予定しておりません。

六、琉球民族遺骨返還研究会（代表・松島泰勝龍谷大教授）の問い合わせやマスコミ（琉球新報、沖縄タイムス、東京新聞など）の取材を拒否しているそうですが事実でしょうか。
その理由を併せて伺います。

（回答）
四で述べた通り所蔵品の把握はなお途上にあり、人員も限られた状況にあることなどから、総合博物館の所蔵品について、収蔵状況等のお問い合わせに応じることが難しいため、個別のお問い合わせには応じていない旨回答申し上げました。

資料三　琉球人遺骨の返還等に関する質問主意書

右の質問主意書を提出する。
平成三十年二月十六日

提出者　照屋寛徳

衆議院議長　大島理森　殿

琉球人遺骨の返還等に関する質問主意書

本質問主意書において、以下「琉球人遺骨」と表記するのは、一九二八年から一九二九年にかけて京都帝国大学（現京都大学）医学部の助教授であった金関丈夫氏が、沖縄県内各地の墓地で発掘調査をした際に持ち出した（実際には盗掘である）遺骨のことを指す。

その一つとして、金関氏が沖縄県今帰仁村にある「百按司墓」（「むむじゃなばか」と読む）から持ち出した遺骨がある。金関氏は、自らの著書『琉球民俗誌』（法政大学出版局、一九七八年）にその事実を記している。

なお、金関氏は、百按司墓から持ち出した琉球人遺骨を「人骨標本」として当時の京都帝国大学に二十六体（男性十五体、女性十一体）、台北帝国大学（現国立台湾大学）に三十三体（男性十九体、女性十四体）を寄贈している。

二〇一八年一月二十七日、琉球大学で開催された「東アジア共同体・沖縄（琉球）研究会」主催の公開シンポジウム「日本の植民地主義と中国・北朝鮮脅威論を問い直す！」において「琉球人・アイヌ遺骨返還問題にみる植民地主義に抗議する声明文」が発表された。

右声明文の中で、金関氏による百按司墓からの琉球人遺骨持ち出しは、〝盗掘〟と断定され、「それは研究倫理に悖るのみならず、琉球人の伝統的な信仰や生活を無視した死者への冒涜である。」と断罪されている。さらに、声明文は、二〇〇七年九月十三日に採択された「『先住民族の権利に関する国際連合宣言』第十二条『宗教的伝統と慣習の権利、遺骨の返還』でも先住民族が遺骨返還の権利を有していることを明記している。」こと及び「二〇〇八年以来、国連の諸会議において琉球人が先住民族であると認められ」ていること等に照らし、「先住民族としての琉球人の遺骨が盗骨され、それが現在でも京都大学に保管されているという国際法上の問題でもある」と指弾する。そのうえで「我々研究会は琉球人・アイヌ遺骨返還に見る日本の植民地主義に強く抗議するとともに、同遺骨に関する完全な情報の公開そして遺骨返還、再埋葬を要求する」と結んでいる。

私は、国政調査権に基づき、二〇一七年八月二十九日付で文部科学省に対し、京都大学への琉球人遺骨所蔵問題に関する照会を請求したところ、同年九月十五日付で同省高等教育局高等教育企画課及び研究振興局学術機関課を介して、京都大学から丁寧な回答を頂戴したものである。

右回答を踏まえ、沖縄で大きな関心事となっている琉球人遺骨返還問題について、政府の見解を質したい。

以下、質問する。

一　金関氏によって百按司墓から持ち出された琉球人遺骨が、京都大学総合博物館に所蔵されていることを政府が把握したのはいつか、把握するに至った経緯と併せて見解を明らかにされたい。

二　政府は、金関氏によって百按司墓から持ち出され、現在まで京都大学総合博物館に所蔵されている琉球人遺骨について、沖縄県教育委員会や今帰仁村教育委員会をはじめ、多くの関係者や研究者らが一日も早い返還と再埋葬を強く願っていることを承知しているか。右琉球人遺骨の返還と再埋葬に対する政府の見解と併せて明らかにされたい。

三　百按司墓の他に、金関氏によって沖縄県内から持ち出された琉球人遺骨が京都大学総合博物館に所蔵されているか否かについて政府として把握しているか。把握しているのであれば、当該琉球人遺骨について政府の知るところを詳細に説明されたい。

四　私が昨年九月十五日付で受領した京都大学の回答によると、同大学総合博物館に所蔵されている琉球人遺骨は「プラスチック製の直方体の箱」に収納されているという。そのサイズ等について政府の承知しているところを明らかにされたい。また、かかる保管方法は、ご遺骨とご遺族の尊厳を深く傷つけるものであり、不適切だと考えるが、政府の見解を明らかにされたい。

右質問する。

資料四

衆議院議員照屋寛徳君提出琉球人遺骨の返還等に関する質問に対する答弁書

（二〇一八年二月二七日受領）

一について

御指摘の「琉球民俗誌」において「沖縄県今帰仁村にある「百按司墓」……から持ち出した」旨が記述されている「遺骨」（以下「当該遺骨」という。）が京都大学総合博物館に所蔵されていることについては、平成二十九年八月二十九日に文部科学省から京都大学に対して当該遺骨に関する照会をし、同年九月十三日に同大学から回答（以下「当該回答」という。）を得て把握した。

二について

お尋ねの当該遺骨について「多くの関係者や研究者らが一日も早い返還と再埋葬を強く願っていること」について承知しておらず、お尋ねの当該遺骨の「返還と再埋葬に対する政府の見解」についてお答えすることは困難である。

三について

お尋ねについては把握していない。

四について

お尋ねの「プラスチック製の直方体の箱」の大きさ

については承知していないが、当該回答により、当該遺骨については、京都大学総合博物館の収蔵室において温湿度が一定に保たれて保管されていると承知している。また、後段のお尋ねは、同大学における当該遺骨の保管の在り方に関するものであるところ、これについては、同大学において適切に判断すべきものと考えており、政府としてお答えする立場にない。

資料五　京都大学総長宛公開質問状（二〇一八年三月九日）

被通知人　京都大学総長　山極壽一様
通知人　衆議院議員・弁護士　照屋寛徳

被通知人におかれましては、一八九七年創立以来の京都大学（旧京都帝国大学）の歴史と伝統及び「自重自敬」の精神を尊重し、創造的な学問の世界を切り拓いてこられたことに敬意を表します。

通知人は、一九四五年七月二四日にサイパン島のアメリカ軍捕虜収容所で出生し、同年一一月に家族共々沖縄に引き上げて以来、現住所のうるま市（旧具志川市）に居住している者です。

通知人は、一九七二年に弁護士登録のうえ開業し、今日に至っております。また、一九八八年六月から沖縄県議会議員を二期、一九九五年から二〇〇一年まで参議院議員一期を務め、二〇〇三年から現在まで衆議院沖縄二区で六期連続当選し、今日に至っております。

このたびは、一人のウチナーンチュ（琉球人）として、また沖縄県選出の国会議員として、京都大学の前身である京都帝国大学医学部助教授であった金関丈夫氏が、一九二八年から一九二九年にかけて沖縄県今帰仁村にある「百按司墓」（「むむじゃなばか」と読む）から盗掘した「琉球人遺骨」が現在京都大学総合博物館に所蔵されている件について、被通知人に対して公開質問状（通知書）をもって、その事実関係の有無並びに前記「琉球人遺骨」の早期返還等に関する見解を求めるものであります。

被通知人におかれましては、本公開質問状（通知書）に対して、本内容証明郵便到達後一四日以内に真摯な回答を求めるものであります。

記

一、通知人は、二〇一七年八月二九日付で国政調査権に基づき、文部科学省に対し、前記「琉球人遺骨問題」について被通知人へ照会を行いました。かかる照会に対し、同年九月一五日付で文部科学省を通じて被通知人からの回答を頂きました。

通知人が受領した前記文部科学省からの回答は、被通知人が文部科学省に対して明らかにした事実として間違いないか、回答を求めます。

二、京都帝国大学（現京都大学）医学部助教授であった金関丈夫氏は、同人の著書『琉球民俗誌』（法政大学出版局、一九七八年）において、一九二八年から一九二九年にかけて沖縄県内各地の墓地で発掘調査をした際に持ち出した（実際には盗掘）遺骨について記述しています。

金関氏が発掘調査の名目で盗掘したのが、沖縄県今帰仁村にある「百按司墓」の「琉球人遺骨」であります。金関氏は、それらの遺骨の一部を「人骨標本」として当時の京都帝国大学に二六体（男性一五体、女性一一体）、台北帝国大学（現国立台湾大学）に三三体（男性一九体、女性一四体）を寄贈しております。

被通知人が、金関氏から「琉球人遺骨」二六体を「人骨標本」として寄贈された事実に間違いないか、回答を求めます。

三、金関丈夫氏の前記発掘調査は、国からの調査費助成によるものでしょうか、それとも被通知人からの調査費助成によるものでしょうか。あるいは、金関氏個人の費用負担によるものでしょうか、ご回答ください。

四、本件公開質問状（通知書）一の通り、通知人が二〇一七年八月二九日付で国政調査権に基づき、文部科学省に対し、照会請求を行ったところ、被通知人は、「現在、人類学資料を担当する連携教員が海外出張で不在のため、十分に回答できない部分があります。」と前置きしています。

当該連携教員たる研究者の全てについて、その氏名及び所属している学部・学科・専攻を踏まえた学内における肩書をお示しください。

また、かかる連携教員は、いつ海外出張から戻ってこられたのか、その日付をご回答ください。

五、被通知人は、通知人の二〇一七年八月二九日付照会に対し、「琉球人遺骨」の保管は、被通知人の総合博物館収蔵室において「プラスチック製の直方体の箱に収納しております。」と答えています。

通知人は、被通知人による「琉球人遺骨」の保管の仕方は、当該遺骨とご遺族の尊厳はもとより、ウチナーンチュ（琉球人）全体の誇りと尊厳をも著しく冒涜するものだと考えます。

当該「琉球人遺骨」は、一体ごとに保管されているのでしょうか、それとも一括して一つの箱に、あるいは複数体毎にまとめて複数の箱に収納されているのでしょうか。被通知人が「琉球人遺骨」を保管している「プラスチック製の直方体の箱」のサイズ及び色と併せて、収納実態について具体的にご回答ください。

六、通知人が、二〇一七年八月二九日付照会において『アイヌ人骨保管状況など調査ワーキング報告書』（京都大学、二〇一二年）にならい、琉球人遺骨についてもワーキングチームを立ち上げ調査する考えはありますか。」と尋ねたところ、被通知人から「現時点では、ご指摘の調査を行うことは予定しておりません。」との回答をいただきました。

被通知人が当該調査の実施を行わない理由について具体的にご回答ください。

七、通知人だけでなく、沖縄県教育委員会及び今帰仁村教育委員会並びに琉球民族遺骨返還研究会などが、被通知人が所蔵している「琉球人遺骨」の速やかな返還を強く求めております。

被通知人は、当該「琉球人遺骨」返還要求に応じる意思はありますか、ご回答ください。返還に応じる意思がないのであれば、その理由を具体的にお示しください。

八、通知人は、被通知人の総合博物館に所蔵されている「琉球人遺骨」の保管状況等の見分を強く希望するものであります。

かかる希望に応じるべく、通知人との間で見分日時の日程調整を行う意思が被通知人にはありますか、ご回答ください。見分に応じる意思がないのであれば、その理由を具体的にお示しください。

以上

資料六　京都大学の回答（二〇一八年三月二八日）

公開質問状（通知書）について

二〇一八年三月九日付け公開質問状（通知書）について、下記のとおり御回答いたします。

記

平成二九年八月二九日に文部科学省から照会があり、同年九月一三日に回答したことは事実です。同回答は京都大学として対応しておりますので、個別の教員の氏名等に関するご質問については回答を控えさせていただきます。

総合博物館の所蔵品については、現在、順次調査を進めているところですが、未だ全体の把握には至っておりませんので、収蔵状況等のお問い合わせに応じることが難しいのが現状でございます。何卒ご理解いただきたいと思います。

なお、今帰仁村教育委員会から同村運天人骨資料について協議の要請を受けたところであり、今後、対応について検討する予定となっております。

以上

資料七　京都大学総長宛公開質問状（二〇一八年四月二日）

被通知人　京都大学総長　山極壽一　様
通知人　衆議院議員・弁護士　照屋寛徳

通知人は被通知人に対し、二〇一八年三月九日付公開質問状（通知書）を発出し、同通知書は二〇一八年三月一二日被通知人に配達されております。

被通知人から上記公開質問状（通知書）に対し、通知人宛の「回答」が二〇一八年三月三〇日付で書留郵便にて配達されました。

通知人は、被通知人からの「回答」に対し、下記のとおり再度公開質問状（通知書）を発出致します。

記

一、通知人の二〇一八年三月九日付公開質問状（通知書）に対する被通知人の「回答」は、木で鼻を括るような不誠実な「回答」であり、一人のウチナーンチュ（琉球人）として、また、沖縄選出の一人の衆議院議員として、到底納得できるものではありません。

一九二八年から一九二九年にかけて、当時被通知人の医学部助教授であった金関丈夫氏によって、沖縄県今帰仁村にある「百按司墓」から盗掘され、現在被通知人の総合博物館収蔵室に収納されている「琉球人遺骨」の速やかな返還要求は、当該遺骨とご遺族の尊厳はもとより、ウチナーンチュ（琉球人）全体の誇りと尊厳に関わる重大問題です。

通知人は、二〇一八年三月九日付公開質問状（通知書）第七項で求めたように、被通知人は当該「琉球人遺骨」を返還する意思があるか、返還に応ずる意思がなければその理由を明示されるよう再度求めます。

二、被通知人は、通知人に対する「回答」において、通知人が文部科学省を介して「照会」した事項に対する回答は被通知人として対応した事を認めております。

ところが、通知人の前記二〇一八年三月九日付公開質問状（通知書）第二項、三項、五項については、具体的な「回答」がございません。全く信じられません。

百歩譲って被通知人が「総合博物館の所蔵品については、現在、順次調査進行中」であったにしても、現段階で明々白々の事実に関しては誠意をもって回答すべきです。

そのことが、学問の府たる被通知人の使命であり、「自重自敬」の精神に基づき自由な学問を育み、創造的な学問の世界を切り開いてきた、と自負する被通知人の果たすべき責任であります。

よって、通知人の二〇一八年三月九日付公開質問状（通知書）第二項、三項、五項に対する明解な回答を再度求めます。

三、被通知人から通知人宛の前記「回答」には、「なお、今帰仁村教育委員会から同村運天人骨資料について協議の要請を受けたところであり、今後、対応について検討する予定となっております。」とあります。

今帰仁村教育委員会からの「協議要請」については、積極的に対応する趣旨と理解しますが、そのような理解で良いか、いつ頃までに「対応検討」するか時期をお示し下さい。

以上、本通知書到達後一〇日以内にご回答を求めます。

資料八　**京都大学の回答**（二〇一八年四月一八日）

公開質問状（通知書）**について**

二〇一八年四月二日付け公開質問状（通知書）について、下記のとおり回答いたします。

記

ご質問の第一項及び第三項については、今帰仁村教育委員会からの協議の要請を受け、今後、対応について検討する予定としているため、現時点で決まっておりません。

同第二項については、前回回答しましたとおり、総合博物館の所蔵品について、現在、順次調査を進めているところであり、ご質問の各事項を含め、学術的観点からの精査を経た全体の正確な把握にはなお時間を要する状況であり、収蔵状況等のお問い合わせに応じることが難しいのが現状でございます。所蔵品の調査、今帰仁村教育委員会との協議に真摯に対応していく考えでありますので、何卒ご理解いただきたくお願い申し上げます。

以上

第14章　問題解決のための今後の展望

龍谷大学　松《まつ》島《しま》泰《やす》勝《かつ》

1　琉球人遺骨返還運動

二〇一七年五月、私は京都大学総合博物館に対して「百按司墓遺骨」の実見と幾つか質問をしたが、同博物館はその要求を全て拒否した。同博物館は『琉球新報』『沖縄タイムス』『東京新聞』『京都新聞』等からの本件に関する取材も退けた。京大総合博物館は「すべての館蔵資料について、収蔵状況等の個別の問い合わせには応じておりません」と私に回答した。なぜ問い合わせに応じないのかの理由を説明せず、議論、対話を拒否した。

日本国民からの一切の取材、質問、要望への回答を拒否することは、国民の税金で運営されている国立大学として許されない。京大が、日本国民、特に日本の植民地になった琉球の人々から同遺骨に関する問い合わせを無視することは、「植民地主義的な対応」であると言える。このような対応は、『日本国憲法』第二一条の「知る権利」にも反している。

二〇一七年八月、私は「人骨標本番号毎に記録された文書」に関する京大法人文書開示請求を行い、同年一一月、閲覧した。しかし琉球人遺骨に関する法人文書は一件のみであった[1]。私が更なる情報の公開を求めたところ、「清野コレクション」に係る文書は清野個人のものであり、京大法人とは無関係であるため、情報公開の対象にはならないと京大職員は答えた。

二〇一七年一二月、私は京都大学大学院理学研究科自然人類学研究室に対して、骨骼閲覧を申請した。同研究室の事務所は「申請書を受け取りましたが、閲覧ご希望の標本は当研究室の管理資料に存在しません」と回答した。なぜ存在しないのか、いつどこに移動させたのかという質問をしたが、未だに回答がない。同研究室のホームページには次のような記載があった。「自然人類学研究室は『清野コレクション』と呼ばれる日本屈指の発掘人骨資料を所蔵しています。この資料は日本列島におけるヒト集団の変遷とその生活様式の研究に大きな役割を果たし、多くの研究者が利用に訪れています[2]」。

京大は「清野コレクション」を個人のものだとしながら、これを「日本屈指の発掘人骨資料」として大学法人の所蔵品とするという欺瞞性、当事者の人権を配慮しない学知の傲慢性が上の記述から明らかである。

二〇一七年八月末、照屋寛徳・衆議院議員は国政調査権を発動し、文科省を通じて京大に対して百按司墓琉球人遺骨に関する照会を行った。その結果、京大は初めて同遺骨の保管を公式に認め、次のように回答した。「遺骨はプラスティック箱に保存している。同遺骨に関する研究成果について把握せず、遺骨リストも作成していない。京大に設置された『アイヌ人骨保管状況等調査ワーキンググループ』のような組織をつくる予定はない」

その保管方法からは琉球人遺骨に対する尊敬の念は見えない。つまり京大は研究を行わないにも係らず、遺骨を保管し、「個別の問い合せ」にも応じず、返還をしようともしないのである。

琉球人や研究者の団体も遺骨返還を求めている。二〇一七年四月、琉球民族独立総合研究学会は、国連の人権高等弁務官事務所に対して「百按司墓遺骨」返還の正当性を主張するとともに、二〇一八年四月、国連の先住民族に関する常設フォーラムにおいて本問題について訴えた。

二〇一七年八月、私は琉球民族遺骨返還研究会代表として京大総長の山極壽一氏に対して、琉球人遺骨返還に関する要望・質問書を提出するとともに、遺骨関連の情報開示請求を行った。京大は琉球民族遺骨返還研究会の要望・質問書に対して、次のように回答した。「本件について個別の問合せ・要望には応じかねます。つきましては、本件で本学を来訪することはご遠慮いただきたく存じます。なお、今後、何らかの形で新たな問合せ・要望をいただいたとしても、応じかねますので、ご了承ください」

1　当該遺骨に関する研究論文として次のものがある。金高堪次「琉球国頭郡運天に於て得たる現代沖縄人人骨の人類学的研究」『人類学雑誌』第四四巻第八号、一九二九年八月。

2　京都大学大学院理学研究科自然人類学研究室ホームページ（http://anthro.zool.kyoto-u.ac.jp/research/index.html）二〇一八年四月二〇日接続。

なぜ「個別の問合せ・要望」に応じないのかの理由も示さず、私の大学への訪問も拒否するという、植民地主義を絵に描いたような冷酷な対応である。京大のこのような植民地主義は一貫している。二〇一七年八月二三日に私が京大を訪問した際、総長室がある建物に入ることが警備員によって許されず、担当職員が屋外に出てきて「要望・質問書」を受け取った。受け取りの模様を撮影しようとしたら、「写真を撮るなら文書受け取りを拒否する」と述べた。

同年一一月一三日、私は「コタンの会」代表でアイヌ民族の清水裕二《しみずゆうじ》氏とともに京大に行き、アイヌ、琉球人の遺骨について問い合せをした。総長室がある建物の玄関ホールに入ることはできたが、警備員の目の前に置かれた内線電話の使用が認められず、私の携帯電話で外線を通じてアイヌ、琉球人の遺骨担当部署である総務課に電話することを命じられた。担当職員は私たちの前に現れず、清水氏が求めた京大による『アイヌ人骨保管状況等調査ワーキング報告書』の手交も拒絶した。さらに清水氏との名刺交換に対しても「その必要はない」として拒否した。これは明らかな大学による民族差別である。

二〇一八年一月、琉球大学で開催された東アジア共同体・沖縄（琉球）研究会のシンポジウムにおいて、私が起草した「琉球人・アイヌ遺骨返還問題に見る植民地主義に抗議する声明文」[3]が承認された。同声明文は京都大学関係機関、琉球・京都・北海道の新聞社、照屋寛徳・糸数慶子《いとかずけいこ》・伊波《いは》洋一《よういち》の沖縄県選出国会議員に送付された。奄美大島から本シンポに参加されていた大津幸夫《おおつさちお》氏は原《はら》井一郎《いいちろう》氏とともに、「京都大の奄美人遺骨返還を求める会」を設立し、奄美諸島から持ち出され、現在、京大に保管されている遺骨返還を求める運動を始めた。

二〇一八年二月、照屋議員は「琉球人遺骨の返還等に関する質問主意書」を提出したが、日本政府は琉球における遺骨返還運動を認めず、学知の植民地主義を正当化した。同年二月、ＡＩＰＲ（琉球弧の先住民族会）がインドで開催されたＡＩＰＰ（アジア先住民族連合）の評議会に対して、琉球人遺骨問題に関して私が作成した報告書を提出した。

同年三月、四月、照屋議員は京大総長に対し内容証明付きの公開質問状を二回提出し、詳細な遺骨情報とその返還を要求した。京大は回答書の中で照屋議員からの質問や要望に答えないという不誠実な対応をとるとともに、今後、本問題に関して今帰仁村と協議するとしたが、その詳細は明らかにしなかった。

2　アイヌの遺骨返還運動から学ぶ

二〇一七年四月に発表された文科省の調査によると、アイヌの個体ごとに特定できた遺骨が一六七六体（内、北海道大学には一〇一五体）、個体ごとに特定できない遺骨が三八二箱、全国の一二の大学に保管されていた。[4] 遺骨とともに副葬品も持ち出された。北大の研究者は一九七〇年代までア

3　「琉球人・アイヌ遺骨返還問題に見る植民地主義に抗議する声明文」は本書三〇九頁より掲載している。

イヌ遺骨の発掘を行っていた。琉球と同じく、日本の植民地支配下において遺骨が盗掘されたが、今、アイヌ自身の手によってその返還の扉が開かれてきた。

一九八〇年にアイヌの海馬沢博氏が、北大に遺骨に関する公開質問状を提出し、情報公開を求めた。当時、遺骨は同大医学部の「動物実験施設」に保管され、エゾオオカミと一緒にアイヌの遺骨が「標本」として並べられ、頭骨には番号とドイツ語の文字が書かれていた。一九八四年、北海道ウタリ協会の求めに応じて「アイヌ納骨堂」が同大学に建設された。

政府のアイヌの遺骨返還に関する方針はどのようなものだろうか。二〇一二年に発表された「民族共生象徴空間」構想は、北海道の白老町にアイヌ遺骨を納める慰霊施設、国立博物館、体験交流施設を二〇二〇年に完成させることを目指している。遺骨盗掘への大学側からの謝罪がないまま、遺骨を国立施設に集約しようとしている。同施設から遺骨を持ち出してＤＮＡ分析等の研究をすることも可能である。政府は個人が特定された遺骨を「祭祀承継者」としてアイヌに返還することを認めている。しかし、それは日本人の家制度に基づく考え方であり、全アイヌ遺骨の九九％が「象徴空間」に集約されてしまう。政府の遺骨返還方針は新たな同化政策である。[5]

政府の方針に対してアイヌは必ずしも同意せず、情報開示・遺骨返還運動を活発に展開してきた。二〇〇八年、小川隆吉氏らが北大に対して情報公開法に基づき「アイヌ人骨台帳」の公開を請求した。同年、北大開示文書研究会が発足し、遺骨返還運動の中心的な組織になった。北大は情報を隠蔽しようとしたが、小川氏らの追及により情報開示を迫られた。二〇一二年、小川氏、城野口ユリ氏らが北大に対して遺骨返還請求訴訟を起こした。二〇一四年には畠山敏氏（紋別アイヌ協会会長）、浦幌アイヌ協会、一七年には旭川アイヌ協議会がそれぞれ北大に対して遺骨返還請求訴訟を起こした。さらにコタンの会は一九五体の遺骨返還を求めて北大と新ひだか町を提訴した。そして二〇一八年になると「コタンの会」は浦幌アイヌ協会とともに遺骨返還を求めて札幌医科大学と北海道庁を訴えた。

訴訟に立ち上がったアイヌは、コタンへの遺骨返還を求めている。コタンとは、アイヌ独自の支配領域であり、その中では裁判や意思決定が行われ、漁業、狩猟等の経済活動の拠点となり、先住民族の土地権の保有主体である。墓地および遺骨に関する慰霊、管理も土地権、つまり先住民族の権利（先住権）に含まれる。遺骨返還運動は先住権に基づいて実施されている。[6] これまで国や道庁は同化策、福祉策として「アイヌ政策」を実施してきたが、それに対してアイヌは「民族の自己決

4　文部科学省「大学等におけるアイヌの人々の遺骨の保管状況の再調査結果」二〇一七（http://www.mext.go.jp/component/a_menu/science/detail/__icsFiles/afieldfile/2017/05/25/1376459_3_2_1.pdf）二〇一八年四月一三日接続。

5　二〇一八年五月、日本政府はアイヌ遺骨の返還先として出土した地域のアイヌ団体を対象にすることを認めた。遺骨の情報を六ヶ月間公開し、アイヌ団体からの返還請求に応じて返還する。その団体とは、遺骨が出土された地域に住む複数のアイヌによって結成したものになる。日本政府の新たな方針は、アイヌからの批判や裁判を受けてのことであろう。この方針が実際どのように運用されるのか注意深く見守る必要がある。

6　市川守弘「アイヌ人骨返還を巡るアイヌ先住権について」北大開示文書研究会編『アイヌの遺骨はコタンの土へ――北大に対する遺骨返還請求と先住権』緑風出版、二〇一六年、一五二～一五六頁。

定権」行使の一貫として遺骨返還運動を展開してきたのである。

政府は先住民族の集団としての権利である先住権を、アイヌに認めていない。アイヌは北海道各地域のアイヌ協会、「コタンの会」が集団としての権利の受け皿であるとしてコタンへの遺骨返還を主張している。またアイヌは遺骨返還とともに、民族としてシャケや鯨を捕る権利を回復しようとしている。

訴訟和解が成立して、二〇一六年七月、一二体の遺骨が浦河町杵臼共同墓地で再埋葬された。この際、「コタンの会」が遺骨の受け入れ団体となった。二〇一七年八月は浦幌町、九月は紋別市で遺骨の再埋葬が行われた。

アイヌ遺骨返還に関して日本の学会は、どのように認識しているのだろうか。二〇一七年、北海道アイヌ協会、日本人類学会、日本考古学協会がまとめた『これからのアイヌ人骨・副葬品に係る調査研究の在り方に関するラウンドテーブル報告書』には次のような文言がある。「世界各地の先住民族の遺骨やそれに伴う副葬品、埋葬儀式に用いる用具は、一九世紀から二〇世紀初頭にかけて行われた人種主義に基づく自然人類学や考古学、民族学の研究の研究関心から、また植民地主義的な政策の影響の下で収集されてきた。(中略)一九八〇年代からは、先住民族側から本来あるべき場所への返還が求められ、国内や国際的な返還の動きが始まっている。(中略)現在の研究倫理の観点から見て、研究者は人の死や文化的所産に関わる資料の取り扱いについて充分な配慮を払うべきである」[7]「アイヌの遺骨と副葬品の尊厳を守り、慰霊と返還の実施とともに返還請求には最大の配慮で応えることが第一義であり、研究に優先されることを十分に理解する必要がある」[8]

人類学や考古学の学会としても、アイヌ遺骨が植民地主義の影響下で収集されたことを認め、その返還請求には「最大の配慮で応えることが第一義であり、研究に優先される」と考えている。先住民族の遺骨返還は国際的な潮流でもある。アイヌ民族は自らの土地であるコタンに遺骨を返還すべく、国際法で保障された自己決定権を主体的に行使しているのである。

一九三四―三五年、北海道帝国大学の児玉作左衛門教授らが、浦幌町の墓地からアイヌ遺骨を持ち去った。浦幌アイヌ協会は遺骨返還請求訴訟を起こし、二〇一七年三月、訴訟和解にともない遺骨が返還されることになった。六三体の遺骨と、人数不明の遺骨合わせて八二箱、副葬品一一箱の返還を受け、再埋葬が行われた。アイヌの返還遺骨数としては過去最多となる。私は遺骨の盗掘という同じ問題を抱える琉球人として、アイヌの再埋葬式に参加する機会を得た。

同年八月一九日、北大のアイヌ納骨堂内で、一つ一つの遺骨箱を開いて確認した後、浦幌の若いアイヌが木箱を両手に抱えてバスに運び入れた。ある若者は遺骨の重さを手に感じることで、アイヌであることを改めて自覚したと語った。札幌から約五時間かけて浦幌町に移動する車中で、私は

7　北海道アイヌ協会・日本人類学会・日本考古学協会『これからのアイヌ人骨・副葬品に係る調査研究の在り方に関するラウンドテーブル報告書』二〇一七年（https://www.kantei.go.jp/jp/singi/ainusuishin/dai9/sankou5.pdf）二〇一八年四月二三日接続、二頁。

8　同上報告書、六頁。

「コタンの会」の清水裕二代表からアイヌ差別、遺骨返還等についてお話を伺った。清水氏は少年時代に、高校の日本史クラブの教員と生徒がアイヌ遺骨を盗掘した現場を見たが、それは今でも心の傷になっていると話された。

浦幌町浜厚内《はまあつない》の生活館でカムイノミ（神格を天界に還す儀式）をした後、浦幌墓園の一角で再埋葬式が行われた。長方形の穴の底に藁が敷き詰められ、遺骨箱が静かに安置された。箱の上を着物で覆い、その上から土をかけた。祖霊が天界に昇る際の杖となる七本のクワ（墓標）を土に差し込み、お菓子等の供物を捧げ、藁に火をつけ、その前でアイヌが跪いて祈りを捧げた。

儀式の後、北大の笠原正典副学長は「裁判の和解に基づいて遺骨と副葬品を持って来た」と述べたが、謝罪の言葉は一言もなかった。二〇一六年の浦河町での再埋葬式でも北大側は謝罪しなかった。

翌日、浜厚内生活館でカムイノミとイチャルパ（先祖供養）が行われた。差間《さしま》正樹《まさき》会長も山の神、海の神への感謝の言葉を述べた。イチャルパでは、最初にアイヌがイナウ等の供物を捧げ、次にその他の民族が続いた。私もアイヌ遺骨の再埋葬を言祝ぐとともに、琉球人遺骨の島への帰還を御願い申し上げた。

遺骨の再埋葬過程に立会って印象的だったのは、若いアイヌが自らのアイデンティティを自覚し、コタンの主体として成長していく姿であった。遺骨返還訴訟、再埋葬式の準備を契機にしてアイヌのルーツを感じ、浦幌アイヌ協会に加入した人もいた。儀式に使うチタラペ（花ござ）を協会の仲間と作ることで、アイヌ同士の結束が深まり、文化の継承にも繋がる。また儀式への参加を通じて、各種の所作やアイヌ語を覚えていくのだろう。[9]アイヌ文化伝承者の葛野《くずの》次雄《つぎお》氏も「思い出した時に、一人でも、二人でもカムイノミをする。神が見守っている」と若者を励ました。

浦幌アイヌ協会の差間正樹会長は、八月二〇日の記者会見で次のように述べた。「先祖が自分たちの土地に帰ってきた。やっと静かに眠ることができる。これから私達とともに生活をすることができる。これからがスタートである。今まで待たせたことを御詫びしたい。私達のやり方で慰霊をしたい。それぞれの地域に遺骨を返すことを北大に望みたい。一つ一つの遺骨箱の重みが先祖の存在を教えてくれた。私達は遺骨を返還する権利を持っている。それは『先住民族の権利に関する国連宣言』で保障されている。慰霊をする権利も保障されている。再埋葬の準備、慰霊祭の過程で地域のアイヌ社会が一体化してきた。自分の祖先は自分たちで慰霊するのが基本である」。また葛野氏は次のように語った。「盗んだ骨はアイヌに返すのが当然である。白老の『民族共生象徴空間』への遺骨の集約は、アイヌ文化の否定となる」

再埋葬式には、「日本軍『慰安婦』問題の解決をめざす北海道の会」の金時江《キムシガン》共同代表も参加された。現在、北海道には約三千人の在日コリアンが生活しているが、戦前、強制連行された朝鮮人をアイヌが助けるなどの交流があったという。また一八九四年の東学農民革命の指導者の遺骨が一

9　『北海道新聞』二〇一七年八月一五日。

九〇六年から北大に保管されていたが、韓国での返還運動によって九六年に母国に戻った。

浦幌では小川隆吉氏からアイヌ遺骨返還に関わる資料を頂戴した。封筒には「やれば出来る。ただその一言だな」とも励ましの言葉が記されていた。前日、小川氏に北大内にあるアイヌ住居遺跡を案内してもらったが、その説明板には、生活主体である「アイヌ」という言葉がなく、日本の歴史年代名称で解説されていた。歴史修正主義が学問の府で行われていた。遺骨返還の際に北大はアイヌに謝罪しなかったが、「学問の暴力」[10]の問題はまだ解決されていない。

アイヌと同じように、琉球人は自らの領土が奪われただけでなく、遺骨も日本人研究者によって盗掘され、未だに返還されていない。琉球人差別は今でも続いているが、遺骨の盗掘と大学での保管はその最たるものである。アイヌは粘り強い闘いの結果、祖先の遺骨をあるべき場所に戻し、慰霊をすることができたことを、私は自分の目で確認した。人間としての誇りを取り戻しつつあるアイヌに続きたいとの思いを深くした。

3　自己決定権行使としての遺骨返還運動

アメリカ、カナダ、ニュージーランド、オーストラリア等に住む先住民族は自らの土地権を認めさせ、その金銭的補償、所有権回復等を実現させた。その土地権の中に遺骨返還権がある。世界の先住民族は国際法や国連を駆使し、宗主国と巧みに粘り強く交渉して土地権を奪回してきた。日本やアメリカの植民地化の中で琉球が受けてきた歴史的な不正義を正す具体的な方法が、先住民族が有する土地権の回復、新たな政治的地位を決める住民投票である。その土地権の中に祖先の遺骨を返還させることができる権利が含まれている。琉球人は国連憲章、国際人権規約等で保障された「民族の自己決定権」を行使して、奪われた遺骨を返還させることができる。

琉球（沖縄）は「日本固有の領土」ではなく、独自の国であった。琉球国は欧米諸国もその存在を認めていた。一八五〇年代、琉球国はアメリカ、フランス、オランダと修好条約を締結した。しかし、それらの条約原本を日本政府が奪い、現在、外務省が管理する外交史料館が保管している。本来、これらの条約原本は元の場所、つまり首里城（または沖縄県公文書館）に返還されるべきであろう。自己決定権行使のための根拠の一つを日本政府が奪ったままであり、これからも琉球が植民地であることが分かる。

琉球国は明国、清国の朝貢冊封国であった李氏朝鮮（現在の韓国、北朝鮮）や安南国（現在のベトナム）、シャム国（現在のタイ国）等と同様な政治的地位を有していた。一八七九年の琉球併合において、日本政府は軍隊、警察によって琉球国を滅亡させ、沖縄県を設置した。日清戦争後まで、清国に亡命した旧王府家臣は琉球救国運動を展開してきた。また戦後の米軍統治時代から今日まで独

10　「学問の暴力」については、植木哲也『新版　学問の暴力――アイヌ墓地はなぜあばかれたか』春風社、二〇一七年、植木哲也『植民学の記憶――アイヌ差別と学問の責任』緑風出版、二〇一五年を参照されたい。

立運動が琉球において行われてきた。

「サンフランシスコ講和条約」第三条には将来における琉球の信託統治領化が明記されていたが、それは不履行となり、一九七二年に沖縄県として再び日本の統治下におかれた。他方、戦前、日本の委任統治領となり、戦後、米国の戦略的信託統治領になったミクロネシア諸島は国連信託統治理事会の監視下で住民投票を行い、自由連合国または米国領（コモンウェルス）を選択することができた。

「沖縄県」成立の国際法上の根拠となった沖縄返還協定は、琉球政府を排除した、日米両政府の密約に基づくものでしかない。琉球は、国連監視下における住民投票による新たな政治的地位の獲得という国際法で保障された脱植民地化の過程がいまだに認められていない。琉球国を滅亡させた琉球併合、「捨て石作戦」の沖縄戦、在日米軍基地のヤマトから琉球への移設・固定化、米軍統治、基地による犠牲等に対して、日本政府は謝罪、賠償を行わず、現在、辺野古での軍事基地建設という新たな植民地政策を実施している。

戦前、日本政府はアイヌモシリ（北海道、千島列島、樺太、本州北端）、琉球、台湾、朝鮮半島、「満州国」、南洋群島、グアム等を自らの植民地にすることで帝国主義を拡大させた。日本の帝国主義は太平洋戦争で日本が敗北した後、消え去ったと言われている。しかし琉球に関して日本の帝国主義、植民地主義は未清算であり、現在も続いている。

「復帰」とは元の場所に戻ることを意味する。しかし琉球にとって日本は元の場所ではない。あえて言うなら琉球の復帰は琉球国となる。それだからと言って私は王制を望んでいるのではなく、共和制が望ましいと考えている。

一八七九年の沖縄県の成立過程を考えても、琉球人が合意して日本の一部になったとは言えない。一九七二年の沖縄県の誕生過程では、多くの琉球人が復帰運動に参加した。しかしそれは、平和憲法を保持する日本国の一部になることで平和的生存権の保持を願い、米軍基地の縮小・撤廃を希望したからに他ならない。「復帰」は自己決定権の行使によって実現したものとは言えない。当事者である琉球人は、「新たな政治的地位」を国際法に基づいて、国連監視下の住民投票によって決める機会を与えられてこなかった。

植民地統治者である日米両政府が、被植民者の意思を無視して一方的に沖縄返還協定を締結した。屋良《やら》朝苗《ちょうびょう》・琉球政府主席が日本政府に提出した「復帰措置に関する建議書」は一顧だにされなかった。これは重大な国際法違反である。たとえ復帰運動を琉球人の自己決定権行使であると解釈しても、自己決定権は何度でも行使できるのであり、これからも「新たな政治的地位の樹立を問う」住民投票を行い、脱植民地化を前に進めることができる。

琉球人は生きている間、米軍基地問題に象徴されるように植民地支配の犠牲者である。同時に、死してニライカナイに行ってからも日本による植民地支配を受けている。つまり遺骨返還、先祖供養を京大つまり日本政府が拒否できる体制下に、琉球人は生きることを強いられているのである。琉球人を生死にかかわらず支配し、利用しようとする日本の帝国主義や植民地主義から脱却しない限り、琉球人は徹底的に、生死を超えて搾取されるだろう。琉球人の自己決定権、遺骨返還と再埋葬という先住民族の権利、信教の自由という人権、琉球人アイデンティティの確立にとって琉球人遺骨運動は大きな意味を有するようになったと考える。

琉球国の礎を築いた先祖の遺骨が琉球人のやり方で埋葬、供養されないという不正義がいまだに解決されていないのである。遺骨は人体の一部である。遺骨の再風葬によって遺骨は「モノ」から「人」になり、生者との関係性が回復され、遺骨は「死者から祖先」になる。そして百按司墓遺骨は、「標本人骨」から琉球の脱植民地化の政治的象徴になったと言える。遺骨問題は琉球人の過去を現在に浮上させ、脱植民地化という琉球人の未来とも直結している。

4　結びに代えて――遺骨返還を求め、琉球に対する植民地支配を問う

遺骨返還運動は琉球において広がりを見せている。まよなかしんや氏（アイヌ民族と連帯するウルマの会）、具志堅隆松氏（ガマフヤー）、目取真俊《めどるましゅん》氏（小説家）、安仁屋眞昭《あにやさねあき》氏（おもろ継承者）、『月刊琉球』編集部、東京琉球館、命どぅ宝！琉球の自己決定権の会等も遺骨返還、再風葬を求めている。現在、私は大阪の丹羽雅雄《にわまさお》弁護士、普門大輔《ふもんだいすけ》弁護士、定岡由紀子《さだおかゆきこ》弁護士、李承現《リスンヒョン》弁護士とともに京大総長を被告とした「琉球遺骨返還請求訴訟」の準備を行っている。

京大は現在に至るまで私からの質問、返還要求に対する回答を一切拒否している。京大が、日本

の植民地になった琉球の人々から同遺骨に関する問い合わせや返還要求を無視することは、日本の帝国主義、植民地主義が現在も続いていることを意味している。裁判では遺骨の返還を求めるとともに、日本の琉球に対する植民地支配について明らかにしたい。

裁判において重要になる「原告の適格性」を念頭におきながら原告を集めている。同遺骨の子孫とは誰だろうか。百按司墓の遺骨は、一四六九年に終了した第一監守（第一尚氏王統代の北山監守）の時代における貴族である可能性が高いとされている。[11]同墓以外に、運天には大北墓《うーにしばか》と呼ばれる古墓があり、それは第二尚氏の二世、四～七世の北山監守《ほくざんかんしゅ》（今帰仁按司《なきじんあじ》）やその一族が葬られているとされている。[12]

つまり、百按司墓には第一尚氏王統時代の北山監守を含む、貴族が埋葬された可能性が高いと考えられる。同墓に貴族が埋葬されたことは、琉球国の歴史書である『中山世譜』にも記載されている。原告を確定する過程を通じて、自分が琉球国の形成や運営に携わった人間の子孫であることを、第一尚氏の子孫だけでなく、その他の琉球人も意識するようになるのではないかと考える。

アイヌは二〇〇八年に日本政府によって先住民族として認められ、「文化振興」に関する政策が国によって行われている。しかし、国連は琉球人を先住民族として認めているものの、日本政府は

11　今帰仁村教育委員会編『運天の古墓群』今帰仁村教育委員会、二〇一二年、一〇頁。
12　今帰仁村教育委員会編『百按司墓木棺修理報告書』今帰仁村教育委員会、二〇〇四年、五頁。

認知していない。ＩＬＯ一六九号条約で明記されているように、植民地支配下にある人々が自らが先住民族であると自覚することで先住民族になるのである。日本政府の認知によって琉球人が先住民族になるわけではない。当初、アイヌは日本政府によって先住民族として認められていなかったが、アイヌの国連での活動や一九九七年の二風谷ダム裁判等によって日本政府も先住民族として認めることになった。「琉球遺骨返還請求訴訟」において、琉球は一八七九年以降、日本の植民地になり、植民地体制下において遺骨が盗掘され、今でも大学に保管されていることは国内法、国際法上違法であることを議論し、明らかにしたい。

遺骨返還によって琉球人は自らの過去を、自らの言葉で語ることができるようになる。同化されるのか主体的に生きるのかという、アイデンティティ政治とも関連した問題である。琉球人は研究の客体から、日本人と対等な主体になろうとしている。琉球人遺骨の盗掘とその保管は、研究における倫理上の問題、国内法や国際法違反であるとともに、琉球人の信仰、生活、習慣に対する破壊行為、人権侵害問題である。遺骨の取扱いに敬意を払うことは、生者の存在や人権を尊重することになる。

遺骨だけでなく、一八五〇年代に琉球国が欧米諸国と締結した修好条約原本等、日本政府が奪った、琉球人のアイデンティティ、独立に係る物全てを琉球人は自己決定権によって返還させることができる。まずは琉球国の誕生と形成に貢献した百按司墓琉球人の遺骨を取り戻したい。それにより琉球人は自己決定権を確立し、生死を越えた植民地主義から脱することが可能になると考える。

第15章　原告の訴え

ご先祖のマブイに平安を　子孫としての切なる願い

亀《かめ》谷《や》正《まさ》子《こ》

沖縄は、一八七九年の明治政府による武力併合まで琉球国という独立国で、一八五〇年代にフランス、オランダ、アメリカと修好条約を結んだ。その条約原本は併合過程で日本に持ち去られ外務省が保管しているが、本来の所有者である沖縄（琉球）に返還されるべきであると思う。琉球人の遺骨を元の墓に戻すのと同じように、琉球が国であったことを証明する三つの修好条約原本も琉球に返還させなければならない。

一九〇三年に内国勧業博覧会が大阪の天王寺で開かれ、〈学術人類館〉と称する小屋に、学術研究資料の名目で、朝鮮人・北海道アイヌ・台湾原住民族・その他の民族と一緒に琉球人女性を見世物にした。琉球人を日本民族とは異質の民族と見なし、しかも生身の人間を見せ物にするという差別を行っていた。戦前、琉球人は就職、結婚、住宅の入居、飲食店の入室などでも差別を受けていた。

琉球人は二〇〇八年に国連から「先住民族」として認定されたが、日本政府は否定し、国連勧告を受け入れていない。一旦認めてしまうと、新基地建設は勿論、既存の米軍基地や自衛隊基地の存続をも沖縄の民意に左右されてしまうことを日本政府は恐れているのだろう。日本政府は、表向き「琉球・沖縄人は日本民族だ」としているが、基地押しつけに示されるように、琉球人への差別は戦前から現在まで続いているのである。

私が遺骨の返還を求める裁判の原告になりたいと決意したのは、万人共通の「亡き後は故郷で静かに眠りたい」との願いを叶えるためであり、同じ琉球民族としての思いを共有しているからである。私たち、琉球民族も、日本民族と同じ人間である。人間をして真の人間たらしめるのは、相手の立場に立って考えることだと信じている。それは、人間以外の動物には不可能なことだから。

日本政府が琉球人の民意を無視して基地建設を強行しているように、京都大学は私たち琉球人遺族からの遺骨についての問い合せや返還要求にまったく答えていない。これほど人を侮辱することはない。京都大学は琉球人を同じ人間とみているのか。人を人としてみない京都大学の冷たさ、冷酷さ、植民地主義を感じる。かつての学術人類館事件と同じように、京都大学は琉球人を差別の対象として見ているのである。

日本政府が沖縄の民意を無視して、辺野古、高江の新米軍基地建設を強行するのと同じように、遺骨問題も植民地主義の問題として考えることができる。新たな米軍基地を建設して、琉球人の生命、生活、平和を否定している日本政府と京都大学は同じである。私は毎週のように辺野古で座り込みの闘いに参加しているが、米軍基地問題と遺骨返還問題はその根において共通していると言える。

今年（二〇一八年）八月八日に任期途中で急逝された翁長雄志《おながたけし》知事は、基地反対の集会でよく「うちなーんちゅ　うしぇーてないびらんどー（沖縄人をないがしろにしてはいけない）」と主張されていた。翁長知事は命をかけて米軍基地建設を阻止しようとしたが、日本政府は全く聞く耳を持たず、嫌がらせや弾圧を行った。私も翁長知事と同じ言葉を京都大学に投げかけたい。「人の尊厳を踏みにじるのもいい加減にしろ」と。

京都大学の博物館に保管された、私のご先祖の遺骨は、子孫との繋がりが断たれ、孤独な思いで九〇年近く過ごすことを余儀なくされた。ご先祖のマブイ（魂）に、はやく平安を与えたいというのが、子孫としての切なる願いである。

私たち琉球人は、家族や親族が亡くなると、門中の墓に手厚く遺骨を弔い、供養するという伝統をもっており、今に伝えている。毎年行われる、先祖崇拝の儀礼である清明祭《せいめいさい》になると、親族は墓に集い、ご先祖と一緒に飲食をしてきた。旧盆になると、ご先祖が住んでいるニライカナイから家にマブイを迎えて、三日間、家族と再び生活をする。ご先祖を拝む対象として、遺骨は欠かせない。琉球人は死んだら終わりではなく、生きている家族と死んだ後でも交流することは、琉球人にとって習慣であり、生活の一部になっている。

京都大学に保管された私の祖先の遺骨は、親族との交流が許されない状態におかれている。琉球の精神世界にとって、これはあってはならないことである。一刻も早く、ご先祖の遺骨は元あった場所に戻し、我々家族の供養を受けなければならない。

照屋寛徳衆議院議員による京都大学への質問で明らかになったが、プラスチックの箱にご先祖の遺骨が納められているそうである。これは琉球人の遺骨に対する侮辱であり、生きている我々子孫に対しても同じような扱いをされたように感じ、大変、憤っている。

琉球人の遺骨に対する配慮が全くなされていない。

京都大学に対して、私の先祖の遺骨返還を強く求めたい。琉球人独自のニライカナイ信仰を京都大学は否定している。これは憲法で保障された「信教の自由」違反である。

私は、残りの人生を琉球人としての魂と誇りを持って、日本とアメリカによる沖縄の植民地主義に反対の声を上げ続け、行動する。ご先祖の遺骨を取り戻し、我々の方法で供養したい。

第16章　百按司墓の盗掘と植民地主義

弁護士　丹《に》羽《わ》雅《まさ》雄《お》

1　百按司墓の盗掘

一四二九年、中山王《ちゅうざん》であった尚巴志《しょうはし》は、山北《さんほく》、山南《さんなん》を滅ぼし、最初の琉球王国を樹立（第一尚氏王統時代）した。これを、前期古琉球時代といい、一四七七年、尚真《しょうしん》が即位するまでを中期、一六〇九年の薩摩の武力侵入までを後期古琉球時代という。

一九二八年、二九年に、京都帝国大学助教授であった金関丈夫が琉球人の遺骨を盗掘した百按司墓は、第一尚氏王統の「監守貴族」が葬られている墓であり、盗掘された遺骨の一部は現在においても京都大学によって保持されている。

2　琉球遺骨返還請求の本質的事項は何か

第一は、明治以降から現在に至る日本国家・社会の琉球・沖縄に対する植民地支配、植民地主義という歴史の清算の問題である。

一八六九年、後発的帝国主義を目指した明治政府は、アイヌ民族のアイヌモシリを北海道と名付けて大日本帝国の版図に組み入れ、一八七九年、琉球王国を解体し、沖縄県として日本国家に併合した歴史をもつ。その後も、一八九五年の台湾割譲、一九一〇年の韓国併合など植民地支配の領域を拡大した。琉球・沖縄は、外地植民地であった朝鮮半島とともに、内地植民地としての支配を受けた独立国家（一六〇九年以降の薩摩間接統治はあった）であった。

琉球・沖縄問題は、朝鮮半島及び在日朝鮮人問題、アイヌ民族問題とともに、明治以降一五〇年の歴史認識と現状を映し出す鏡でもある。同時に、アジア二〇〇〇万人、日本三一〇万人の生命侵奪と敗戦という加害の歴史への反省から生み出された日本国憲法の核心的規範である、個人の尊厳、反差別・平等、反戦・平和と共生という基本理念が厳しく問われる課題でもある。

私は、第一次嘉手納爆音訴訟、知花昌一《ちばなしょういち》日の丸焼却事件、知花盛康《ちばなもりやす》公務執行妨害刑事事件（一審無罪確定）、沖縄戦遺族による靖国神社合祀取消訴訟などの裁判に関わっている。私は、これら裁判の中で、沖縄戦の実相や「天皇制・靖国思想と琉球・沖縄」について深く学んだ。沖縄戦の実相は、本土防衛・国体護持（天皇制）のための捨石作戦であり、「軍官民共生共死」の思想の下で、住民の四分の一が犠牲を強いられ、日本軍による住民殺害や集団強制死、一四歳未満の死没者（小児・幼児多数）が全死没者数の五分の一弱に相当するという悲惨な実相、多数の朝鮮人軍夫や日本軍「慰安婦」の戦争犠牲の実態など、地上戦争がいかに非人間的行為かを深く理解した。靖国合祀取消裁判では、一九五二年四月二八日サンフランシスコ講和条約発効以降、通達により日本国籍を喪失した旧植民地出身者に対しては、軍事経済援助である援護法から排除（国籍・戸籍条項）し、琉球・沖縄では、ゼロ歳児も準軍属（積極的戦闘参加者）として給付金を交付したこと、他方、朝鮮人、琉球・沖縄人のいずれも「天皇のために闘った英霊」として靖国神社に合祀される実態を知った。

一九九五年の米兵少女暴行事件を経て現在、琉球・沖縄民衆は、七二年返還後も続く植民地主義的国家政策と歴史的・構造的差別と暴力の中で、「沖縄アイデンティティ」を結集軸として自己決定権を主張し、辺野古新基地建設反対の運動を始めとする第二の「島ぐるみ闘争」に立ち上がっている。大阪府警の「土人」発言や草の根レイシズムの拡大、ヤマトのマスメディアや市民の無関心、日米軍事同盟の容認という絶望的状況の中で、法制度、実態論を踏まえた「琉球独立の可能性」を訴えるに至っている。琉球遺骨返還請求は、歴史的・構造的差別を強要し、植民地主義政策を推し進める日本国家・社会に対して、琉球民衆の「民族的、文化的、宗教的アイデンティティ」の確立に向けた闘いであり、すぐれて植民地支配、植民地主義に対する歴史の清算の闘いでもある。

第二は、戦後の国際人権法秩序における植民地主義、民族的マイノリティの権利、先住民の権利と琉球・沖縄との関連性の問題である。

① 日本国が、一九七九年に批准し国内法的効力を有する「市民的及び政治的権利に関する国際規約」（以下「自由権規約」という）に基づいて、二〇〇八年一〇月三〇日、自由権規約委員会は、日本政府に対して、総括所見を採択した。総括所見の中のアイヌ民族及び琉球民族に関する懸念事項と勧告は以下のとおりである。

三二　委員会は、アイヌ民族及び琉球民族を特別な権利や保護を受ける資格がある先住民族として締約国が公式に認めないことに、懸念を持って留意する（規約二七条）。

締約国は、アイヌ民族と琉球民族を国内法で先住民と明確に認め、彼等の継承文化や伝統的生活様式を保護、保存及び促進する特別な措置を講じ、彼らの土地についての権利を認めるべきである。締約国はまた、アイヌ民族や琉球民族の子ども達に彼らの言語によってあるいは彼らの言語について、また彼らの文化について教育を受ける適切な機会を提供し、正規の教育課程にアイヌ民族と琉球民族の文化と歴史の教育を組み込むべきである。

この総括所見によって、日本国家の「琉球民族」に対する「琉球併合」の歴史的評価、言語、文化、教育、宗教的伝統、慣習などの社会的・文化的処遇、米軍及び自衛隊の存在を含む政治的・

軍事的処遇、そして、経済的処遇などの総体が、「民族的マイノリティの権利」及び「先住民族の権利」の視点から、過去・現在・未来にわたって、問われることとなった。

②「先住民族の権利に関する国際連合宣言」の採択

国際連合は、二〇〇七年九月一三日、第六一期国連総会において、「先住民族の権利に関する国際連合宣言」を採択した。

この「先住民族の権利宣言」は、国際法上の法的拘束力はないと言われる。しかし、「国際的な法律基準の発展を指し示し、世界の先住民族の待遇を整備する重要な国際人権基準」であり、全世界の三億七〇〇〇万人の先住民族に対する人権侵害をなくし、先住民族が差別や不可視化、周辺化と戦うことを援助する重要な国際法上の判断基準となるものである。

「先住民族の権利宣言」には、自らを先住（indigenous）と認定しかつそのように認知される権利を含めて、明確に異なるアイデンティティ及び特徴を維持し発展させる集団的及び個人的権利、精神的及び宗教的伝統、慣習、儀式を表現し実践し、発展させ、教える権利、宗教的及び文化的な場所を維持し保護し、儀式用の物の使用と管理の権利、人間の遺骨などの返還に対する権利が明記されている。

琉球民族は、アイヌ民族とともに、明治政府による国内植民地支配以降、日本国家の対外膨張・植民地主義政策、「国防」政策の下で、差別と抑圧を受け続けてきた。天皇制国家は、琉球民族に対する皇民化政策によって、琉球民族の言語、文化、教育、宗教的伝統や慣習などの先住民としてのアイデンティティを解体しようとした。更に、帝国大学は、琉球墓を無断盗掘し、祖霊が宿る遺骨を優生思想による研究材料にまでしたのである。

3　琉球遺骨返還訴訟をいかに闘うか

民法第八九七条は「系譜、祭具及び墳墓の所有者は、慣習に従って祖先の祭祀を主宰すべき者がこれを承継する」とし、家制度にもとづく祭祀承継者が遺骨の所有権を有するとしている。訴訟では、前提として誰が遺骨の所有権者かが問われる（原告適格）。琉球における墳墓、遺骨をめぐる宗教的伝統や慣習は、一七世紀以降は門中といわれる集団である。この琉球民族独自の宗教的伝統や慣習を、根源的に主張・立証できるかが重要となる。また、琉球遺骨返還請求は、先住民族でもある琉球民衆の自己決定権の行使であり、脱植民地主義への闘いでもある。

この裁判は、琉球民族、アイヌ民族、在日朝鮮人の人間の尊厳を勝ち取る裁判であり、東アジアの真の平和と平等、共生を礎き上げる裁判でもある。琉球・沖縄民衆の自己決定権、脱植民地主義への闘いに対して、「何をなすべきか」が問われているのは日本（ヤマト）の私達一人一人である。

琉球人・アイヌ遺骨返還問題にみる植民地主義に抗議する声明文

二〇一八年一月二七日　琉球大学にて

東アジア共同体・沖縄（琉球）研究会

京都大学総合博物館に所蔵されている「百按司墓遺骨」を持ち出したのは、京都帝国大学助教授だった金関丈夫氏である。一九二八～二九年に県内各地で行った発掘調査で複数の人骨を持ち出したことを、自らの著書『琉球民俗誌』（一九七八年、法政大学出版局）に記載している。金関氏は沖縄島本部半島にある百按司墓から持ち出した遺骨を「人骨標本」として京都帝大（京都大）に二六体分（男性一五、女性一一）、台北帝大（現在の国立台湾大学）に三三体（男性一九体、女性一四体）寄贈した。

金関氏の著書で明らかなように、「百按司墓遺骨」の琉球からの持ち出しは、門中（琉球の親族関係）関係者、地域住民等の了解を得たものではなかった。一八七九年の琉球併合後、警察を含む行政、教育関係の上層部の大部分を日本人が専有するという植民地体制下において金関氏の盗掘が行われた。それは研究倫理に悖るのみならず、琉球人の伝統的な信仰や生活を無視した死者への冒涜である。

金関氏の指導教授であった足立文太郎氏が琉球人の体質人類学的研究の必要性を同氏に説いたことが盗掘の端緒となった。一九二八年、帝国学士院より研究費の一部が補助され、足立教授が琉球人骨を蒐集せよと同氏に命じて琉球に派遣した。つまり、盗掘は同氏個人の問題ではなく、京都帝国大学自体が関与した「大学の問題」である。

昨年五月、本研究会共同副代表の松島泰勝は京都大学総合博物館に対して「百按司墓遺骨」の実見と幾つか質問をしたが、同月一六日、京大総合博物館は松島の求めを全て拒否した。『琉球新報』や『沖縄タイムス』の地元紙、『東京新聞』等のマスコミからの本件に関する取材をも京大側は拒んでいる。このような対応は、『日本国憲法』第二一条の「知る権利」「表現の自由」違反である。日本国民からの一切の取材、質問、要望への回答を拒否することは、国民の税金で運営されている国立大学として許されない。京都大学が、日本国民、特に日本の植民地になった琉球（沖縄県）の人々から同遺骨に関する問い合わせを拒否することは「植民地主義的な対応」として批判されても仕方がない。

国際的にも先住民族の遺骨返還は大きく進展している。二〇〇四年にイギリスで制定された人体組織法は、植民地主義時代（一〇〇年前から二〇〇年前）に蒐集された先住民族の遺骨を含む遺体組織は研究目的での保管に適さないとされ、その親族、文化コミュニティ、管理者、学術組織に遺体の請求権を認めた。二〇〇五年、英政府は「博物館等が保有する遺骨類の取り扱いに関するガイダンス」を発出し、二〇〇六年、大英博物館等はアボリジナルに対する遺骨返還の要求に同意した。

また一九九〇年には米連邦法「先住民墓地の保護と返還法」が制定され、連邦職員や連邦の博物館に対し、収集した人骨や副葬品などを先住民族に返還することを定めている。「先住民族の権利に関する国際連合宣言」（二〇〇七年）第一二条「宗教的伝統と慣習の権利、遺骨の返還」でも先住民族が遺骨返還の権利を有していることを明記している。

二〇〇八年以来、国連の諸会議において琉球人が先住民族であると認められ、琉球の歴史・文化教育の実施、「人種差別」としての米軍基地の押しつけの改善を日本政府に勧告してきた。つまり、先住民族としての琉球人の遺骨が盗骨され、それが現在でも京都大学に保管されているという国際法上の問題でもある。

遺骨返還運動は先住民族の自己決定権行使、脱植民地化運動としても行われている。琉球人の遺骨は日本政府による琉球の植民地化過程で奪われたのであり、人間としての尊厳や権利が大きく損なわれた国際的な人権問題である。自らの遺骨を取り戻すことができるという先住民族の自己決定権を行使して、琉球人は一八七九年以降の植民地体制から脱却しようとしている。

真理を究明して、これを社会に還元するのが大学の責務である。琉球人遺骨の盗骨は犯罪であるが、その事実に向き合わず、窃盗物を隠匿し続けることは共犯であると言える。琉球人遺骨の返還を求めるとともに、琉球人に対するこれまでの冒涜行為への謝罪を強く要求する。

北海道大学は、学内に「アイヌ納骨堂」を設け、遺骨を集約するとともに、慰霊祭を挙行し、浦幌、浦河、紋別等における訴訟和解後、それぞれのコタンへの遺骨の返還・再埋葬を認めた。しかし、日本政府は祭祀承継者が判別しない遺骨を二〇二〇年に開設される国立の「民族共生象徴空間」に集約するとの方針をとっている。集められたアイヌ遺骨は再び研究対象になることが予定されている。アイヌが主張するようにコタン（集落）への遺骨の返還・再埋葬を強く求めたい。アイヌは琉球人と同じく日本の植民地支配下におかれた先住民族であり、国際法に基づく自己決定権を行使し、先祖の遺骨を返還・再埋葬する権利を有している。

本研究会は昨年六月に札幌において第六回公開シンポジウム「反差別・反ヘイト・自己決定権を問う」、一二月に京都において第一〇回公開シンポジウム「東アジアにおける琉球人遺骨返還問題」をそれぞれ開催し、琉球人とアイヌが直面する差別、植民地主義そして遺骨返還という自己決定権行使の可能性等について議論し、日本の植民地主義を批判した。

我々研究会は琉球人・アイヌ遺骨返還に見る日本の植民地主義に強く抗議するとともに、同遺骨に関する完全な情報の公開そして遺骨返還、再埋葬を要求する。

おわりに

二〇一八年一二月四日、京都地方裁判所において「琉球民族遺骨返還請求等事件」が提訴された。原告は、第一尚氏の子孫である亀谷正子さん、玉城毅《たまぐしくつよし》さん、そして、琉球民族及び琉球先住民族の照屋寛徳さん、金城実《きんじょうみのる》さん、松島泰勝である。同日、京都弁護士会館で行われた記者会見において、亀谷さんは約一五メートルにも及ぶ家譜（家系図）を拡げて「早くご先祖の遺骨を取り戻したい」と訴えた。私も立って家譜を手で支えさせて頂いたが、琉球国、琉球民族の確かな存在を感じることができた。玉城さんは、お母様が仕立てられた琉球の民族衣装を身に着けて、京都大学の非道を強く批判した。ご先祖のマブイ（霊魂）が玉城さんと一緒に、生まれ島への遺骨の帰還を叫んでいるようであった。玉城さんはこれまで自分が手を合わせてきた百按司墓にご先祖の遺骨がなかったことを知り、愕然としたと怒りを露にした。

二〇一七年、衆議院議員の照屋さんは、国政調査権を使って琉球民族遺骨の保管を正式に京大に認めさせた。二〇一八年五月に行われた琉球民族独立総合研究学会の公開シンポにおいて、先祖の遺骨がプラスチックの箱に入っていることに対して、照屋さんは「わじわじー（怒りを意味する琉球諸語）」すると述べ、京大への裁判をも辞さないという覚悟を示された。金城さんは、琉球を代表する彫刻家である。金城さんと私は二〇一八年三月『琉球独立は可能か』（解放出版社）を上梓させて頂いた。その中で語り合った、琉球民族差別への批判や民族的アイデンティティへの強い思いが今回の裁判を貫く背骨になっている。

本訴訟の目的は、遺骨の帰還と賠償を求め、琉球民族の慣習に基づいて再風葬することである。憲法第二〇条による信教の自由及び宗教行為を行う自由、憲法一三条による宗教的自己決定権としての祖先祭祀に関する自由、民法第八九七条一項による系譜、祭具及び墳墓（遺骨も含む）の「所有権（管理権を含む）」は、慣習に従って祭祀を主宰すべき者が承継する権利、そして「市民的及び政治的権利に関する国際規約」第二七条による「民族的マイノリティの権利」等の国内外の法律に基づいて遺骨返還を求める。

それと同時に、日本による琉球に対する植民地支配の歴史と現実を明らかにし、批判することも目的としている。金関丈夫は本来、刑法違反で処罰されるべき行為をしたが、窃骨が可能であったのは、琉球併合後、琉球が日本の植民地支配下におかれたからであった。本書の各論でも明らかになったように、京都大学の植民地主義は現在でも続いている。

亀谷さんと玉城さんは第一尚氏の子孫である。第一尚氏とは、北山国、中山国、南山国を統一した王統であり、いわば琉球国形成の礎を築いた一族である。琉球国は独立国家であったが、現在も日本政府は独立国として琉球国を認めていない。軍事力を用いた併合に対する謝罪や賠償責任を回避したいからであろう。また日本政府は琉球民族を先住民族として認めていない。二〇〇八年以降、国連の諸委員会は琉球民族を先住民族として認めるよう日本政府に対して勧告を行ってきた。しかし同政府はそれを無視し、国際的に孤立している。裁判において京大側が「原告適格」を否定する場合、なぜ琉球国の独立や、先住民族として琉球民族の存在を認めないかの理由を明確にする必要がある。つまりこの裁判を通じて、琉球と日本との歴史的、民族的な関係が明らかにされ、多くの人々は盗骨問題の被害者、主犯、共犯者として自らを直視することになるだろう。

本書の最大の特徴は、アイヌ民族と琉球民族が直面している窃骨問題という植民地主義問題と、遺骨返還運動という脱植民地化運動を相互に有機的に関連させながら論じているところにある。両民族の遺骨はなぜ日本人研究者によってヤマトに持ち出されなければならなかったのか。アイヌ民族はどのように遺骨を取り戻し、再埋葬をしてきたのか。先住民族であるアイヌ民族と琉球民族はそれぞれ連帯することで、国家や学知の暴力から脱することが可能になる。

執筆者もアイヌ民族や琉球民族だけでなく、国内外で先住民族の人権回復運動を支援している人々、研究者、ジャーナリスト等、多くの方々となった。心よりお礼申し上げたい。耕文社の兵頭圭児さんは、本書の編集作業だけでなく、昨年来、琉球民族の遺骨返還関連のシンポ、裁判所への入廷式や記者会見等にも参加された。本書には、論文やコラムだけでなく、琉球民族遺骨返還運動関連の資料、琉球遺骨返還請求訴訟支援全国連絡会のウェブサイト等も掲載されている。それは、市民が遺骨返還運動の手引書として本書を手にとって欲しいという兵頭さんの思いも込められている。編集者としてだけでなく、遺骨返還運動の支援者としても兵頭さんに感謝申し上げたい。

ご先祖の遺骨を生まれ島に帰還させたいという願いは、人間として当然のものである。子孫との交流が否定され、京大総合博物館の暗く、冷たい棚におかれ、DNA調査で破壊の恐れのあるウヤファーフジ（ご先祖）の遺骨を我々のやり方で再風葬して、マブイ（霊魂）に平安を与えたい。そうするのは子孫としての義務であり、また国内外の法律で明記された権利でもある。

二〇一八年一二月二〇日　両親の看病・介護のために滞在する琉球にて

松島　泰勝

琉球民族遺骨返還請求訴訟支援全国連絡会のご案内

本連絡会は、京都地方裁判所にて起こされた琉球民族遺骨返還請求訴訟を支援するための全国組織です。本訴訟は、国内外の一般市民のカンパに基づいて行われています。これまで、琉球、関東、関西において本件に関するシンポ、講演会が開催され、カンパや様々な支援を頂戴してきました。市民の皆様からの浄財によって、訴訟のための活動が行われてきました。今後、京都地裁での裁判が始まると、集会、傍聴、裁判費用の準備等、様々な支援が必要になります。それらを裁判のための支援活動を主体的に行い、最終的に裁判に勝利することを本連絡会は活動の目的としています。本裁判の趣旨に賛同する方のカンパや、裁判所での傍聴等、具体的な支援活動へのお手伝いや参加を心からお願いします。現在は、琉球、関西、関東において支援者グループがおりますが、今後、全国各地に裁判支援者の「ゆいまーる」の輪を広げていきたいと希望しています。

ウェブサイトのご案内

「琉球遺骨の返還を求めて」（https://ryukyuhenkan.wordpress.com/）

同サイトには遺骨問題や訴訟関連の資料や新聞記事、2018年に行ったシンポジウム、現地調査、京都地裁への入廷式、決起集会等の写真を掲載しています。

会費・カンパのお願い

多くの市民の力に支えられて裁判を進めていきます。

通信『ゆいまーる』を送付いたします。1口2000円（1年間）。

皆様のご理解とご協力、ゆたさるぐとぅ うにげーさびら !!　よろしくお願いします !!

【ゆうちょ銀行・振込口座】
　口座番号　00920－1－237915
　口座名称　琉球遺骨返還請求訴訟全国連絡会

【他行からの振込の場合】
　〇九九（ゼロキュウキュウ）店　当座　0237915

●5月、京都大を相手に民事訴訟提起を決定。奄美で「京都大学所蔵の遺骨返還を求める奄美三島連絡協議会」が設立され、京大総長に遺骨返還を要求
●10月、「琉球人遺骨返還を求める奈良県会議」が設立
●12月4日、百按司墓から持ち出された琉球人遺骨の返還を求めて京都大学を提訴
●12月19日、「琉球遺骨返還訴訟を支援する大阪の会」が設立

◆アイヌを先住民族として認めるよう政府に促す国会決議が衆参両院とも全会一致で可決される。日本政府がアイヌを先住民族と認める。「先住民族サミット　アイヌモシリ2008」を平取町で開催。12カ国22民族が参加

2011　●松島泰勝が、国連の脱植民地化特別委員会にグアム政府代表団メンバーとして参加し、琉球人への人権侵害を報告

2012　◆小川隆吉らが北大に対してアイヌ遺骨返還請求訴訟

2014　◆浦幌アイヌ協会などが、北大に遺骨返還請求訴訟（17年、訴訟の和解により、遺骨が返還され、再埋葬）

◆アイヌ文化振興を目的として「民族共生の象徴となる空間」の整備を閣議決定

2016　◆浦河町で遺骨の再埋葬祭

2017　◆旭川アイヌ協議会が北大に遺骨返還請求訴訟

◆4月、文科省調査によると、全国の12大学に、個体ごとに特定できた遺骨が1676体、特定できない遺骨が382箱分あると判明。個体ごとに特定できた遺骨のうち、北大には1015体

●5月、松島泰勝龍谷大教授が、京都大学総合博物館に「百按司墓遺骨」の実見を申し入れるが、拒否される

●8月、松島教授が、京都大に対して琉球人骨についての情報公開請求。「清野コレクション」に係る文書は清野個人のものであり、京大法人とは無関係とする旨の回答

◆浦幌町で遺骨の再埋葬、9月には紋別市で再埋葬

●国立台湾大学から、収蔵していた63体分の琉球人遺骨を琉球に移管する旨、沖縄県に伝達

●照屋寛徳衆議院議員が国政調査権を行使し、文科省を通じて京大に百按司墓遺骨に関する照会。9月、京大が同遺骨の保管を正式に認める。ベルリン人類学民族学先史学協会が、ドイツ国内にあるアイヌ遺骨を盗骨と認定し、日本側に移管

2018　◆コタンの会などが、遺骨返還を求めて札幌医科大と北海道庁を提訴

●1月、「東アジア共同体・沖縄（琉球）研究会」のシンポジウムで、「琉球人・アイヌ遺骨返還問題にみる植民地主義に抗議する声明文」が出される

●4月、琉球民族独立総合研究学会が、国連本部（米国ニューヨーク）で開催された「国連先住民族問題常設フォーラム」において、京大からの琉球人骨返還を訴え

1989　カナダ政府内に先住民族省設定

1990　米国で「ネイティブ・アメリカン墓地保護及び返還法」制定。スミソニアン博物館は、収蔵品の一部（遺骨4330体、副葬品9万9550品）の返還を合意

1991　◆日本政府が、アイヌを少数民族と認める

●百按司墓が今帰仁村指定文化財（有形文化財）に

1992　◆国連本部で開催された「世界の先住民の国際年」の開幕式典で北海道ウタリ協会理事長野村義一が日本の先住民族として記念演説

1994　◆萱野茂が、アイヌ初の国会議員となる

1995　北大古河記念講堂から朝鮮人とウィルタの頭蓋骨が発見。翌年、北大は韓国とロシアに遺骨を返還

1996　●国連先住民作業部会に、松島泰勝が琉球の先住民族として参加し、琉球における植民地主義や米軍基地の問題を訴える

1997　◆札幌地裁「二風谷ダム訴訟」の判決でアイヌの先住民族としての権利を認める（控訴されず判決確定）

◆「アイヌ文化の振興並びにアイヌの伝統等に関する知識の普及及び啓発に関する法律」が制定。同時に北海道旧土人保護法等が廃止

2000　◆アイヌ文化振興等施策推進会議設置

イギリスとオーストラリアの両政府は共同声明を発表し、①オーストラリア先住民族の遺骨返還に努力する、②両国の関係機関と先住民族との間で情報共有を図る、とした

●ユネスコの世界遺産に、今帰仁城跡（琉球王国のグスク及び関連遺産群）が選ばれる。名護市で沖縄サミット開催

2001　●今帰仁村教育委員会が百按司墓木棺修理事業を行う

●国連社会権規約委員会が、沖縄の人々への差別撤廃に努力するよう、日本政府に勧告（以後、国連において同様な勧告が5回出される）

2005　●沖縄県と東京大学が「港川人骨」について覚書を交わし、1号人骨と2号人骨を東大総合研究博物館で、3号人骨と4号人骨を沖縄県立博物館・美術館で管理することが決定

2007　国連総会で「先住民族の権利に関する国際連合宣言」。宗教的伝統と慣習の権利、遺骨の返還などが明文化

2007－09　●石垣島の新石垣空港建設予定地の白保竿根田原洞穴から、2万年前の人骨を発見

2008　●国連が琉球人を先住民族と認定

◆北海道ウタリ協会が組織名を北海道アイヌ協会に戻すことを決定

接収。先住民族保留地に、日系人強制収容所建設

1945 ●沖縄戦。米軍支配が始まる

1946 ◆「全道アイヌ大会」開催。社団法人北海道アイヌ協会を設立

1950 ◆北海道開発庁設立。復員兵や満州引揚者の就労の場として北海道の農地開拓が推奨される

●金関が九州大学教授に就任

1952 ◆サンフランシスコ講和条約締結（旧ソ連は未調印）。日本は南樺太と千島列島に対するすべての権利、権限を放棄する

1954 ●文部省が「南島文化総合調査団」を派遣。金関ほか、国分直一（農林省水産講習所助教授）、酒井卯作（民族学研究所員）、永井昌文（九大医学部解剖学教室助手）などがメンバー。沖縄各地を回り、波照間島では裸体撮影を含む生体調査

1956 ◆児玉が所属する北大医学部解剖学講座が中心となり、道内各地でアイヌ墓地の遺骨調査（65年、72年も）

1960 カナダの先住民族が、連邦の投票権獲得

◆北海道アイヌ協会の再建総会

1961 ◆北海道アイヌ協会が、「アイヌ」の語が差別的に使われているとして、組織名を北海道ウタリ協会に変更

1967－81 ●大山盛保が具志頭村港川から「港川人」遺骨などを発掘

1968 ●那覇市山下町の洞穴から「日本最古の骨（3万7千年前）」を発見。東大総合研究博物館が保管

1971 ●大山盛保のフィールドノートに「東大鈴木教授人骨化石持ち帰る東京大学へ（六体分）」と記述

1972 ●沖縄の日本「復帰」

1977 ◆北大の林善茂経済学部教授が「北海道経済史」の講義で、アイヌ差別発言。抗議する学生らに対し、北大側は機動隊を導入して逮捕させる（のちに林教授は謝罪）

1980 ◆アイヌの海馬沢博が北大に、アイヌ遺骨に関する公開質問状提出

1982 ◆北大がアイヌ人骨1004体保管を公表

1984 ◆アイヌ古式舞踊が国の重要無形民俗文化財の指定を受ける

◆北海道ウタリ協会（現北海道アイヌ協会）の要求によって、北大に「アイヌ納骨堂」建設

オーストラリア人類学協会は、個人が特定されたアボリジナルの遺骨返還と、収集した人骨の再埋葬を支持する方針を発表

1986 中曽根康弘首相が「日本単一民族国家」発言

1910　◆ロンドンで開催された日英博覧会で、アイヌや台湾原住民を展示
日本が「韓国併合」
1913　◆大阪で開催された「明治記念拓殖博覧会」で、人種小屋が設けられ、北海道や台湾の先住民族が見世物となる
1916　●金関丈夫が百按司墓を調査
1922　京都帝国大学大学院の微生物学研究室において、清野謙次が石井四郎（731部隊の中心）を指導（2年間）
●今帰仁運天に国頭郡教育部会が「源為朝公上陸記念之碑」を建立
1924　◆清野謙次が、樺太でアイヌの了解を得ずに遺骨を盗掘
1928－29　●京都帝国大学医学部の足立文太郎教授が、金関丈夫に琉球人骨の採集を命じる（帝国学士院から研究費補助）
●金関が沖縄県庁学務課長の案内で、沖縄島北部を巡回。島袋源一郎の協力を得て、百按司墓から人骨を持ち去る。また女子師範学校や県立第一中学校の生徒らの手掌紋を採集し、体臭の調査を行う。瀬長島や中城城などからも盗骨
1930　◆北海道アイヌ協会設立
●金関が京都帝大から「琉球人の人類学的研究」によって医学博士号を授与
1931　◆第一回全道アイヌ青年大会が開かれる
1933　金関丈夫らが満洲や朝鮮各地を調査
1933－35　●清野謙次の門下生・三宅宗悦や中山英司が、奄美諸島や沖縄島で遺骨採集
1934－35　◆北海道帝国大学の児玉作左衛門教授らが、北海道、サハリン、クリル諸島で墓地からアイヌ遺骨を持ち出す（戦前だけで500体余）
1936　●金関が台北帝国大学教授に就任。先住民族の生体調査や遺骨収集を始める
1937　満洲事変
1938　◆清野謙次の研究室や教室、自宅から盗品の経典などが多数発見され、刑務所に6カ月間収監
1939　◆清野が京大辞職
1941　太平洋協会から派遣されて、清野謙次がミクロネシア諸島、セレベス、フィリピンを調査
アジア・太平洋戦争始まる。米国で、投票権を与えられていない者を含め、全ての先住民族に徴兵義務
1942　米国で原爆開発（マンハッタン計画）が始まり、先住民族保留地を

1869　◆開拓使設置。蝦夷地、北蝦夷地をそれぞれ北海道、樺太と改称
1871　◆戸籍法制定。アイヌは「平民」に編入。同化政策が始まる
1874　日本が台湾出兵
◆屯田兵制始まる
1875　◆ロシアとの「樺太・千島交換条約」に基づき、樺太アイヌ108戸（841人）を北海道宗谷に移住させる
1876　◆場所請負制廃止。アイヌの伝統的猟法が禁止
1878　◆アイヌの呼称を「旧土人」に統一
1879　●日本政府が軍隊を派遣して、琉球併合、いわゆる「琉球処分」が行われる
1881　●沖縄県令（現在の県知事職）の上杉茂憲が百按司墓を訪問。県庁費を使い、「荒れていた墓」の修復を命じる
1884　◆北千島アイヌを色丹島に強制移住
米政府インディアン問題局が、全ての伝統的・宗教的儀礼を違法とする
1886　◆北海道庁設置
1887　米国で先住民族の同化政策を進める「ドーズ法」成立
1888－89　◆小金井良精が北海道各地の墓地から、160前後の頭骨と副葬品を盗掘
1889　◆北海道庁、アイヌの食料分として許されていた鹿猟を禁止。
坪井正五郎・東京帝大教授がパリ万博で、先住民族を展示した「植民地パビリオン」を見て、人類館を構想
1890～91　米軍による「ウンデッドニーの虐殺」。先住民族が報復に出るが、以後、先住民族の組織的抵抗が終わる
1893　●探検家の笹森儀助が百按司墓の木棺の図面を描く
1895　鳥居龍蔵が中国大陸で人類学調査を始める。以後、日本軍の進出と足並みをそろえるように台湾、千島列島、満洲、モンゴル、朝鮮、サハリン、シベリアを調査旅行
1899　◆旧土人保護法公布
1901　◆旧土人教育規程公布。日本人児童と区別する簡易教育が行われる
1903　◆大阪の天王寺で開催された第五回内国勧業博覧会の「学術人類館」で、アイヌや琉球人、マレー人などが展示される
1904　◆米国セントルイス万博博覧会でアイヌ展示
1905　◆日露戦争に日本が勝利。ポーツマス条約によって樺太の南半分が日本領となり、アイヌの一部が故郷に戻る

関連年表（●は琉球、◆はアイヌに関わる事項）

作成：与那嶺功

1264　◆モンゴル軍が樺太（サハリン）アイヌを攻める
1429　●尚巴志が沖縄島の三つの勢力圏を統一し、「琉球王国」が成立（第一尚氏王統）
1457　◆アイヌが蜂起した「コシャマインの戦い」が起こる。和人が構築した道南12館のうち10館を陥落。アイヌの首長コシャマイン父子が射殺されて終息
1470　●琉球王国の混乱に乗じて、重臣の金丸が王位に就く（第二尚氏王統が始まる）
1492　コロンブスが中米に到達
1550頃　◆蛎崎季広がアイヌと講和し「夷狄の商船往還の法度」制定
1593　◆豊臣秀吉が蛎崎慶広に、全蝦夷地の支配権を与える
1599　◆蛎崎慶広が姓を松前に改める
1604　◆松前慶広が、江戸幕府からアイヌとの交易独占を認められる。このころ商場知行制が始まる
1609　●島津軍が沖縄島の今帰仁運天に上陸
1650　●琉球最初の歴史書『中山世鑑』編纂
1669　◆漁猟権をめぐるアイヌ同士の争いが「シャクシャインの戦い」に発展。シャクシャインに率いられたアイヌと松前藩が戦う。和睦の酒宴でシャクシャインがだまし討ちに遭い、終結
1697　●琉球の正史『中山世譜』に「百按司墓」の記述
1776　アメリカ独立宣言
1789　◆場所請負人・飛騨屋との商取引に不満を持ったアイヌが蜂起した「クナシリ・メナシの戦い」が起こる。アイヌによる最大で最後の蜂起
1830　米でインディアン強制移住法
1830年代　サミュエル・モートン（ペンシルベニア大学解剖学教授）が形質人類学を形成。頭蓋骨の比較研究によって民族的な類似性や相違性を示すことを試みる
1867　米国がロシアからアラスカを購入
1868　米陸軍軍医総監が、軍医師らにネイティブ・アメリカンの人骨収集を命令。戦場や絞首台埋葬地、墓地などから人骨が集められ、その一部が欧米諸国に持ち出される

照屋寛徳（てるや　かんとく）
1945年生。衆議院議員（沖縄2区・社民党)、弁護士。琉球民族遺骨返還請求訴訟原告。著書『沖縄から国策の欺瞞を撃つ』(琉球新報社)。

当真嗣清（とうま　しせい）
1949年生。アジア先住民族機構(AIPP、在タイ）理事(Executive Committee Member)。

冨山一郎（とみやま　いちろう）
同志社大学教員。専門は沖縄近現代史研究。著書に『始まりの知　ファノンの臨床』(法政大学出版局)、『暴力の予感　伊波普猷における危機の問題』(岩波書店）など。

丹羽雅雄（にわ　まさお）
弁護士。琉球民族遺骨返還請求訴訟弁護団長。沖縄日の丸裁判、中国人強制連行国賠裁判、在日高齢者無年金裁判など、社会的マイノリティの人権問題等に取り組む。

鳩山友起夫（由起夫）
（はとやま　ゆきお）
1947年生。一般財団法人東アジア共同体研究所理事長。第93代内閣総理大臣。著書『脱大日本主義』(平凡社新書）ほか。

原井一郎（はらい　いちろう）
1949年、徳島県生まれ。1954年、母の故郷・奄美大島に一家で移住。地元日刊紙記者、編集長を経て、フリーライター。著書に『奄美の四季』(農文協)、『欲望の砂糖史』(森話社）ほか。

前田　朗（まえだ　あきら）
1955年生。東京造形大学教授。著書に『ヘイト・スピーチ法研究序説』『ヘイト・クライムと植民地主義』(以上、三一書房)、『非国民がやってきた！』(耕文社）ほか。

宮城隆尋（みやぎ　たかひろ）
1980年生。琉球新報編集委員。「奪われた琉球人遺骨」（共著『ヘイト・クライムと植民地主義』三一書房、掲載)。

与那嶺功（よなみね　いさお）
1966年生。沖縄タイムス記者。論文に「消費される琉球イメージ」『別冊「環」　琉球文化圏とは何か』(藤原書店、2003年）など。

与那嶺義雄（よなみね　よしお）
1954年生。沖縄県西原町議、「命どぅ宝！琉球の自己決定権の会」共同代表。

執筆者（50音順）

植木哲也（うえき　てつや）
1956年生。苫小牧駒澤大学教員。著書『学問の暴力』（春風社）、『植民学の記憶』（緑風出版）。

浦川早苗（うらかわ　さなえ）
1940年生。著書『アイヌ模様を曾祖母から継いで五代』（アイヌ文化伝承の会手づくりウタラ）『伝承によるアイヌ民族の刺しゅう集』。

大津幸夫（おおつ　さちお）
1933年生。京都大収蔵の奄美人遺骨の返還を求める会代表。

岡本晃明（おかもと　てるあき）
1969年生。京都新聞社編集委員。共著『折れない葦――医療と福祉のはざまで生きる』。

小川隆吉（おがわ　りゅうきち）
1935年生。コタンの会顧問。著書『おれのウチャシクマ（昔語り）』（寿郎社）。

小田博志（おだ　ひろし）
北海道大学大学院文学研究科教授。著書『エスノグラフィー入門』（春秋社）『平和の人類学』（法律文化社）。

亀谷正子（かめや　まさこ）
1944年生。琉球民族遺骨返還請求訴訟原告。「命どぅ宝！琉球の自己決定権の会」会員。

川瀬俊治（かわせ　しゅんじ）
1947年生。フリー。編者として『琉球独立は可能か』、聞き手として『朝鮮半島　未来を読む』、論文に「北星会の朝鮮衡平運動への連帯とその限界性」（『部落史研究』）ほか。

木村二三夫（きむら　ふみお）
1949年生。平取アイヌ協会副会長。平取アイヌ遺骨を考える会共同代表。著書『カムイたち』（リーブル出版）。

具志堅隆松（ぐしけん　たかまつ）
1954年生。沖縄戦遺骨収集ボランティア「ガマフヤー」代表。

佐藤幸男（さとう　ゆきお）
富山大学名誉教授。編著『国際政治モノ語り』（法律文化社）、共著『周辺からの平和学』（近刊）。

白鳥龍也（しらとり　たつや）
1958年生。東京新聞・中日新聞論説委員（政治・沖縄担当）。

高良　勉（たから　べん）
1949年生。詩人、批評家。詩集『ガマ』（思潮社）、評論集『沖縄生活誌』（岩波新書）、『魂振り』『言振り』（未來社）ほか著書多数。

出原昌志（ではら　まさし）
1955年生。アイヌ・ラマット実行委員会共同代表。元荒川地域ユニオン副運営委員長。

編著者

松島泰勝（まつしま　やすかつ）

1963年琉球・石垣島生まれ。在ハガッニャ（グアム）日本国総領事館と在パラオ日本国大使館の専門調査員等を経て、龍谷大学教授。琉球民族遺骨返還請求訴訟原告団長。琉球民族遺骨返還研究会代表。単著『琉球　奪われた骨』（岩波書店）、『琉球独立への経済学』（法律文化社）、『琉球独立宣言』（講談社）、『琉球独立論』（バジリコ）、『沖縄島嶼経済史』（藤原書店）ほか。

木村　朗（きむら　あきら）

1954年北九州市小倉生まれ。鹿児島大学教員、平和学専攻。東アジア共同体・沖縄（琉球）研究会共同代表、日本平和学会理事。単著『危機の時代の平和学』（法律文化社）、共編著『21世紀のグローバル・ファシズム』『志布志事件は終わらない』『中国・北朝鮮脅威論を超えて』（以上、耕文社）、共著『「昭和・平成」戦後政治の謀略史』（詩想社）ほか。

大学による盗骨

研究利用され続ける琉球人・アイヌ遺骨

発行日　2019年2月1日　第1刷発行
　　　　2019年5月25日　第2刷発行
編著者　松島泰勝・木村　朗
発行者　兵頭圭児
発行所　株式会社 耕文社
〒536-0016 大阪府大阪市城東区蒲生1丁目3-24
TEL. 06-6933-5001　FAX. 06-6933-5002
http://www.kobunsha.co.jp/

ISBN978-4-86377-052-2　C0036
（落丁・乱丁の場合は、お取替えいたします）

耕文社の本

中国・北朝鮮脅威論を超えて ——東アジア不戦共同体の構築

進藤榮一・木村朗 編著

A5判　320頁　本体価格1,800円　ISBN978-4-86377-050-8

中国・北朝鮮敵視外交から、対話重視と信頼醸成の外交に向かうには？　沖縄を軍事の要から平和の要に転化し、東アジア不戦共同体を築くには？　緊張高まる東アジア情勢の中、第一線の論者が答える。

私たちの決断 ——あの日を境に……

原発賠償京都訴訟原告団 編

A5判　128頁　本体価格1,200円　ISBN978-4-86377-048-5

福島県をはじめ東北・関東の被災地から京都に避難した57世帯174人が、国と東京電力を相手どって損害賠償を請求している集団訴訟。事故後の心身に起きた異変、激変した生活、家族との葛藤、訴訟に立ち上がった理由等、原告らの思いを綴った。

甲状腺がん異常多発と これからの広範な障害の増加を考える（増補改訂版）

医療問題研究会 編

A5判　165頁　本体価格1,200円　ISBN978-4-86377-041-6

甲状腺がん多発は「スクリーニング効果」「過剰診断」、被ばくを隠す、こんな言訳が許されるのか？　医療問題研究会が、進行する福島の低線量・内部被ばくの現状を徹底分析。これからの障害の進行に警鐘を鳴らす。新たな事実・研究成果を増補。

税別価格。
全国の書店、小社ウェブサイト（www.kobunsha.co.jp）でご注文できます。

耕文社の本

21世紀のグローバル・ファシズム
——侵略戦争と暗黒社会を許さないために

木村朗・前田朗 編著

A5判　365頁　本体価格2,000円　ISBN978-4-86377-032-4

志布志事件は終わらない

木村朗・野平康博 編著

A5判　282頁　本体価格1,850円　ISBN978-4-86377-045-4

変容するドイツ政治社会と左翼党 ——反貧困・反戦

木戸衛一 著

A5判　196頁　本体価格1,700円　ISBN978-4-86377-038-6

パロディのパロディ　井上ひさし再入門
——非国民がやってきた！ Part 3

前田朗 著

A5判　252頁　本体価格1,800円　ISBN978-4-86377-042-3

社会保障知っトクまるわかり
——安心生活をつくる38の方法

全国クレサラ・生活再建問題対策協議会 社会保障問題研究会 編

A5判　190頁　本体価格1,500円　ISBN978-4-86377-051-5

つながりを求めて ——福島原発避難者の語りから

辰巳頼子・鳫咲子 編著

四六判　160頁　本体価格1,200円　ISBN978-4-86377-047-8